古代歷史文化^{研究}^{輯刊}

十三編

王明蓀 主編

第22冊

柯維騏宋史觀發微

孫廣海 著

國家圖書館出版品預行編目資料

柯維騏宋史觀發微／孫廣海 著 -- 初版 -- 新北市：花木蘭文化
出版社，2015〔民104〕
序 2+ 目 2+222 面；19×26 公分
（古代歷史文化研究輯刊 十三編：第 22 冊）
ISBN 978-986-404-032-2（精裝）
1.（明）柯維騏 2. 宋史 3. 史學評論
618   103026962

ISBN-978-986-404-032-2

9 789864 040322

古代歷史文化研究輯刊
十三編　第二二冊　　　　　　　ISBN：978-986-404-032-2

柯維騏宋史觀發微

作　　者　孫廣海
主　　編　王明蓀
總 編 輯　杜潔祥
副總編輯　楊嘉樂
編　　輯　許郁翎
出　　版　花木蘭文化出版社
社　　長　高小娟
聯絡地址　235 新北市中和區中安街七二號十三樓
　　　　　電話：02-2923-1455／傳眞：02-2923-1452
網　　址　http://www.huamulan.tw 信箱 hml 810518@gmail.com
印　　刷　普羅文化出版廣告事業
初　　版　2015 年 3 月
定　　價　十三編 27 冊（精裝）台幣 52,000 元

柯維騏宋史觀發微

錦堂

柯維騏宋史觀發微

孫廣海　著

作者簡介

　　孫廣海，祖籍廣東潮安，1952 年出生於香港。半工半讀完成中學教育和研究院課程。先後在香港中文大學中國語言文學系（74 ～ 78）、香港中文大學教育學院（83 ～ 85）、香港大學中文系研究院接受教育。研究院明清史學文學碩士論文〈柯維騏宋史觀發微〉師承趙令揚教授（81 ～ 83）；哲學碩士論文〈陳確《葬書》之研究〉，師承何佑森教授（1931 ～ 2008；88 ～ 94）；哲學博士論文〈阮元學術思想研究〉，師承梁紹傑教授（95 ～ 02）。

　　歷任中學中文科老師、中文科主任講席 32 年；現為香港公開大學教育及語文學院兼職導師、客席講師、課程編撰。論文有〈阮元研究回顧〉、〈阮元揅經室遺文再續輯補〉、〈由羅香林《香港與中西文化交流》說起的一件學術界公案：日治淪陷期（1941 ～ 42）誰人繼任香港大學中文系主任？〉、〈四十五年來（1962 ～ 2007）中國大陸的胡適研究〉、〈胡適傳記文學的理論和實踐〉等篇。

　　研究興趣包括：漢字學、詞匯學、文體學、中國語文教學、古代歷史文化、

　　古典文獻研究、清代學術思想、文學研究等。未來亦會關注百年以來香港的儒學史和學者之研究。

提　　要

　　元修《宋史》，卷帙浩繁，義例欠精，後人多不滿意。明清二代，致力於改修者大不乏人，但成敗互見，今論列改修宋史諸家，以見柯維騏在明代史學史之地位。

　　全文羅列相關史料，用以考釋柯維騏之家世、生平及著述；其中以莆田柯氏世系、維騏與其曾祖柯潛學風之關係，考證至為詳贍。作者試圖把柯維騏一生之輪廓面貌，勾劃出來。

　　全書外緣方面，綜述《宋史新編》之結構：先言全書之義例，次述寫作動機，最後以卷數、人物、文字三方面，與《宋史》作一簡略比較，以見二書之異同所在。

　　全書內緣方面，深究了柯維騏之宋史觀。作者以天命論、義理論、正統論統攝柯子全書。其思想淵源儒家，上承孔子，復以民族大義，剖析宋史。維騏立言命意，可與前文言寫作動機有相互發明之處。

　　文末排列歷來各家評語，以表彰《宋史新編》在明季史學史之地位。

林 序

元人所修《宋史》卷帙既繁，義例亦未精。明清不乏爲改修者，最其著者以柯維騏《宋史新編》二百卷，參稽眾籍，辨別淆亂、考訂是非，歷廿年而書始成。

柯氏莆田世家，耆德宿學，本乎《春秋》大義，以褒貶善惡，所立義例之異乎《宋史》者有五：

一、以年表爲稱，不列宗室，但餘宰輔

二、先道學後循吏

三、刪〈公主列傳〉

四、刑志、刑法志二名兼用

五、尊宋之統爲正，將遼、金、夏、高麗等附於〈外國列傳〉

以上皆學者所贊同者。孫博士獨追踪柯氏之家世以見其史學之淵源有自，且及本身之品德而以「誠」之一字貫串於所著書。既推君臣之義，復嚴華夷之分，而歸乎承天之意。此實有明中葉以降，權奸當道、邊患日亟，其境況有類乎南宋，彼借古諷今，冀當政之覺悟、國厄之消弭，可謂用心良苦矣。

博士深究《新編》之餘，謂斯篇問世至今，爲史家所重視，且許爲改編宋史代表之作，足供後人研習宋史入門之階。

按孫博士斯作，乃昔年於港大研究院所完成之首篇論文，具見法度嚴整，徵引的當，持論客觀。近者博士整理往日著述，擬逐一付梓，因與余同爲中大同窗，遂命作序。自忖淺學未及於史，幸獲鴻文，奉讀數過，得稍窺其製作之深心：撰史者當於國家之興亡關鍵處著眼。柯氏是眞具史識者，特爲揭

示君主昏庸、權奸柄國、佞臣黨附、正士斥逐，宋之亡徵已見，況冗官多、權奸眾，國焉得而不亡乎？此亦明室之鑑戒，豈徒然書史事哉！

　　至於正統論之闡發，則謂柯氏本於漢民族之立場，其持論本於春秋華夷一貫之義，彼足當漢族史家之名而無愧。孫博士於最後之評價，客觀臚列兩造毀譽之說，不以己意強斷之，頗留餘裕，俾讀者自行發明判斷，蓋循誘善導者也。

　　綜以言之，孫博士早年之篇，已見審視文獻之嚴謹、素材鋪排之條暢，每於史料紛紜中理出頭緒，爬梳鑑裁，以成專篇。足資治史之輔助，考文之津梁，則作為史學入門之示範亦宜矣。是為序。

壬辰歲暮　　林翼勳　敍於大埔揖梅齋

目

次

前　言

　　明代史學史研究，乃中國史學史斷代課題之一。只要稍爲涉獵近人編寫中國史學史的有關著作，都可發現他們對有明一代史學史之敘述、大多失於簡略，甚或付闕如。歸納其原因，實暗指明朝史學，難與宋清兩代相比擬。這本來也是無可辯駁的事實，因爲宋代學者治學有博大氣象、可替後世學術開闢新途徑，〔註1〕而清代浙東史家治學之成就及貢獻，更可說是有目共睹。〔註2〕

　　明人史籍，數量龐大，無論官方之文獻，以及私人之著述，在在可爲後人提供豐富之研究資料。〔註3〕這篇論文，以一個人物個案，通過這一個典型例子，試圖研究明代文人的心態，生平及其史觀，藉以探索明人史學研究的風氣。

　　明季改修〈宋史〉，風氣蔚然，而成者三家，即王洙〈宋史質〉、王惟儉〈宋史記〉、柯維騏〈宋史新編〉。三家之中，王洙〈明史〉無傳，〈宋史記〉鈔本罕見，而柯維騏生平資料詳實，且〈宋史新編〉更有印本傳世，是書足可代表明人改修〈宋史〉之意見。茲把全文綱目，概述如下：

　　第一章

　　元修〈宋史〉，卷帙浩繁，義例欠精，後人多不滿意。明清二代，致力於

〔註 1〕　參閱張舜徽著〈論宋代學者治學的博大氣象及替後世學術界所開闢的新途徑〉——《中國史論文集》，頁78至130。
〔註 2〕　參閱陳訓慈著〈清代浙東之史學〉——杜維運、黃進興編，《中國史學史論文選集》下，頁597。
〔註 3〕　參閱傅吾康著、石衍長譯，〈〈明代史籍彙考〉引言〉——《國立中央圖書館館刊》，新三卷，第一期。

改修者大不乏人，但成敗互見，今論列改修宋史諸家，以見柯維騏在明代史學史之地位。

第二章

羅列相關史料，以考釋柯維騏之家世、生平及著述，其中以莆田柯氏世系、維騏與其曾祖柯潛學風之關係，考據至為詳贍。筆者試圖把柯維騏一生之輪廓面貌，勾劃出來。

第三章

從全書外緣方面，綜述〈宋史新編〉之結構。先言全書之義例，次述寫作動機，最後以卷數、人物、文字三方面，與〈宋史〉作一簡略比較，以見二書之異同所在。

第四章

從全書內緣方面，深究柯維騏之宋史觀。筆者以天命論，義理論、正統論統攝柯子全書。其思想淵源儒家、上承孔子，復以民族大義，剖析宋史。維騏立言命意，可與上章言寫作動機有相互發明之處。

第五章

排列歷來各家評語，以表彰〈宋史新編〉在明季史學史之地位。

第一章　改修《宋史》

廿四史之中，《宋史》可以說是最爲龐大的一部官修史書，因爲它包括本紀四十七卷、志一百六十二卷、表三十二卷及列傳二百五十五卷，共四百九十六卷。是書的編撰，始於公元一三四三年（元順帝至正三年）三月，成書於一三四五年十月。〔註1〕全書是元朝翰林國史院組織宋史局修撰的，題爲「元中書右丞相總裁脫脫等修」，實際上，是阿魯圖、歐陽玄等三十八人同修的。〔註2〕

《宋史》成書以後，由於史料豐富、卷帙浩繁，後人多譏之爲繁蕪。元明清三代，有志之士便意圖改修或重修。〔註3〕他們有些成功、也有些失敗。探討一下各人改修《宋史》之動機及成效，是史學史一個有趣的課題。

茲根據現存文獻資料，把歷朝改修《宋史》情況，依時代先後順序，論述如下：

〈甲〉元朝

（1）危素

素，字太樸、金谿人，唐撫州刺史全諷之後，少通五經，遊吳澄、范梈

〔註1〕元修宋、遼、金三史，卷帙雖多、成之不及三年。攷其因由，三史實皆有舊本，非自托克托等始修也，故不三年遂竣事。人但知至正中修三史、而不知至正以前，已早有成緒也。引自清、趙翼《廿二史劄記》卷二十三宋遼金三史條，台廣文書局，民國61年版。

〔註2〕見（1）李宗鄴著《中國歷史要籍介紹》，頁284。
（2）《宋史》出版說明，上海中華書局標點本。

〔註3〕見《廿二史劄記》卷二十三，宋遼金三史重修條。

門，至正元年因大臣薦授經筵檢討。修宋、遼、金三史及注〈爾雅〉成，賜金，及宮人，不受。由國子助教遷翰林編修，纂后妃等傳，事逸無據，素買錫餅饋宦寺，叩之得實，乃筆諸書、卒爲全史。〔註4〕危素乃元朝編撰《宋史》三十八位修撰其中的一個。元亡，召至南京，洪武二年，授翰林侍講學士，知制誥，同修國史，入國朝，甚見禮重。有文集五十卷，《宋元史藁》若干卷，皆失傳。〔註5〕馮家昇「遼史源流考」附錄十二：三史成後人多以義例未當而重修條云：「危素預修三史後，私著《宋元史藁》」〔註6〕金靜庵「改修宋史考略」論之最詳，其說如下：「危素於元末曾與修宋、遼、金三史，而〈千頃堂書目〉着錄其《宋史稿》五十卷（錢大昕補元史藝文志據之）疑此爲素在史館時所具之稿，非別有所作也。」〔註7〕

（2）周以立

《明史》卷一五二《周敘傳》云：「敘貞氣節，篤行誼。曾祖以立，在元時以宋、遼、金三史體例未當，欲重修。」

〈乙〉明朝

（1）周敘

敘字功叙，吉水人，永樂十六年進士，累官至翰林侍講學士，雖以文學爲職，尤注意國事，前後章論剴切。」〔註8〕他居禁近二十餘年，多所論列，詔獨修遼、金、元三史，力疾詮次，不少輟，有《石溪集》八卷行於世。國初館閣，莫盛於江右，故有「翰林多吉水，朝士半江西」之語〔註9〕《明史》卷一五二《周敘傳》云：「敘思繼先志，正統末，請於朝。詔許自撰，詮次數年，未及成而卒。」周敘欲繼承其曾祖以立之遺志，於明英宗正統末年（英宗朝；1436年至1449年），上奏請求重修《宋史》英宗下詔批准，惜未及成而卒，此則爲改修《宋史》之最先者。

〔註4〕見《明史》卷二八五，中華書局標點本，頁7314。
〔註5〕據（1）錢謙益著《列朝詩集小傳》，甲集，頁83。
　　　　（2）趙令揚著，〈明太祖政權下之知識分子〉——《壽羅香林教授論文集》。
〔註6〕馮家昇著《遼史證誤三種》，中華書局，頁1959。
〔註7〕見《東北文獻》第三卷第二期，又見金毓黻《中國史學史》頁139至144，（增訂本），香港文樂出版社。
〔註8〕《皇明經世文編》姓氏爵里總目，明，陳子龍等選編，全六冊，香港，珠璣書店。
〔註9〕同前註5，（1）乙集周講學敘條。

（2）嚴嵩（公元 1480 年至 1569 年）

《明史》卷三百八《奸臣傳》:「嚴嵩，字惟中，分宜人，長身戍削，疏眉目、大音聲。舉弘治十八年進士，改庶吉士，授編修，移疾歸，讀書鈐山十年，爲詩古文辭，頗著清譽。還朝，久之進侍講，署南京翰林院事，召爲國子祭酒。……居南京五年，以賀萬壽節至京師。會廷議更修《宋史》輔臣請留嵩以禮部尙書兼翰林學士董其事。」時當爲明世宗嘉靖十五年（公元 1536 年）亦未成書。

（3）王洙

王洙，《明史》無傳，僅在洪若皋編〈康熙臨海縣志〉卷五選舉上「正德十六年辛巳楊維聰榜」下有段簡歷，稱:「王洙，字崇教，號一江、鎬之子。任行人，陞廣東參議，有文名，著有《宋史質》一百卷。」〔註10〕金靜庵「改修宋史考略」云:「洙之自序其書目:取脫脫所修《宋史》，考究顚末，參極羣書，刪其繁，存其簡，去其枝葉，存其本根，始於天王正紀，終於道統，自嘉靖壬辰迄丙午，凡十六年乃就，名曰〈史質〉以示廷交。蓋洙痛惡蒙古之入主中原，以嚴正閏之辨爲先，故於祥興二年帝昺投海後，即以明太祖之先祖上嗣宋統，草元代之紀年而不錄，以明其爲僭竊。近人柳詒徵謂班固作《漢書》，於王莽之稱帝十五年亦抹殺之，後世未嘗以爲非，元自世祖至元十七年至順帝二十七年，爲時亦不過八十七年，視新室才四倍有奇，降爲閏紀，亦不爲過，其說是也。」攷《史質》之作，自明世宗嘉靖十一年至二十五年（公元 1532 年至 1546 年）十數年間，九易其稿而定。《四庫全書總目提要》云:「是編因宋史而重修之，自以臆見，別創義例，大旨欲以明繼宋，非惟遼金兩朝，皆列於外國，即元一代年號，亦盡削之，……荒唐悖謬，縷指難窮，自有史籍以來，未有病狂喪心如此人者。」〔註11〕王洙基於民族大義，視胡元爲異類，站在漢族立場來看，本亦無可厚非;但在四庫館臣而言，他們不得不維護清室，對這本史書嚴辭指責，我們也要了解四庫館臣之用心，才可對是書有一公正之評價。王洙著《史質》之動機，王德毅析論云:「洙生於明正德、嘉靖年間，正是權奸小人當

〔註10〕引自王德毅〈由宋史質談到明朝人的宋史觀〉筆者案:《史質》一百卷，今存世，見香港大學馮平山圖書館藏善本書目，前有秦鳴夏序言，又敘署、目錄、自序等。

〔註11〕永瑢著《四庫全書總目提要》，上海，商務，民國 22 年 7 月初版，十一，史部六，別史類存目，頁 1108。

政專權的時代,《史質》著成付梓之秋,奸臣嚴嵩氣焰方熾,與宋朝的蔡京、秦檜、賈似道無異,殷鑑不遠,是值得明朝政府警惕的。洙語重心長的說:『中聞君子小人之進退,權奸降叛之倚伏,覽者誠能因文而得意,思舊而圖新,則保治於未亂,求安於未危,未必無少補云。』這一層深意,也是向明朝當局獻言的,主持國家大計的人,能不居安思危防微杜漸嗎?」〔註 12〕《宋史質》蓋爲別夷夏而作,乃表示思想之書,非考證史學之作。明代民族思想,遠勝前代,王洙不過若干人中之一人,其著述又幸而爲人所注意耳。〔註 13〕

(4)柯維騏(公元 1497 年至 1574 年)

維騏著《宋史新編》二百卷,關於他的家世、生平、著述及宋史觀等,將在下列數章論述,在此不贅。

(5)王惟儉

《明史》卷二八八:「王惟儉,字損仲、祥符人,萬曆二十三年進士,授濰縣知縣,遷兵部職方主事,坐事削籍,光宗立,累官工部右侍郎,魏忠賢黨劾之,落職閒住,惟儉資敏嗜學,肆力經史百家,好書畫古玩,天啓間與董其昌並稱博物君子。有《王損仲集》損仲苦〈宋史〉蕪穢,手自刪定爲一書,題曰〈宋史記〉,共二百五十卷。是書體例略同柯作,書有傳鈔本,藏北京圖書館,迄未刊行。

《四庫簡明目錄標注》振綺堂汪氏小山堂鈔本〈宋史記〉三十冊,存九十四卷,內有趙一清朱筆按語。〔註 14〕題河南王惟儉編次〈宋史記〉,今存世,見香港大學馮平山圖書館藏善本書目,只三十冊,手抄至卷之九十四(列傳第七十四)列傳第七十五以下皆未抄,有凡例及目錄。〔註 15〕關於〈宋史記〉

〔註12〕同前註 10。
〔註13〕見柴德賡《史學叢考》頁 211,柴氏云〈宋史質〉今不可見誤。證據有三:
　　(1)《四庫全書總目提要》謂〈宋史質〉一百卷,有衍聖公孔昭煥家藏本。
　　(2)王德毅云:「〈史質〉,又名〈宋史質〉,〈明史〉藝文志及黃虞稷〈千頃堂書目〉均作〈宋元史質〉,國立中央圖書館,美國國會圖書館,日本尊經閣均藏有此書,均爲明嘉靖間刊本。」
　　(3)筆者見是書存香港大學,馮平山圖書館藏善本書目。
〔註14〕見金毓黻《中國史學史》,頁 134。
〔註15〕饒宗頤著《中國史學上之正統論》,頁 54,云:「王惟儉〈宋史記〉,現存抄本港大馮平山圖書館藏,共二百五十卷」,筆者案:目錄有二五〇卷傳世則只至九十四卷,饒氏倘謂全書具在,疑非。

鈔本流傳問題，金靜庵、黃雲眉二人述之最詳，在此不贅。〔註16〕趙翼謂「惟儉之書，據〈列朝詩序〉謂損仲家圖籍，已沉於汴梁之水，其本藁吳興潘昭度曾鈔得副本，而〈曹學佺傳〉謂潘曾紘巡撫南贛，得惟儉所修〈宋史〉，邀晉江曾異撰，新建徐世溥更定，未成而罷，則此副本雖未遭汴水之厄，亦終歸散失也。」〔註17〕甌北先生生當清世，或未知彝尊傳鈔王書，亡而復存，而鈔本展轉入柯紹忞手，後歸北平圖書館，是趙氏所說尚有未審。〔註18〕

全書書法，參見凡例，舊宋史景炎無年，祥興失記，又降帝昺爲瀛國，此則更瀛國爲帝昺，而增入端宗、帝昺二紀，於耶律氏通稱曰遼、元世祖之先號曰蒙古，至建有國號始定爲元。〔註19〕惟儉著書動機，一則遠取子長，近法永叔；二則苦〈宋史〉煩蕪，力加刪削，用心可謂良苦。〔註20〕

（6）王昂

清・朱彝尊《曝書亭集》卷四十五書柯氏宋史新編後條：「先是揭陽王昂撰〈宋史補〉，台州王洙撰〈宋元史質〉，皆略焉不詳。」筆者按：《宋史補》，書佚。

（7）歸有光（公元 1506 年至 1571 年）

《明史》卷二八七《文苑傳》：「歸有光，字熙甫，崑山人。九歲能屬文，弱冠盡通五經、三史諸書，師事同邑魏校。嘉靖十九年舉鄉試，八上春官不第。徙居嘉定安亭江上，讀書談道，學徒常數百人，稱爲震川先生。」黃雲眉《論改修宋史諸家書》〔註21〕論之最詳，云：「歸熙甫頗有改修宋史之願，自謂少好司馬子長書，獨有所悟，而怪近世數代之史，卑鄙凡猥，不足自振，欲爲刪定以成一家之言；然熙甫文人，其積力於子長之書，文辭之轉折波瀾耳，而牽率於場屋之業，猶未足以盡子長，以云史家之別識孤裁，恐熙甫去之愈遠，今熙甫宋史無遺稿，惟論贊一卷存別集中，寥寥二十餘篇，了不異人，亦足證其經緯一代，未必能綽有餘裕矣。」

〔註16〕可參看：
　　（1）註7。
　　（2）黃雲眉〈與夏瞿禪論改修宋史諸家書〉——《史學雜稿訂存》，頁220。
〔註17〕同前註3。
〔註18〕同前註7。
〔註19〕同前註15。
〔註20〕見《宋史記》凡例，前註15，頁340。
〔註21〕同前註16，（2）。

（8）湯顯祖（公元 1550 年至 1617 年）

《明史》卷二三○，顯祖，字若士、臨川人。少善屬文，有時名。張居正欲其子及第，羅海內名士以張之，聞顯祖及沈懋學名、命諸子延致。顯祖謝弗往，懋學遂與居正子嗣修偕及第。顯祖至萬曆十一年始成進士。授南京太常博士，就遷禮部主事。」清全祖望《鮚琦亭集》外編四十三答臨川先生問湯氏宋史帖子云：「明季重修宋史者三家，臨川湯禮部若士、祥符王侍郎損仲、崑山顧樞部寧人也。臨川宋史手自具黃塗乙，尚未脫稿。吳興潘侍郎昭度足成其書，網羅宋代野史，至十餘簏，功卒不就。」金靜庵「改修宋史考略」：「梁玉繩亦云、聞前輩言湯若士有宋史改本，朱墨塗乙，某傳當削，某傳當補，某人宜合某傳，某人宜附某傳，皆注目錄之下，利段分明。王阮亭分甘餘話謂，臨川舊本、在吳興潘昭度家，恨無從購之。許周生云：潘中丞昭度曾欲重修宋史，先為〈宋史鈔〉，摭拾最富，友人楊鳳苞見其殘稿十餘冊，其全書則散佚久矣。」（〈瞥記〉四）

（9）劉晉卿

《明史》卷二百十六：「同升，字晉卿。師同里鄒元標。崇禎十年，殿試第一。」朱彝尊《竹垞詩話》卷下臣士下云：「劉同升，字孝則，吉水人，祭酒應秋子，崇禎丁丑賜進士第一人，授修撰，謫按察司知事，尋復官，守贛州死。」〔註22〕

案：晉卿改修宋史稿未定

綜合上述九家，明季改修宋史，以王洙、柯維騏、王惟儉，成就最大，他不足論。其改修之動機，一則不滿元人以宋史與遼金並列，二則借古諷今，以史為鑑。〈宋史新編〉影響力也較大，是書刊行於世宗嘉靖三十六年（公元 1557 年），有黃佐撰序言，康太和作跋，後人研究宋史，以該書為入門書籍，可省卻不少精力矣。

明人之宋史學，著述豐富，除了上列九家以外，還有錢士升撰《南宋書》六十八卷〔註23〕邵經邦《弘簡錄》二五四卷、馮琦〈宋史紀事本末〉廿八卷；

〔註22〕朱彝尊《竹垞詩話》，又名《靜志居詩話》，又名《明代掌故》，有上海廣益書局書刊，民國 25 年 5 月版。

〔註23〕錢士升（1575～1652），字抑之，嘉善人，〈明史〉卷二五一，有傳，撰〈南宋書〉六十八卷，序云「是書大旨、蓋患〈宋史〉之冗長，故取南渡以後事蹟，刪繁就簡別成一書」筆者案，〈南宋書〉傳世，見：香港大學馮平山圖書館藏善本書目，有進脩館藏版。

陳邦瞻〈宋史經事本末〉一〇九卷，[註24] 以及亡佚之沈世伯〈宋史就正編〉；明人宋史研究專著，還包括商輅〈資治通鑑綱目續編〉廿七卷，南軒〈綱目前編〉，薛應旂〈宋元資治通鑑〉一五七卷、王宗沐〈宋元通鑑〉六十四卷及嚴衍〈通鑑補〉二百七十卷等。[註25] 至若文德翼〈宋史存〉二卷、劉定之〈宋論〉，也可參考。[註26]

〈丙〉清朝

清人改撰〈宋史〉之動機，則取法歐陽修之重修〈唐書〉，以訂誤補闕，事增文省為職志。[註27] 各家分述如下：

（1）錢謙益（1582年至1664年）

《牧齋有學集》卷四十六跋東都事略云：「是時李九如少卿藏〈宋宰輔編年錄〉及王秘閣稱〈東都事略〉三百卷，損仲慫惥予傳寫，并約搆求李燾〈續通鑑長編〉以藏此役，余子內閣鈔李燾長編只卷初五大本，餘不可得，余既退廢，不敢輕言載筆，損仲遂援據事略諸編信筆成書，今聞損仲草稿，與臨川宋史舊本並在茗上潘昭度家，而子老倦研削、亦遂無意于訪求矣。」[註28]

（2）顧炎武（公元1613年至1682年）

全祖望答臨川先生向湯氏宋史帖子云：「明季重修宋史者三家，臨川湯禮部若士（顯祖），祥符王侍郎損仲（惟儉）崑山顧樞部寧人（炎武）也，……寧人改修宋史，即其草本已有九十餘冊，乃其晚年之作，身後歸徐尚書健庵，今亦不可問矣。」

[註24] 馮琦，《明史》卷二一六，有傳；陳邦瞻，字德遠，高安人，萬曆二十六年進士，《明史》卷二四二有傳，《宋史紀事本末》一〇九卷，是繼〈通鑑紀事本末〉以後，用紀事本末的體裁，記述宋代（公元960至1279年）三百餘年歷史的書。《四庫提要》云：「是書大抵本於琦者十之三，出於邦瞻者十之七，另加上沈越之《事紀》」，可參閱《宋史紀事本末》出版說明，北京中華書局，1977年版。

[註25] 參考，董朴垞著，〈中國史學史長編目錄〉──北京《史學史資料》，1980年第一期。

[註26] 文德翼，生平可見：《明人傳記資料索引》上，頁18，劉定之（公元1409年至1469年），《明史》卷一七六有傳。

[註27] 見前註7。

[註28] 錢謙益〈牧齋有學集〉五十卷，四部叢刊集部，上海涵芬樓，景印原刊本。

（3）朱彝尊（1629 年至 1709 年）

《曝書亭集》卷四十五書柯氏宋史新編後條云：「……諸書具在，以予淺學，亦曾過讀其他宋、金、元人文集約存六百家、郡縣山水志以及野史說部又不下五百家，及今改修，文獻尚猶可徵，予嘗欲據諸書，考其是非同異，後定一書，惜乎老矣未能也。」〔註 29〕

（4）杭世駿（1696 年至 1773 年）

梁玉繩謂杭堇浦（世駿字）嘗命余刪增〈宋史別作〉一書，自揆譾陋，謝不敢爲（瞥記四）此杭氏有志改修宋史之證也。〔註 30〕

（5）陳黃中（1704 年至 1762 年）

錢大昕《潛研堂文集》卷二十八跋陳黃中宋史稿條云：「吳門陳徵士和叔〈宋史稿〉本紀十二、志三十四、表三、列傳一百七十共二百十九卷……此稿增刪塗乙皆出和叔手迹，然前後義例不能畫一，紀傳無論贊、志無總序，蓋猶未定之稿較之柯氏新編，當在伯仲之間耳」〔註 31〕

（6）全祖望（1705 年至 1755 年）

全祖望《答臨川先生問湯氏宋史帖子》云：「某少讀〈宋史〉，歎其自建炎南遷、荒謬滿紙，欲得以爲藍本，或更爲拾遺補闕於其間，荏苒風塵，此志未遂。」

（7）章學誠（1738～1801）

《章氏遺書》卷九《與邵二雲論修宋史書》：「古人云載之空言不如見諸實事，僅思自以義例，撰述一書，以明所著之非虛語，因擇諸史之所宜致功者，若如趙宋一代之書」此章氏有志改修宋史之明證也。

（8）邵晉涵（1743～1796）

《章氏遺書》卷十八《邵與相別傳》云：「時議咸謂前史榛蕪莫甚于元人三史，而措功則宋史尤難。邵晉涵遂慨然自任，晉涵又謂〈宋史〉自商遷以後尤爲荒謬，以東都賴有王氏〈事略〉故也，故先輯南部事略，欲使後先條

〔註 29〕見朱錫鬯《曝書亭集》八十一卷，附笛漁小稿，四部刊集部，上海涵芬樓景印原刊本。
〔註 30〕同前註 7。
〔註 31〕錢大昕《潛研堂文集》五十卷，詩集十卷、續集十卷，四部叢刊集部。

貫粗具，然後別出心裁，更爲趙宋一代全書，其標題不稱《宋史》而稱〈宋志〉，然南都尚未卒業，而宋志亦未有草創，此章氏有志改修宋史之明證也。」

章、邵二人，有志改修宋史而不能果，黃雲眉深感至爲可惜，黃氏云：「實齋談史，新義輻輳，劉鄭而後，允推獨步，然當時惟二雲知之最深，而二雲之學、淹貫博綜、亦惟實齋最切仰企，史才難作、并世而兩，窮微入奧、莫逆于心，又皆不欲載之空言，而相督以趙宋一代爲致功之標的，發願之始，積力方盛，意氣甚舒，假令合并有緣，風雨明燭，上下三百年間，以二雲海涵川滙之聞見，實齋之別識創義，相資爲用，綱紀鴻業、無論同編異纂、要其旨趣，必有以冥會于規矩準繩之外，而卓然千古。雖不能決其必勝黃 顧。而成書之望，以較梨洲先生之一諾難踐，初未竄筆，亭林之孤才營構、崦嵫已迫者，固爲易操左券。失之顧黃，收之邵章，何快如之！其書若行，不特蕪雜荒略之〈宋史〉可廢，即向者諸人之書，亦傳之不足喜，不傳不足戚矣。然而南北暌違，商討易阻、官程私課，分力又多；五十以後，日月淹忽，鍾期既殞，伯牙絕弦，美志蹉跎，終隨流水，豈不重可痛哉！」〔註32〕

邵二雲南宋事略，雖未卒業，其目今仍可見。錢大昕《十駕齋養新錄》餘錄卷中南宋事略條：「餘姚邵二雲精于史學，嘗有志改修宋史，予請掌自南渡始，二雲欣然擬作南宋事略，以續王偁〈東都事略〉篇目悉依王氏之例，請予酌定儒學、文藝、隱逸三傳目錄寄之，今二雲沒矣，索其家遺稾，無有存者，癸亥閏月，予於小唐頎故篋中得所寄目錄稿，恨其志不克，遂姑錄其目，以待後賢」〔註33〕

（9）陸心源（1834～1894）

清末陸存齋撰〈宋史翼〉四十卷，其體如〈元史釋文證補〉，專就〈宋史〉所無者補之，當與王昂之〈史補〉爲一類。王德毅稱道是書云：「眞能羽翼〈宋史〉的，也只有這部陸心源輯的〈宋史翼〉了。是書所輯補的列傳凡四十，總九百四十四人，他所用的材料，有宋人文集筆記、長編、長編紀事本末、要錄、北盟會編、宋大詔令集、諸臣奏議、東都事略等重要史籍，更及於地方志、金石略、宋元學案、耆舊傳、鄉達錄等不下數十種，極稱淵博，每傳皆側注材料來源，可以看出他搜集材料之勤奮和編次的并然有序。」〔註34〕

〔註32〕同註16，（2），頁224。
〔註33〕見清錢大昕撰《十駕齋養新錄》二十卷，餘錄三卷，上海商務，1957年版。
〔註34〕見王德毅著〈宋史翼題端〉──《宋史翼》文海本。

　　清人之宋史學，有志成書者多，然大多美志不遂，成就不若明人。獨陳黃中、陸心源二家，較爲可觀而已。

　　總之，元明清三代之宋史學，藍文徵先生有一段中肯之評語，云：「元人之修宋史，館臣無學，草率成書，致體例不善，編次失當，魚雜冗漏，舛誤百出，深爲後世詬病，元末周以立欲重編而不果，明嘉靖中，廷議重修宋史，書雖未成，而私家之著述轉熾。如王昂之〈宋史補〉、王洙之〈宋史質〉、柯維騏之〈宋史新編〉，王惟儉之〈宋史記〉、沈世泊之〈宋史就正編〉，邵經邦之〈弘簡錄〉，及清陳黃中之〈宋史稿〉、陸心源之〈宋史翼〉等，頗有糾謬匡誤，補遺刪繁之功，惜諸人多非史才，或有史才而無史學，致其所作，或偏重義例而忽史實，或好騁迂論而史觀不正，或妄效事增文省而去取失當或小有補苴而規模不備，故皆不足列爲一代正史，若柯氏〈新元史〉然，至顧炎武、朱彝尊、全祖望、杭世駿、邵晉涵、章學誠諸儒，咸有志於是，而業竟未就。」〔註35〕在芸芸諸作之中，〈宋史新編〉偏重義例，史觀端正、去取有法、規模具備，其於明季私著史籍中之地位，是無容置疑的。

〔註35〕見藍文徵著，〈王德毅先生〈宋史研究論集〉序〉。

第二章　柯維騏之家世、生平、著述

　　福建興化府治莆田，在明清兩代，可以說是文人薈萃之地。隋唐以來，傳統知識分子的理想，大多朝着「學而優則仕」這條道路邁進，藉以榮身顯貴，中式得「舉人」，經殿試後得中「進士」，乃萬千士子寒窗苦讀的夢想，因爲只有這樣，他們才可以揚名聲，顯父母，光宗耀祖。

　　地靈人傑，鍾靈毓秀，人材和山川的關係是非常密切的。河山秀麗往往孕育出著名的學者，自古已然。〔註1〕單在有明一朝（1368～1643）福建莆田便曾經出了十一位柯姓的進士，〔註2〕柯維騏乃其中至爲傑出的一個。

　　綜觀柯維騏一生（1497～1574年），家世顯赫，卻敝屣功名；友朋衆多而著述豐富。從他的身上，我們可以看到生活在封建社會之中，一個文人雅士的典型。他既是詩人、文人、學者，也是一位卓越的歷史家。

　　柯維騏生平資料，《明史》本傳記敘僅寥寥三百餘字，茲錄於後，但與他生平相關之史料，卻十分豐富。現試從三方面（甲、家世、乙、生平、丙、著述），論述如次，務求鈎畫出維騏一生之輪廓和面貌，斯乃本章大旨所在。

（甲）柯維騏之家世

　　《明史》卷二八七：「柯維騏，字奇純，莆田人。高祖潛，翰林學士，父英，徽州知府。」〔註3〕

〔註1〕　關於地理和人材之關係，以及中國文化中心南移的原因，可參閱陳正祥著〈中國文化中心的遷移〉，圖十七（明代的進士）、圖十八（明代的三鼎甲），附表二〈明代文魁的籍貫分佈〉，見《中國文化地理》，頁22至23。

〔註2〕　他們是柯潛、柯燉、柯拱北、柯英、柯維熊、柯維騏、柯本、柯茂竹、柯昺、柯載、柯士芳等。見《明清進士題名碑錄索引》，頁1357至1359。

〔註3〕　《明史》清張廷玉等撰，中華書局標點本，文苑傳三，7366頁。

莆田縣之地理沿革，風土人情，文獻足徵，在在可供參考。《明史》卷四十五〈地理志〉：「福建，禹貢揚州之域，元置福建道宣慰使司，屬江浙行中書省。……洪武九年六月改行中書省爲承宣布政使司。領府八，直隸州一，屬縣五十七。興化府，元興化路，屬福建道宣慰司，洪武元年爲府，領縣二（莆田、仙游），北距布政司二百八十里。……莆田，東南濱海，海中有湄洲嶼，又有南日山，俱東與琉球國相望。又南有木蘭溪、北有延壽溪，東北有荻蘆溪，又有通應港，俱會流入海。」由於明代手工業和商業的發達，對於生產工具和營造技術上，也有改進，明代的農業生產也相應的提高。在明代，閩中已普遍使用水車灌溉田地；閩中山區到處開闢了梯田，閩南的稻田，有一年而三熟的。〔註4〕莆田的農產品，十分豐盛，包括米、瓜、甘蔗、砂糖、煙草等，盛產的是桂圓和荔枝。〔註5〕經濟發達人民才有機會享受餘暇、從事學術及文化的活動，明代福建文魁之多，僅次於南直隸、浙江及江西等地，原因也可不言而喻了。〔註6〕

興化府地理沿革，除了《明史·地理志》有記述外，題爲《大明一統諸司衙門官制》的佚名作品，也有著錄。〔註7〕是書云：「明置興化府鎮縣二，一爲莆田、一爲仙遊，興化府，東至海岸九十里，西至泉州府永春縣界一百二十五里，南至海岸四十里，北至福州府永福縣界八十里，自府治至南京三千一百四十里，至京師六千四百里。」又據《明一統志》卷七十七云：「莆田縣形勝介泉福之間，海道舟車所會，山川之秀，甲於閩中」〔註8〕由此可知，介於泉州、福州之間的莆田縣，因交通利便，物產豐富、山明水秀，有明一代，可謂人材輩出，正應驗《管子·牧民篇》所云「衣食足則知榮辱」的說法。

《莆田縣志》云：「莆田、風俗文物之邦（宋黃公度〈學記〉莆田文物之邦，自常袞入閩之後，延禮英俊，儒風大振）有齊魯遺風（黃公度〈學記〉云僻在南隅而習俗好尙，有東州齊魯遺風）家貧、子讀書、比屋業儒，俊造

〔註4〕見謝肇淛《五雜組》十六卷，引自謝國楨編著《明清筆記談叢》，頁24至25。
〔註5〕見下述地理辭典：
　　　（1）《中國古今地名大辭典》，臧勵龢等編，台·商務，民國20年初版。
　　　（2）《新編中國地名辭典》陸景宏編著，台北維新書局，民國66年初版。
〔註6〕見前註1，附表二。明代文魁（狀元、榜眼、探花及會元）之籍貫分佈，引自陳建皇《明通紀》。
〔註7〕《大明一統諸司衙門官制》，卷十一福建布政司，台學生書局，頁357。
〔註8〕明李賢等撰《明一統志》，《四庫全書珍本第七集》第十二冊，卷七十七。

如林，詩書、禮、義，爲八閩之甲。」〔註9〕上溯趙宋，莆田縣確曾出了很多位著名的文人學者，其中以史學家鄭樵及詩人劉克莊，尤爲卓有所成。〔註10〕下逮明朝，柯氏家族，可說是莆田縣的名門望族，子弟也多俊彥碩學之士，聲威顯赫，非其他家族所能望其項背。

　　茲根據明律及清律例《本宗九族喪服圖》，排列柯維騏家族世系如下表：〔註11〕

〔註9〕同前註8，關於《莆田縣志》，朱士嘉編，《中國地方志綜錄》有二種：

　　　其一、金枭謝、林麟焻纂修36卷，康熙四十四年版本，現存北京圖書館。

　　　其二、宮兆麟、廖必琦纂修36卷，有乾隆廿三、同治十、光緒五及潘文風初刻本，民國15年刻本。

〔註10〕見《明一統志》卷七十七，興化府之人物：

　　　（1）鄭樵，莆田人，博學強記，搜奇訪古，遇藏書家，必借留，讀盡乃去，過目不忘，爲經旨禮樂，天文、地理、蟲魚草木方書之學，皆有論辨。紹興中，以薦召對、授樞密院編修官，所著書凡五十八部，有《通志畧》行世，嘗居夾漈山，學者稱夾漈先生。

　　　（2）劉克莊，父彌正，淳熙中進士，累官起居舍人。克莊生有異質，日誦萬言，爲文援筆立就，爲龍圖閣直學士，真德秀以學貫古今、文追騷雅薦之，所著有《後村文藁》。

〔註11〕資料來源如次：

　　　（1）《明人傳記資料索引》，頁356。

　　　（2）《古今圖書集成中明人傳記索引》，頁100。

　　　（3）《古今圖書集成》及索引，理學彙編文學典第一百十卷、文學名家列傳，明倫彙編氏族典第二百十九卷，柯姓部。

　　　（4）《明代名人傳》，頁721至722。

　　　（5）《明史》卷一五二，〈柯潛傳〉，《明史》卷二八七，〈柯維騏傳〉。

　　　（6）明徐紘編《明名臣琬琰錄》。

　　　（7）田繼宗編《八十九種明代傳記綜合引得》，哈佛燕京學社。

　　　（8）明柯潛撰《竹巖集》。

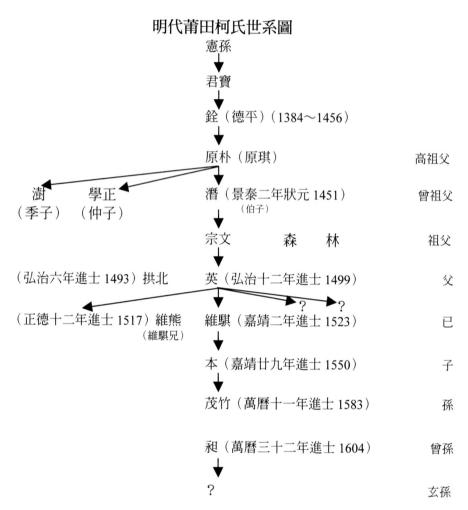

明代莆田柯氏世系圖

關於柯維騏之家世，現據上列世系圖，考釋論述如次：

其一

《明史》維騏傳謂「高祖潛」疑誤，應改爲「曾祖」，《明人傳記資料索引》更正爲「潛曾孫」當爲不易之論。鐵證是：柯潛乃明景帝景泰二年（1451年）狀元，柯維騏乃明世宗嘉靖二年（1523 年）進士，茲假定二人皆在三十歲前榮登進士榜（事實亦如此，潛廿八歲中狀元，維騏廿七歲中進士）二者相距七十有二年。封建社會以三十年爲一世，則潛至維騏差距二代較宜，差三代則說不過去，所以維騏曾祖父是潛，高祖父爲原朴。

其二、柯潛籍貫問題

姜亮夫纂定《歷代人物年里碑傳綜表》頁 423 謂「潛乃浙江太平人」疑

誤，潛爲福建興化莆田人，當爲千秋不易之論，文獻皆足徵。

其三、柯維騏子嗣問題

《明史》維騏傳云：「孫茂竹海陽知縣，茂竹子昶，副都御史，巡撫山西」並沒有提及維騏之子是誰。考柯本乃莆田人，他是明世宗嘉靖廿九年進士（1550年）茂竹乃明神宗萬曆十一年進士（1583年）維騏之子，在維騏登第二十七年後中進士，本之子在他登第三十三年後中進士，時間上正好塡補隔一代之差距，此其一。其他莆田柯姓進士，還有：

　　柯燉（成化二年進士1466）

　　柯泉（萬曆卅二年進士1604）

　　柯載（崇禎十三年進士1640）

　　柯士芳（崇禎十五年特科1642）

他們與維騏的年代，相差已不止一代，此其二。

其四、柯潛子嗣問題

柯潛有三子，長子森，次子林，三子宗文，此據王儼撰《少詹事柯公傳》。柯潛門生吳希賢別撰《中順大夫詹事府少詹事兼翰林院學士竹巖柯公行狀》，談及潛之妻室和子嗣，文云：「年五十一（案，指潛終年五十一歲），娶戴氏先卒，繼娶俞氏，前南京禮部侍郎綱之女，側室王氏，子一宗文，王氏出，公早有二子，皆不育」從這篇文章來推論，柯森、柯林皆早死，那麼，柯宗文便是柯維騏的祖父，那便無可爭辯的了。

柯潛有二孫，一拱北，此據《明人傳記資料索引》，一英，此據《明史》及《明代名人傳》，考拱北乃明孝宗弘治六年（1493）進士，英乃明孝宗弘治十二年（1499）進士，可證二人皆生活在同一世代，然則拱北和英同爲柯宗文之後裔，亦證據確鑿矣。

其五、關於柯維熊

《明人傳記資料索引》柯維熊條：「維熊，字奇徵，莆田人，維騏兄。正德十二年進士（1517），授行人，遷工部郎中」

《明代名人傳》記英有四子，維騏排行最幼，餘二子待考。柯維熊也從事歷史研究，他曾把一百三十卷之《史記》從頭至尾校正一次，用功不可謂不勤，是書名爲《柯校史記》，今存於世。〔註12〕

〔註12〕 《柯校史記》，明·柯維熊校正八十冊，香港大學，馮平山圖書館藏善本書目。

其六、關於柯茂竹

茂竹，維騏之孫，明神宗萬曆十一年（1583 年）進士。《古今圖書集成》云：「按《福建通志》、茂竹、字堯叟、萬曆進士，知海陽，政暇即把玩圖史，以不能諂事，上官稱強項。所著有〈柯論〉六卷、〈柯亭詩文初稿〉四卷。」〔註 13〕

按、明清知縣皆正七品官、茂竹不諂事、不附勢趨炎，正合柯氏家族一貫之傳統。

其七、關於柯昶

昶，維騏曾孫，明神宗萬曆三十二年（1604 年）進士。

《古今圖書集成》云：「按《莆田縣志》，昶、字季和、萬曆甲辰進士，授鄞縣知縣，昶綜核精敏，物無遁情，遷南戶部主事，榷揚州鈔關，疏商捐羨，補河間知府，泹政安靜周詳，得清治行，稱三輔第一，舉卓異，陞易州道副使，有神明之譽，擢尚寶同卿、移太僕少卿，改右通政，滿三載，晉右僉都御史，巡撫山西、百度改觀，邊備整練，以母年老，致仕歸養。」〔註 14〕

按：巡撫乃封疆大臣、二品官。

其八、關於柯拱北

拱北，維騏伯父，明孝宗弘治六年（1493 年）進士。《明人傳記資料索引》云：「拱北，字斗南，莆田人，著籍成都，潛孫，登弘治六年進士，授翰林院檢討，擢榮府右長史。」〔註 15〕

按、《明史·職官志》載：「王府長史司左右長史各一人，其屬典籍一人。」爲正三品官。

其九、關於柯英

英、維騏父，明孝宗弘治十二年進士（1499 年）。《明代名人傳》云：「英，字汝傑，號西波。1508 年至 1510 年，任徽州知府。」〔註 16〕

按、明始確定府爲縣級以上之方面官，以州降爲與縣同隸於府。知府之身分雖不一定高於宋代之知府，而知府所轄之地區，則幾於與唐末之某些節度使所管相等。知府爲正四品官。

〔註 13〕同前註 11 之（3）。
〔註 14〕同前註。
〔註 15〕同前註 11 之（1）。
〔註 16〕同前註 11 之（4）。

《中國古今地名大辭典》載云：「徽州、唐置，明爲徽州府，清因之屬安徽省，民國廢，治所即今歙縣，府境之歙休等縣。居民善製墨、世稱「徽墨」。南唐時有李超及子廷珪自易州南遷，以歙地多松，故留造墨，後主嘗用，其墨，宋時徽州歲貢大龍鳳墨千斤，明方子魯、程大約皆稱精妙。」〔註17〕

由此可知，柯維騏之童年時代，生活在徽州這處地方，寫字讀書，成爲他日常生活中的一個重要部分，爲日後之科場舉試，做好準備工作；這與其父親任徽州知府，不無關係。

柯維騏書法，在明代文人之中，自成一格，其墨蹟至今猶存。〔註18〕觀其楷書、工整中帶蒼勁、渾然一體，非平時廣積學、多用功不能致也。

其十、關於柯潛（1423～1473年）

潛，維騏曾祖,明景帝景泰二年狀元（1451）《明史》卷一五二：「柯潛，字孟時，莆田人。景泰二年舉進士第一。歷洗馬，天順初，遷尚寶少卿，兼修撰。憲宗即位，以舊官僚擢翰林學士。〈英宗實錄〉成，進少詹事。慈懿太后之喪，潛與修撰羅璟上章，請合葬裕陵。廷臣相繼爭。未報。潛曰：「朝廷大事。臣子大節，舍是奚所用心，與璟皆再疏爭，竟得如禮。連遭父母喪、詔起爲祭酒，固乞終制，許之。未幾卒。潛邃於文學，性高介，爲學士時，即院中後圃構清風亭，鑿池蒔芙蓉，植二柏於後堂，人稱其亭爲柯亭，柏爲學士柏。院中有井，學士劉定之，所浚也。柯亭劉井，翰林中以爲美談云。」

按：潛以文章名重一時。《明史彙證》卷一五二：「修〈英宗實錄〉之前，凡《歷代君鑒》、《寰宇通志》、《玉牒》諸書，潛皆預修焉。累賜白金文綺，後以古文詞教庶吉士李東陽等，又教庶吉士林瀚等。典應天、順天鄉試，兩典會試，皆見《獻徵錄》」。〔註19〕

柯潛乃明代極負盛名之文學家及史學家，有關他的生平，典籍記載頗詳，舉凡事功、性格、詩文、交友等，皆有記述。柯維騏之待人處世，或多或少，總會受到柯潛一定程度之影響。

茲點列柯潛之平生如下：

（1）天生聰敏

《國朝列卿記》卷十八：「柯潛，字孟時，福建興化府莆田縣人，生有奇

〔註17〕同前註5之（1）。
〔註18〕見《明代名人手札》上冊，柯維騏墨蹟，王雲五主編，台・商務印書館發行。
〔註19〕見《明史》台灣國防研究院印行（一至六冊）卷一五二彙證，柯潛傳條。

質，穎異絕人，數歲能作詩，十五能爲舉子。」〔註20〕

（2）英俊非凡

王偁〈少詹事柯公傳〉云：「公豐神峻整、言動謹飭，是時翰林諸老多在，咸愛重之，爲之延譽。」〔註21〕

（3）好學不倦

《國朝列卿記》卷之十八：「正統甲子領鄉薦，當赴會試，以未忍離親，未果行，遂携書入蓮峰僧舍，講讀不輟。戊辰會試中乙榜，辭弗就教職，入胄、監攻苦茹淡、益肆力於學。」〔註22〕

（4）耿介自負

《國朝列卿記》卷之十八：「潛稟氣峭直，操行耿介，發爲文章，嚴整有法，類其爲人，其爲詩清新微婉，猶有風致。」〔註23〕又云：「至於遇事感發，言論侃侃，揚推古今，毅然自負。」

（5）爲官清廉

吳希賢撰《柯公行狀》云：「丙子五月，陞司經局洗馬仍兼修撰，七月命往應天考試，舟經淮陽，士有暮夜投公齎私者，公叱之曰：『爾急去，毋自速罪戾』、其人謂陽却之固以，請以所賂遺公前，公怒，命執之付有司，治以法。是科場屋肅然，錄成，稱得人。」〔註24〕

（6）事親至孝

《國朝列卿記》卷之十八：「潛已聞父喪，上命即其家，賜之，既而有司爲少卿，公請祭命并與葬，蓋異數也，潛感激，銜哀就道，抵家不入中門，寢苫枕塊，不脫襟帶，擇地於居所居之東一里許，葬和溫山麓，不忍離喪。」〔註25〕

門生吳希賢《柯公行狀》云：「母太宜人在堂、庚寅正月、太宜人屬疾卒。朝廷遣官諭祭辛卯四月，有詔起復，時祭酒員缺、久難其人，上知公剛，方將用之，公聞命具疏，辭乞終制。大略言奪情非令典，忠君者必自孝始，未

〔註20〕見雷禮《國朝列卿記》。
〔註21〕同前註11之（6）。
〔註22〕同前註20。
〔註23〕同前註22。
〔註24〕見《竹巖集》附錄。
〔註25〕同前註20。

有不能盡孝于家，而能盡忠于國者也，上覽疏許之。」〔註26〕又母喪，公哭慟絕而復甦。

（7）友愛兄弟

《本（明）朝分省人物考》卷二十柯潛條：「巳丑、季弟澍病，親爲調藥，比卒，殯殮皆從厚，朔望易期服，哭失聲而後返。」〔註27〕

王偁〈少詹事柯公傳〉云：「公天性孝友，事親養志、友愛二弟，撫育從子，尤極恩意，念季氏早沒（即上文之季弟澍），悉以先公所寢室讓與其子，室壁，而自與學正君，別作室于都廳東西，以儉陋自居，人以義稱。」由此推知，柯潛有二弟，長學正，次澍，潛乃長兄也。

（8）雅好郊遊

《本朝分省人物考》卷二十云：「其性喜遊，供職之暇，時偕二三知己，窮覽勝槩，雅歌投壺，分韻賦詩，襟度豁如也。」〔註28〕

柯潛詩文，《四庫全書》輯有《竹巖集》一卷〈文集〉一卷《補遺》一卷，潛後學康大和序云：「其爲詩冲澹清婉，不落畦徑，庶幾登陶謝王孟之堂，其爲文平妥整潔，不事浮葩豔藻，佶屈聱牙之習，而風神氣格，迥出凡近，中如〈陳情疏〉、〈復郡侯書〉，與夫記盆奐，序愚樂等作，尤其其主持倫常，翊扶世道，挽正風俗，視媕阿脂韋，以諼世取寵者不同，覽者不必生同其時，已可想見其人矣。」〔註29〕

宋歐陽修撰〈瀧岡阡表〉，以表揚其父崇國公之孝親清廉，永叔終於成爲北宋著名之文學家和政治家，而他也永遠沒有忘記父母對自己之教誨。從這點來看，生活在封建社會之文人，家世對他的未來和成就，其影響是非常深遠的。綜合柯潛一生八點之行誼，從性格至事親，從爲官至事君，也可稱得爲忠孝兩全。他的後人，尤其是曾孫維騏，無論處事待人，肯定會受其影響。所以維騏一生之行誼，總會帶有柯潛之影子，下文將詳加論述，在此不贅。

看看柯潛之官宦生涯：洗馬，官五品；尚寶少卿，正從五品官，乃專以位置大臣、勳戚子弟作爲榮寵；翰林學士，明初官三品，其後正五品。

案：明代始以翰林院爲正三品衙門，兼掌制誥史冊文翰之事，其官屬自

〔註26〕同前註24。

〔註27〕見明・過庭訓纂集，《本（明）朝分省人物考》。

〔註28〕同前註27。

〔註29〕康大和《竹巖集序》，見前註11之（8）。

學士以下有侍讀，侍講、編修、檢討，皆作爲文學侍從之臣，稱之曰翰林官，翰林學士乃翰林院之主官，明代此職已不甚足重輕。

少詹事，正四品，《明史・職官志》記其職掌爲輔導太子；祭酒，明制國子監設祭酒一人，必以翰林官爲之，從四品，國子監祭酒類似今天之大學校長。〔註30〕

柯潛是一位史學家，有由來也，因爲潛曾監修〈英宗實錄〉，這項工作，乃奉旨纂修也，是書今猶存。〔註31〕

莆田柯氏世系，人物攷釋論述如上，我們不得不承認一點，就是柯氏家族，聲威顯赫，總說得上詩禮傳家，乃一簪纓之族。尤爲難得者，家族內之成員，除了以詩文傳世外，與史學也有一定之淵源，例如柯潛、柯維熊，無怪乎維騏亦以其《宋史新編》，而名聞於後世矣。

（乙）柯維騏之生平

《明史》卷二八七《柯維騏傳》云：「維騏舉嘉靖二年進士，授南京戶部主事，未赴，輒引疾歸，張孚敬用事，創新制，京朝官病滿三年者，概罷免，維騏亦在罷中。自是謝賓客、專心讀書。久之，門人日進，先後四百餘人，維騏引披靡倦。慨近世學者樂徑易而憚積累，竊二氏之說以文其固陋也，作左右二銘，訓學者務實。以辨心術、端趨向爲實志，以存敬畏、密操履爲實功，而其極則以宰理人物、成能天地爲實用，作講義二卷。維騏登第五十載，未嘗一日服官。中更倭亂，故廬焚燬，家困甚，終不妄取，世味無所嗜，惟嗜讀書。撫按監司時有論薦、不復起。隆慶初，延臣復薦。所司以維騏年高，但授承德郎致仕，卒年七十有八。」

關於維騏之名、字、號等，《本朝分省人物考》云：「柯維騏，字奇純，號希齋，莆田人」〔註32〕維騏生於明孝宗弘治十年，終於明神宗萬曆二年（1497年～1574年），〔註33〕一生經歷了明孝宗、武宗、世宗、穆宗、神宗五朝，〔註34〕其中以明武宗（1506年1月24日至1522年1月27日）及明

〔註30〕據瞿蛻園撰〈歷代職官簡釋〉引自清・黃本驥編《歷代職官表》。
〔註31〕柯潛監修《明英宗實錄》見《明實錄》廿二至卅八冊，台・中央研究院歷史語言研究所刊本。
〔註32〕同前註27，福建五。
〔註33〕見姜亮夫纂定，《歷代人物年里碑傳綜表》，頁448。
〔註34〕見《中外歷史大事年表》，樊茹編著，香港中華書局，1975年9月版。

世宗（1522 年 1 月 28 日至 1567 年 2 月 8 日）兩朝之政局，深遠地影響了他的政治前途。〔註 35〕

先述其童年時代：明孝宗弘治十二年（1499 年）維騏三歲，父英中進士，列三甲第二名。九年後，維騏十二歲，父親任職徽州知府，前後三年（1508～1510 年）。〔註 36〕打從一歲至十九歲，姑勿論維騏居住莆田、抑或徽州，他所居住的地方，都可以說是文物之邦、讀書風氣極其濃厚，舉業對他來說，相信是一件輕而易舉之事。

踏入青年時期，維騏和其他封建社會的文人一樣，試圖考科舉、取功名。明武宗正德十一年（1516 年），維騏二十歲，中了舉人。七年後，時為明世宗嘉靖二年（1523 年）癸未科，維騏中進士，成績列二甲第九十名。〔註 37〕比起其曾祖潛景泰二年辛未科之一甲首名（俗稱狀元），當然不可同日而語了。同年，授南京戶部主事，未赴職，就稱病歸。按：

南京，指應天。明洪武元年，詔以應天為南京、大梁為北京，蓋明初本有都汴之意，故設兩京，南京，對大梁而言也，即今江蘇江寧縣，江寧縣，故城在今江蘇江寧縣西南六十里。《江寧府志》：「江寧鎮或謂之金陵鎮」。〔註 38〕

主事一職銜，明代官階為從六品，非但列為司員，而且往往在部司中據有實權，而外官的知縣還以內陞主事為榮。〔註 39〕

試想一想維騏身處之時代背景。弘治一朝，多用正士，武宗朝已失道矣時劉瑾專權、八虎（又稱八黨）日導帝游戲。（八虎乃指劉瑾、馬永成、谷大用、魏彬、張永、邱聚、高鳳、羅祥等八人俱用事）瑾掌司禮監，永成、大用掌東西廠，各分據要地；劉瑾挾帝用事，幾乎盡逐正人，繼之宸濠叛反，議禮之爭。世宗嘉請一朝，明官已陷於內憂外患之中了。〔註 40〕不論維騏是真病引歸，或者託辭還鄉，他都不願意做朝廷之官吏，在當時黑暗腐敗之官場中討生活。我們相信，維騏的選擇是正確的，因為只有這樣，他才可以專

〔註 35〕見 Dictionery of Ming Biography, L.C. Goodrich, ed., （xxi） Emperors of the Ming Dynasty。

〔註 36〕同前註 11 之（4）。

〔註 37〕同前註 2。

〔註 38〕同前註 5 之（1）。

〔註 39〕同前註 30。

〔註 40〕見

　　（1）孟森著《明清史講義》上下冊。

　　（2）黎傑編著《明史》，香港・學津書店，1979 年 5 月版。

心致志，埋首書本，餘生才可以走上學術的光明大道，終成為明代傑出之史家。

明世宗嘉靖九年（1530 年），張孚敬用事，〔註41〕創新制，京朝官病滿三年者，概罷免，維騏亦在罷免名單之中。當時，他三十四歲，不得不無意仕宦，謝絕賓客而專心讀書，開始其《宋史新編》之寫作，他當時的心境，憑藉遺留下來的詩歌創作，我們便可想見一二，試看看其中一首，

> 海內論交久，清朝偶共逢。
> 談詩山寺月，並馬禁城鐘；
> 林臥余多病，吏情爾亦慵。
> 相望隔秋水，芳訊託芙蓉。
>   ——〈寄文衡山內翰致政歸山〉〔註42〕

「林臥余多病，吏情爾亦慵」一聯，既傷文衡山絕意仕途，其實也是自身之寫照；多病臥林句，可見他還鄉後之日常生活。以維騏之家世、學問及其高超之人品他自然會受到當時學林之推重，士子之景仰，向他執經問難者，當然大不乏人。《本朝分省人物考》云：「弱冠釋褐南，官為南戶部主事，移疾請告歸烏石山中，聚舊業而抽繹之，別淆亂、訂是非、會萬於一、及門之士執經而問難者，日益雲集，先後至四百餘人，傳授靡倦。」〔註43〕

明世宗嘉靖十九年（1540 年），維騏四十四歲，李元陽論薦，〔註44〕但他已絕迹官場多時，一心一意完成其改編〈宋史〉之工作，不論是主觀因素抑或客觀環境，與宦海絕緣已是既成定局了。《全閩詩話》卷七維騏條載云：「柯希齋維騏自登第後，即疏病歸、削跡公門、二三同年，若李太宰默、吳太宰鵬、徐閣老階並不通書。丁卯聞科舉交薦，有詩云：

> 落落閒身多病餘，乞歸實自肅皇初；

〔註41〕張孚敬（1475～1539）、號茂恭，永嘉人；初名璁，字廷璧，又號羅峯，又羅山。正德辛巳進士（1521 年），上疏言大禮，除南京刑部主事，再上疏超擢翰林學士，陞禮部尚書兼文淵閣大學士，贈太師、諡文忠，有〈寶綸樓和御製詩蘿峰集〉，生平可參考《明史》卷一百九十六、朱彝尊《明詩綜》卷三十七、《明史稿》卷一百八十二、姜亮夫《歷代人物年里碑傳綜表》，440 頁。
〔註42〕見清陳田撰《明詩紀事》戊籤卷十五柯維騏詩四首。
〔註43〕同前註 27，柯維騏條。
〔註44〕李元陽（1497～1580），字仁甫、大理人，嘉靖丙戌進士，選庶吉士，除戶部主事，擢江西道御史，出知荊州府致仕。見朱彝尊《明詩綜》卷四十及姜亮夫《歷代人物年里碑傳綜表》，頁 448。

生來奈有雲林癖，交絕全無政府書。

著述何功叨薦剡，行藏己老合懸車；

木蘭孤艇烟波裏，免負馴鷗與狎魚。

《莆陽志》〔註45〕

試讀其「生來奈有雲林癖，交絕全無政府書」一聯，便可發覺讀書人重視的是靈性之修養，既可入世，也能出世；學者一染俗氣，頭斤氣重，斯亦毫不足觀，了無可取矣！維騏詩句所道出的，不是與陶淵明〈歸去來辭〉所感嘆的，有異曲同工之妙嗎？

改修〈宋史〉，維騏閱二十年而始成，名之曰《宋史新編》，共二百卷。世宗嘉靖三十四年（1555 年），維騏五十九歲，《宋史新編》已接近完成階段，黃佐〔註46〕撰序言，二年後，《新編》刊行，康太和撰跋言〈後序〉，〔註47〕《新編》自此便傳諸百世矣。

明世宗嘉靖四十一年（1562 年），維騏六十六歲，十二月，日本浪人（倭寇）擾亂沿海一帶，攻佔福建莆田，希齋故廬為火焚燬，家境困甚，但終不妄取，與其曾祖潛之風範，如出一轍。

明穆宗隆慶一年（1567 年），維騏七十一歲，南京廷臣岑田賓，復薦之於朝，所司以維騏年高，但授承德郎致仕。

案：承德郎，官銜，文官階之正六品，表揚某人學術成就而授之榮銜。

明神宗萬曆二年（1574 年），維騏終，卒年七十有八。〔註48〕

柯希齋晚年生活，雖然因為故廬焚燬，家境困甚，但猶無改其樂天知命，經常以文會友，唱和賦詩。《全閩詩話》卷七康太和條：「嘉靖初，莆田有逸老會，皆鄉邦之望，都憲林茂達年七十五、憲副吳希由，逸士林嘉績供年六十七，御史林季瓊，知縣宋元翰俱年六十五、憲副林有年年六十四、侍郎鄭

〔註45〕見清・鄭方坤編《全閩詩話》。

〔註46〕黃佐（1490～1566），字才伯、香山人、號泰泉、正德辛巳進士、改庶吉士、授編修，出為江西按察僉事，調廣西，召入為左司諫，歷侍讀、諭德國子祭酒、少詹事兼翰林學士、卒贈禮部右侍郎、諡文裕，有《泰泉集》，生平見《明史》卷二八七、《明詩綜》卷三十七及《歷代人物年里碑傳綜表》，頁446。

〔註47〕康太和，字原中，莆田人，嘉靖乙未進士，改庶吉士，累官南京工部尚書，有《礪峰集》，見《明詩綜》卷四十二。

〔註48〕《明代名人傳》謂維騏卒年七十七，今據《明史》及《歷代人物年里碑傳綜表》，頁448，應為七十有八。又見楊蔭深編著《中國學術家列傳》，頁307，香港文淵書店版。

岳年六十三、侍郎林富、寺丞李廷梧亦幾六十、有逸老詩集行於世，隆慶已已、有耆老會、太守鄭弼年七十八，少參雍瀾年七十七、太守陳叙年七十六、運使林汝永年七十五、主事柯維騏年七十四、太守林允宗年七十二，尚書康太和年七十一、太和賦詩云：『故里重開耆老會，七人五百二十三』後尚書林雲同年六十九，亦與斯會，真太平盛世也。」

　　明代中葉以後，政局日非、宦官專擅、黨禍慘烈、流寇、倭寇相繼擾亂，加之朋黨相鬥、上自大夫、下至平民、委實活在水深火熱之中。可是，僻處江左之興化府治莆田、士大夫卻不以年高、或缺乏物質生活爲恥，他們的襟懷和氣度，確實難能可貴，桃花源究其實，是人世間之幻象，它可望而不可即。身處任何一個時代和環境，只要心境平和、精神快樂，又管它人間何世？莆田逸老會和耆老會這一班雅士，確能體會傳統儒家常樂知足，富貴浮雲的千古卓見。狐死首丘、落葉歸根，老人家倘能夠終老故鄉，已經是人間樂事了，夫復何求？夫復何求？試讀維騏下列二首律詩，他們的心態便可見一斑：

> 雨歇江天淨，山迴驛路遲。
> 客愁新歲減，風物故鄉宜。
> 花事餘梅蕊，樵歌掇竹枝。
> 祇慚司馬病，深負好文時。
>
> ——《宏路驛》
>
> 登高直到石巖巔，滿目雲山秋可憐。
> 僧影夕陽紅樹裏，蘆花野水白鷗前。
> 寒天搖落仍幽事，淨社招携有宿緣。
> 共把深杯對叢菊，不妨短鬢趁流年。
>
> ——《九日集東山》〔註49〕

再者，談一談維騏之性格，及其爲學做人之根本態度，印證其曾祖潛之所作所爲，他們祖孫二人，的確有些相似的地方。

其一、品格高超、性格不阿

　　《東南嶠外詩話》：「希齋登第五十載，未嘗一日爲官，人品既超，詩遂似之。」陳田云：「維騏詩亦蘊藉、不染塵氣。」〔註50〕《明儒言行錄》維騏條云：「居常絕迹，不入官府，力耕節用，躬韋布之素有餘，則推以佐親黨。

〔註49〕同前註42。
〔註50〕同前註42。

遇倭亂，廬毀於寇，鬻田以築小室，日危坐其中，接人無戲言，無苟笑，聞人之短，蹙然必爲之諱，期功不與飲燕，日惟疏食菜羹而已。」〔註51〕潛操行耿介，希齋則不苟言笑；潛事親至孝，希齋則生活儉樸，二人皆能極盡人倫、替後學樹立楷模。

其二、爲學主誠，特重名節

《本朝分省人物考》福建五・維騏條：「至於學之次第，懇懇致意於誠之一字。謂心與理一之謂誠，言與行一之謂誠，終與始一之謂誠，蓋允蹈之也。又錄所答問、釐爲心解、學解、經解上下、傳解、史解六卷，多儒先所未發，門人共服膺之，梓而傳焉。」〔註52〕《明儒言行錄》續編卷二：「其論人謂求道德之士於三代之下，必欲如古聖賢難矣。但能忠信廉潔，以禮義爲進退，以名節自砥礪，此其根本也，根本既立，雖乏功業文章，不足爲病；根本一喪，即富貴功名，鄙庸人耳，何足取哉！」〔註53〕柯潛忠孝雙全、爲官清廉，足證孔孟之名教綱常思想，深深地影響了他的一生；故此，柯維騏也難以擺脫名教之樊籬，一心一意學習歷代先賢及其曾祖父，而成爲儒家之忠實信徒。

何喬遠《名山藏》卷九十六本士記引張時徹曰：「柯公奇純其臻衆美，闇然實修，符曾史之淑性、苞商偓之華文、總五經之要妙，讎百氏之異同，教悅道調，力行仁義，非地不履，鞠躬君子也。」〔註54〕足可作爲維騏一生之定評，而並無過譽。

（丙）柯維騏之著述

《明史》卷二八七《維騏傳》：「〈宋史〉與遼金二史，舊分三書，維騏乃合之爲一，以遼金附之，而列二王於本紀。褒貶去取，義例嚴整，閱二十年而始成，名之曰《宋史新編》。又著《史記考要》、《續莆陽文獻志》，及所作詩文集並行於世。」

茲把希齋先生著述之目錄分述如下：

〔註51〕見清・沈佳撰，《明儒言行錄》續編卷二。

〔註52〕同前註27。

〔註53〕同前註51。

〔註54〕見何喬遠《名山藏》，台・成文出版社，引自《古今圖書集成》，明倫彙編氏族典柯姓部。

（1）《宋史新編》二百卷

存世，是書有民國二十五年三月上海大光書局刊印本；又香港有龍門書店一九七三年三月影印本。

（2）《史記考要》十卷

存世，已刻，今見於明歸安凌以棟〈稚隆、磊泉〉輯《史記評林》之中，是書存香港大學馮平山圖書館藏善本書目。

（3）《續莆陽文獻志》二十卷

有否存世待考。明・過庭訓《本朝分省人物考》評介云：「又以莆陽文獻，自嘉靖以來，屢經兵火、懼其遂湮，乃撰次為二十卷，以接山齋鄭岳之筆，曰《續莆陽文獻志》，與《宋史新編》，俱以三品論人。」

（4）《藝餘集》十卷、續集四卷、雜著二卷

已佚，此維騏之詩文集也，亦不列於《四庫全書簡明目錄》。清朱彝尊《明詩綜》卷三十九云：「維騏，字奇純，莆田人，嘉靖癸未進士，官南京戶部主事，有〈藝餘集〉，謝山子云，先生閉戶五十年，放意著述，自成一家，詩以積學勝，人不易託。竹垞云：其詩文曰藝餘者，編〈宋史〉之暇作也。」

（5）左右二銘、講義、問答等篇

引自《明人傳記資料索引》及《明史》本傳。清沈佳撰《明儒言行錄》評介云：「慨近世學者樂徑悟而憚積累，竊禪家之說以掩孤陋，作左右二銘，明其意著論纂二卷以辨心術，端趨向為實志，以存敬畏、密操履為實功，而其極以宰理人物，成能天地為實用，……錄所答問，釐為〈心解〉、〈學解〉、〈經解〉上下、〈傳解〉、〈史解〉六卷。」

（6）柯維騏詩歌，今散見於下列各書

朱彝尊《明詩綜》，陳田《明詩紀事》，四庫全書之《全閩詩話》等。

總的來說，我們可以用「學者」二字稱譽柯維騏。作為一個詩人，他的詩歌或許不能代表明代詩派之主流，所以，維騏在文學史上的地位，始終不及他在史學史上的地位。〔註55〕可是，作為一位歷史家，他在明朝史學史上

〔註55〕例證如下：

  （1）錢基博《明代文學》頁72，明詩總論，談及明代詩人，好為標榜，而閩十才子、柯潛、柯維騏也榜上無名。

之地位，當然是無容置疑的。因此，研究柯維騏之歷史觀，尤其是宋史觀，可以說是史學史研究中一個重要的課題。

　　對於柯維騏這個歷史人物，直至目前，仍然未有專章之研究和探討，〔註56〕這一章，聊或可補明史研究一處無足輕重之小環節吧！

　　歷史研究，除了作「縱」之直述以外，我想還應該輔以「橫」之研究，二者相輔相成，不可偏廢。關於明代知識分子，業師　趙令揚教授曾撰文詳述，指出他們的心態是徘徊於「國」、「家」、「我」三者之間的。〔註57〕綜觀柯維騏一生，絕意仕宦，而甘願過平淡的學者生涯，「我」的成分或者稍重。然而，深入了解其生平、思想及史觀，筆者認爲是具有典型意義的。

　　　（2）金毓黻《中國史學史》第七章第二節、專題探討《宋史新編》。
　　　（3）李宗桐《中國史學史》第七章第七節、畧提《宋史新編》。
〔註56〕例如：
　　　（1）《中國近八十年明史論著目錄》，史學和人物二欄，缺柯維騏及其《宋史新編》研究。
　　　（2）《宋代書錄》人物索引並沒有提及明柯維騏曾改編《宋史》。
〔註57〕見趙令揚著，〈無國有家、無家有我〉——談談明代知識分子，引自《明報月刊》第十七卷第八期（總第 200 期）。

第三章

（甲）《宋史新編》之義例

　　《宋史新編》有本紀十四卷、志四十卷、年表四卷、列傳一百四十二卷、凡二百卷，黃佐〈宋史新編〉序言釋之至詳，云：「本紀則正大綱而存孤危、志表則略細務而舉要領，列傳則崇勳德而誅亂賊，先道學而後吏治，遼金與夏，皆列外國傳，納諸四裔焉。於是春秋大義，始昭著于萬世。」〔註1〕

　　柯維騏《新編》訂《宋史》之失，其見凡例，關乎是書義例者，有下列各條：（一）舊史先循吏而後道學，似失本末之序。今以道學居首，次儒林、次循吏，次文苑、倣孔門四科，亦〈漢〉〈史〉例也。（二）史有紀志、表、傳肇自兩漢、義主勸戒耳矣。宋舊史立〈公主傳〉，前史無之，宋室年表、乃襲《新唐書》，均非關勸戒也。今削去公主，事有大者，則附載各傳。

　　試比較〈宋史新編〉及〈宋史〉義例之異同，可得下述各點：

　　（一）〈宋史〉曰表，有宰輔表及宋室世系表。〈宋史新編〉改稱年表，
　　　　　只餘宰輔，不列宋室。

　　（二）〈宋史〉先循吏、次道學、次儒林而末文苑，《宋史新編》則先道
　　　　　學、次儒林、其次循吏，末文苑。

　　（三）〈宋史〉卷二四八有〈公主列傳〉一卷，〈宋史新編〉刪之。

　　（四）〈宋史〉曰刑法志，《宋史新編》刑志、刑法志二名兼用。

　　（五）〈宋史〉卷四八五、四八六有〈夏國列傳〉遼金二國，〈宋史〉不
　　　　　入列傳；《宋史新編》有〈外國列傳〉八卷，遼、金、夏、高麗等

〔註 1〕 黃佐〈宋史新編序〉，撰於明世宗嘉靖三十四年（公元 1555 年）。

國附之。元修三史〈遼史〉有一百十六卷、〈金史〉有一百三十五卷。〔註2〕

遼金宋三史目錄，取法何書？考至正三年修三史，所立凡例，其第一條即云：「三國各史書法，準〈史記〉〈漢書〉〈新唐書〉」馮家昇先生考證云：「今觀三史目錄，雖有取法〈史〉〈漢〉者，然大體以〈新唐〉為準」〔註3〕故〈宋史新編〉義例，實也可說是取法《新唐書》了。

康大和〈宋史新編〉後序稱譽全書義例曰：「（維騏）讀〈宋史〉，慨其義例欠精，編次失當，而宋遼金三史並列，尤失春秋之義，乃覃思發憤，遠紹博稽，釐複訂譌，舉偏補漏，凡二十餘寒暑、始克成編。斯其志亦勤矣！首本紀而次志表，先道學而後循吏，為得其叙，署細務而挈宏綱，刊繁誤而存典實，為得其要。論讚之詞，直而不刻，辯而不浮，為得其體。其最大者，尊宋之統，附遼金為外國傳，尤為得義例之精。」康氏所言，亦非諛詞。

（乙）《宋史新編》之寫作動機

《宋史新編》凡例云：「宋接帝王正統，契丹、女真相繼起西北，與宋抗衡。雖各建號，享國二百年，不過如西夏元昊之屬，均為邊夷。宋國史有契丹、女真傳，實因前史舊法，元人修〈宋史〉，削遼、金各自為史、稱帝、書崩、與宋並，時號三史。蓋主議者，以帝王之統在遼金也。接金楊興宋，當宋南渡，著〈龍南集〉，明正統所在。元楊維楨聞修三史，作〈正統辨〉謂遼金不得與，斯足徵脫脫等纂輯之謬矣。今會三史為一，而以宋為正，遼金與宋之交聘交兵，及其卒其立，附載本紀，仍詳君臣行事為傳，列於外國，與西夏同，庶幾〈春秋〉外夷狄之義云。」明正統，此其一。

國主君臣要必君令而臣共，忠君愛民，乃臣君人倫之極致。《宋史新編》全書，剖析君道、臣道至為精微，孔子撰〈春秋〉意在褒善貶惡，柯維騏乃儒家信徒，故全書旨在宣揚義理之論。賢君則緩刑薄賦，屏佞舉廉，忠臣則廉介孝義、忠直通達。《宋史新編》以儒道統攝全書，申義理為其寫作動機之一端，此其二。

〔註2〕關於宋、遼、金三史纂修問題，可參考：
　　　　（1）陳學霖〈金史纂修考〉Journal of Oriental Studies，《東方文化》University
　　　　　　 of Hong Kong. 1967 P125～163.
　　　　（2）馮家昇撰〈遼史源流考〉——《遼史證誤三種》，頁1至71。
　　　　（3）陳芳明撰〈宋遼金史的纂修與正統之爭〉——《宋史研究集》第七輯。
〔註3〕同前註2之（2），頁67。

　　《宋史新編》一書，屢引丘濬《世史正綱》〔註4〕丘氏意在嚴華夷之分，立君臣之義，柯子亦顯無異議也。至若言天道宿命之論，維騏也可謂一意繼承瓊山之言。丘濬云：「雖然，君之所以為此者，非君之自為也，承天之意也。能承天之意，則能受天之命矣。受天命者，必奉天焉。奉天者，必大報天焉。君秉誠以事天，天垂象以示君；必致夫精禋感格之誠，必謹夫象緯災祥之故。如是，則天人合一、天不在天，而在君矣，天之心則仁愛人君，君之心則仁愛生民。」〔註5〕承天命，亦為全書寫作動機之一，此其三。

　　借古諷今，可說是柯維騏用心之所寄。柯子身處明代中葉之後，權奸當道，邊患日亟，極似南宋當日的形勢。他以這部書來提醒當政者教他們注意邊防問題，佞臣禍國等，用心可謂良苦，蓋土木之變後，明朝由盛而衰，塞外壓力越來越大，史家思想亦為之一變，史家想用歷史來喚醒國魂，挽救危亡的國家，這種心志也是值得稱揚的。〔註6〕此其四。

（丙）《宋史新編》與《宋史》之比較

　　《宋史》四九六卷，明人多譏之為繁蕪，柯維騏用什麼方法，把兩宋史事濃縮為二百卷呢？今試從卷數、人物和文字之刪削三方面，比較二書之同異。

　　關於卷數之刪削：

　　本紀方面，《宋史》有四十七卷，《新編》只有十四卷，則從本紀數量言《新編》只及〈宋史〉三分之一。《宋史》本紀卷數，依次為高宗九卷、理宗五卷、仁宗、徽宗、寧宗各四卷；太祖、真宗、神宗、孝宗各三卷；太宗、哲宗各二卷；英宗、欽宗、光宗、度宗、南宋三王各一卷。《新編》本紀卷數，十四卷之中，高宗二卷；太祖、太宗、真宗、仁宗、哲宗、徽宗、欽宗、寧宗、理宗、度宗三王各佔一卷；英宗、神宗合一卷；孝宗、光宗合一卷。

　　次言志，〈宋史〉共一百六十二卷，〈新編〉只有四十卷。〈宋史〉有天文志十三卷、五行志七卷，律曆志十七卷、地理志六卷、河渠志七卷、禮志二十八卷、樂志十七卷、儀衛志六卷、輿服志六卷、選舉志六卷、職官志十二卷、食貨志十四卷、兵志十二卷、刑法志三卷、藝文志八卷。《新編》志的篇

〔註4〕見饒宗頤《中國史學上之正統論》，頁54。
〔註5〕見丘濬《世史正綱序》──《瓊臺集》卷九。
〔註6〕見王德毅〈由宋史質談到明朝人的宋史觀〉結語。

目，悉依〈宋史〉，數目爲：天文志二卷、五行志二卷、律曆志三卷、地理志二卷、河渠志二卷、禮志四卷、樂志二卷、儀衛、輿服志各一卷、選舉志二卷、職官志四卷、食貨志四卷、兵志二卷、刑志一卷、藝文志八卷。從志的數量言，《新編》只及〈宋史〉四分之一，除藝文志，數目沒有變更外，餘柯氏皆作大幅度之刪削。

《宋史》有年表三十二卷，即宰輔表五卷、宗室世系表二十七卷；《新編》只餘宰輔表四卷，其數量爲〈宋史〉之八分一。

列傳方面，《宋史》共二五五卷，〈新編〉只一四二卷，刪削數目，近二分之一。以類傳爲例：《宋史》有循吏傳一卷、道學傳四卷、儒林傳八卷、文苑傳七卷、忠義傳十卷、孝義傳一卷、隱逸、卓行傳三卷、列女傳一卷、方技傳二卷、外戚傳三卷、宦者傳四卷、佞幸傳一卷、姦臣傳四卷、叛臣傳三卷、世家傳六卷、周三臣傳一卷、外國列傳八卷、蠻夷列傳四卷、合共七十一卷，《新編》依次爲道學傳二卷、儒林傳五卷、循吏傳一卷、文苑傳三卷、忠義傳四卷、孝義傳一卷、隱逸傳二卷、卓行傳一卷、列女傳一卷、方技傳一卷、外戚傳二卷、宦者、佞幸傳各一卷、姦臣、叛臣、世家傳各二卷、外國列傳八卷、蠻夷列傳一卷、合共四十卷。人物合傳方面，后妃、宗室共六卷，〈宋史〉〈新編〉二書數量同，〈宋史〉有公主傳一卷，〈新編〉刪之。

關於人物之刪削：

人物之刪削，數目至多，以忠義傳爲例〈宋史〉十卷，〈新編〉只四卷，刪削名單俯拾即是，在此不贅。讀史者只需比較二書之目錄，便可知刪削大概情形了。

關於文字之刪削：

試舉例以明二書文字短長如次。

《宋史》卷四五六〈孝義傳〉：「徐承珪，萊州掖人。幼失父母，與兄弟三人及其族三十口同甘藜藿，衣服相讓，歷四十年不改其操。所居崇善鄉緝俗里，木連理，瓜瓠異蔓同實，州以聞。乾德元年，詔改鄉名義感，里名和順，承珪嘗爲贊皇令。」《宋史新編》卷一七六〈孝義傳〉：「徐承珪，萊州掖人，兄弟三人及其族三十口同甘藜藿，歷四十年。所居木連理瓜瓠異蔓同實，乾德元年，詔改鄉名義感，里名和順，承珪嘗爲贊皇令。」首篇七十九字，次篇五十七字，但柯氏無改首篇原意。

　　《宋史》卷四三六〈儒林傳〉：「鄭樵，字漁仲，興化軍莆田人，好著書，不爲文章，自負不下劉向、揚雄。居夾漈山，謝絕人事。久之，乃游名山大川，搜奇訪古，遇藏書家，必借留讀盡乃去。趙鼎、張浚而下皆器之。初爲經旨，禮樂，文字、天文、地理、蟲魚、草木、方書之學，皆有論辨，紹興十九年上之，詔藏祕府。樵歸益屬所學，從者二百餘人。」《宋史新編》卷一六六：「鄭樵，字漁仲，莆田人，好著書，不爲文章，自負不下劉向、揚雄，居夾漈山，謝絕人事，久之，乃游名山，搜奇訪古，遇藏書家，必借留讀盡乃去。趙鼎、張浚而下皆器之。初爲經旨、禮樂、文字、天文、地理、蟲魚、草木方書之學，皆有論辨，紹興十九年上之。」《宋史・鄭樵傳》：「以侍講王綸、賀允中薦，得召對，因言班固以來歷代爲史之非，帝曰：『聞卿名之矣，敷陳古學，自成一家，何相見之晚耶？』授右迪功郎、禮兵部架閣，以御史葉義問劾之，改監潭州南嶽廟，給札歸抄著〈通志〉。書成，入爲樞密院編修官，尋兼攝檢詳諸房文字。請　修金正隆官制，比附中國秩序，因求入秘書省繙閱書籍。未幾，又坐言者寢其事，金人之犯邊也，樵言歲星分在宋、金主將自斃，後果然。高宗幸建康，命以〈通志〉進，會病卒，年五十九，學者稱夾漈先生。」《新編・鄭樵傳》：「以侍講王綸、賀允中薦，得召對，因言班固以來歷代爲史之非，授右迪功郎禮兵部架閣。以御史葉義問劾之、改監潭州南嶽廟，給札歸，抄所著〈通志〉書成，入爲樞密院編修官，尋兼攝檢詳諸房文字，因求入秘書省閱書籍，未幾，又坐言者，寢其事，卒年五十九，學者稱夾漈先生。」《宋史》末云：「樵好爲考證倫類之學，成書雖多，大抵博學而寡要。平生甘枯淡，樂施與，獨切切於仕進，識者以是少之。同郡林霆、字時隱，擢政和進士第，博學深象數與樵爲金石交。林光朝嘗師事之，聚書數千卷皆自校讎，謂子孫曰：「吾爲汝曹獲良產矣，紹興中，爲敕令所刪定官，力抵秦檜和議之非，即掛冠去，當世高之。」《新編》則云：「樵平生甘枯淡，樂施與，論者謂其切切仕進，蓋弗察也。同郡林霆，字時隱，擢進士第，博學深象數，與樵爲金石交，林光朝嘗師事之，聚書數千卷皆自校讎，謂子孫曰：『吾爲汝曹獲良產矣，紹興中，爲敕令所刪定官，力詆秦檜和議，即掛冠去，當世高之。』」比較二文，大同小異，無關宏旨之文句，柯氏才加以刪削，故〈宋史新編〉仍保存〈宋史〉原書之精華。舉一反三，讀者可知柯維騏刪削之功勞矣。

　　《宋史》之失，可歸納爲脫落疏漏，隱諱失實，編次不善，以及舛誤矛盾等，例子如有一人兩傳者，無傳而謂有傳者，數人共一事而傳文不相及者，

不必立傳而立傳者，宜附見而立專傳者，不必書而詳書者。〔註7〕《宋史新編》如何訂正之？觀〈宋史新編〉凡例便可知其大概。例如謂舊史列傳編次多失當；舊史事跡逸漏者多；舊史文多訛誤；舊史纂輯出於眾手，故紀事多異同；舊史多引用野史，間失實；舊史諸臣列傳，凡乏聲名及勳業者，一槩書年若干，今削其濫者，而補其可考者；金國本號女眞，至宋仁宗時避遼主宗眞諱曰女眞、我朝大臣修〈續通鑑綱目〉，改正曰女眞，今依之。

〔註7〕見張立志《正史概論》，頁119、120。

第四章　柯維騏之宋史觀

　　柯維騏改修宋史，歷二十寒暑，編成《宋史新編》二百卷，兩宋三百二十年行事，粲然悉備，茲據是書所論，闡述柯子之史學思想，從而探究其宋史觀。爲行文方便計，《宋史新編》省用《新編》二字。

（甲）天命論

　　「天之所命，人不能違。」《新編》全書，貫串着濃厚的天命思想，在維騏心目中，趙匡胤之得國，關乎天之所繫，而不在人爲的努力。《新編》卷一《太祖論》曰：「然天下竟歸於終日侍側之點檢，此豈非天耶？」可證。從開國至亡國，帝皇之所爲，得失之關鍵，柯氏全以天命的眼光視之。《新編》卷十《高宗論》曰：「靖康元二之禍宋族胥亡，獨高宗以親王出質脫虎口，非天欲延趙氏祀俾中興耶！」又《新編》卷十四《端宗論》曰：「按宋都汴百六十八年，南渡復歷百五十二年，享國之久，幾與漢垺，視唐則過之，昔范曄論漢中興，由高祖孝文之寬仁，結於民而不能忘，歐陽修論唐之祖宗德澤制度，足爲後世賴，故能永其天命，若宋家之積仁厚，尚禮義，其效亦豈誣哉！」

　　從天道落實到人道或治道，維騏深深歸咎於宿命論，《新編》卷一三四《張所傳論》曰：「南渡戎事孔棘，儒者釋俎豆，以戮力其間，或贊幕府，或專方面，寧非濟時之傑，然成敗禍福，人固弗能預圖也。」又《新編》卷一一四《呂大防傳論》曰：「呂大防、劉摯、蘇頌、范純仁，咸先朝宿德，負忠直之望。……何四賢之禍福，若是殊也。申包胥曰人衆勝天，天定勝人，係於所遭焉耳。」後人謂宋亡於外敵環伺，契丹、西夏、女眞相繼禍宋；維騏卻認爲宋末縱使不乏賢宰，奈何小人當道，此天之亡宋。《新編》卷一五二《董槐

論》云：「顧乃眛於和衷，自相爭戾，豈天欲益亂，而趣宋之亡耶！」《新編》卷一二五《李綱傳論》曰：「李綱兩柄用於靖康、建炎間，皆匪久廢黜，遂使主辱國削，卒莫之振，甚哉！……至如張浚賢者，亦不免見忌而訾其短，嗚呼！無亦天未悔禍使然耶！」

禍福由天、死生有命，維騏信以為然。《新編》卷八十九《狄青、郭逵傳論》曰：「仁宗以來，元昊桀驚為邊境患，故廟堂加意兵事，而行伍累功，率躋崇顯。若狄青、郭逵先後登政府，尤推名將，二人均有知略，最後廣南得雋、交阯無功，蓋有幸有不幸焉。青行至邕，會瘴霧昏鬱中人，賊置毒水中，飲輒死，忽一夕甘泉湧于郊，遂濟其眾，逵擁兵三十萬，冒炎瘴，物故大半。豈非天哉！豈非天哉！」

五代十國分裂之局面，維持了五十四年，結束這個混亂之局的因素，不在宋祖，而在天命。《新編》卷一九○《世家列傳上》云：「自五季之亂，豪傑蠭起，各建號據土，傳其子孫，迄宋興，凡五國三鎮。……太祖平江湖蜀廣，復得荊南，太宗平太原，復得漳泉吳越，六十年分裂之天下，至是始合于一。蓋天方贊宋誠難與爭，知幾者無咎，用壯者有悔，厥效可覩已。」換言之，宋之開國，也可以說是天與人歸了。

柯維騏篤信儒學，但他對於陰陽五行學說，也同樣接受，並把它應用於歷史解釋上，在他看來，天道、人事實有相關連帶的關係，《新編》卷十七《五行志》云：「人受天地之中以生，其氣通也。氣和則祥臻，氣乖則異降。在匹夫猶爾何況王者參二儀而子萬國哉！」國家將興，必有貞祥；國家將亡，必有妖孽。今天看來，或近迷信，但中國人確實相信這一套，大多數人皆認為「寧可信其有、不可信其無」史家亦深以為然。柯維騏不滿意歐陽修《新唐書》《新五代史》敘天文而削事應，以矯漢儒災異之學，因為他深信徵驗之說。《新編》卷十五《天文志上》云：「然春秋二百四十二年間，仲尼所書天變，果皆無徵乎。秦政兼諸侯，彗星竟天；項羽屠咸陽，枉矢西流，漢高得國，五星聚東井；魏文受禪，星孛貫北斗。斯司馬遷諸人所述者，又果皆誣乎？夫徵驗之說廢，則不足畏之說興。歐陽之論本劉知幾，殆矯枉過正耳。」究其實這無非是教人要行正道，不應逆天理，多少帶有警惡懲奸的作用。

柯維騏的天命論，從科學的角度觀之，我們可否視之為荒誕迷信呢？筆者不以為然，無論從東西方兩種文化觀來考察，柯維騏始終脫離不了時代及環境之局限。

　　其一：史華慈云：「思想史的中心課題就是人類對於他們本身所處的『環境』的意識反應。」〔註1〕我們研究某個歷史人物的思想，必須注意到他的「思想」與其所處時代之間的相互關係，作為傳統封建社會的歷史家，維騏當然逃不了天命思想的限制，這是無容置疑的。

　　其二：呂謙舉云：「中國史學思想統攝了『天道』『人道』『治道』三大理型。天道在變局中見，人道在善惡中見，治道在興亡中見，治道是人道的實踐，人道是天道的主體，天道是人道的法則：天道、人道、治道三者本為一體，而以人道為中心。史學本天道而宏揚人道，本人道而敘述治道。」〔註2〕據此，柯維騏的天命觀，無疑說是「天人一體」的史觀，在他所處的年代而有這一套思想，我們不能不許譽其有先見之明了。

（乙）義理論

　　褒善貶惡，忠君愛國是傳統史家的道德標準，《新編》全書，發揮此道理尤為詳盡透徹，在維騏心中，有賢君，有昏君；有忠臣，也有佞臣。不論北宋或南宋大抵昏君多而賢君少，忠臣少而佞臣多，此亦為宋室興亡之關鍵。柯子便用儒道思想，看待一切人和事，在他的筆下，人物善惡昭昭，忠奸分明。易言之，這就是孔子作《春秋》的「善善惡惡，賢賢賤不肖」的精神，也就是王道的精神。

　　君有君道，臣有臣道；君臣上下一心，國家才可大治。《新編》卷六《哲宗本紀論》曰：「夫審於忠邪則哲，察於理亂則哲」《新編》卷八《欽宗本紀論》云：「自古未有姦使盈朝而不致亂者，亦未有闒冗在位而濟事者，可證。」

　　柯維騏以宋神宗用王安石推行新政為例，說明賢君忠臣對國家的重要，否則便會禍國殃民，《新編》卷五《神宗本紀論》曰：「人主負高世之資者，恒患於喜功、人臣售遇主之術者，多失於自用，茲二者常相因為害，可勝道哉！宋自開國百餘年寓內乂安，神宗乃以不克復幽燕為病，夙夜勵精，欲雪數世之恥，為前人所不能為，於是在廷忠鯁之臣斥逐以盡，惟任一合意之王安石，援引邪佞，悉更祖宗成法經營。所謂富強者既而民怨日籲，外患日

〔註1〕　Benjamin Schwartz，著〈關於中國思想史的若干初步考察〉，張永堂譯（見《中國思想與制度論集》，頁3，台・聯經出版公司）。

〔註2〕　呂謙舉〈中國史學思想的概述〉─天道、人道、治道為中國史學的中心思想（見《中國史學史論文選集》下，頁1075，杜維運、黃進興編），台・華世出版社。

熾。……安石既死，其說猶行於紹聖、崇寧、政和間，靖康之難，誰實基之？」

先言君道：

兩宋十八帝〔註3〕之中，維騏認為賢君者少而昏君、愚君者多。他稱譽的帝皇，有太祖、太宗、真宗、仁宗、英宗、光宗、孝宗等，沒有美評的君主，則包括神宗、哲宗、徽宗、欽宗、高宗、寧宗、理宗、度宗、帝㬎、端宗、帝昺等。柯維騏以為趙匡胤之開國，雖得之於天命，然而匡胤也有其不容忽視的長處，馭臣有道即為其表表者。《新編》卷六十五《石守信傳論》曰：「世有母望之福，必資母望之人，昔人嘗談矣。宋太祖以點檢與自陳橋，周禁衛、石守信諸人，並改心效勞翼贊大業。……天下既定，太祖喻釋守信等兵權、褒恤韓通，終斬彥昇節鉞，誠得馭臣之道哉！」《新編》卷六十六《韓令坤傳論》曰：「世不治亂，豈不由人哉。五季權臣，擅朝藩鎮，專制境內，天子擁虛器，若贅旒。宋興頹綱乍振，率土聽命，無或干威福以貽禍凶，雖否運必反，要亦太祖駕馭之有道也。」又《新編》卷六十八《郭崇傳論》曰：「天下歸往謂之王，若宋太祖受周禪，其不然耶？……夫蓄清者易刻，暱私者易縱，觀太祖駕馭諸人，誠王者之度也夫。」正因為太祖深明馭臣之道，宋初亦多鎮撫之臣。《新編》卷七十六《馬令琮傳論》曰：「語有之，千金之裘，非一狐之腋。方太祖初得天下，所資經營鎮撫之臣，何可勝數哉。馬令琮輩、或典金吾，或鎮方州、或從征討，雖操行靡一，而勞績則均。」然而，維騏對太祖也有微詞，暗指其心私而非利天下。《新編》卷一《太祖論》曰：「宋太祖挺生，實應明宗之祝，陳橋推戴，夫烏得而辭諸？逮天下既定，傳位有盟，先其弟而後其子，雖素敦友于重違母命，要之晉王知略，孰與武功乎，夫帝之心，非利天下，灼然著矣。」

宋太宗初名匡義，改賜光義。維騏稱道其業績昭彰。《新編》卷二《太宗論》曰：「藝祖受禪，十有七年，次第削平諸國，獨太原猶負固，吳越漳泉，未納土境。賴太宗之沉謀睿斷，區宇混同，雖不得志於幽燕，而繼述之業，亦云弘矣。且畏天憫人，好文納諫，昭儉防淫，所以循家法而培國基者，日兢兢焉。卒而五兵不試，百穀屢豐，非太平之效耶！」歸根究底，原來太宗

〔註3〕 《新編》凡例：「宋帝㬎降元，元封帝為瀛國公，端宋帝昺相繼即帝位於閩廣，未幾，國亡，元人修〈宋史〉，竝削去帝號，不入本紀，揆以〈春秋〉之義，三帝之統，何可沒也，今改定。按帝㬎號曰孝恭懿聖，非廟謚也。」，見《宋史新編》凡例，筆者案：今本《宋史》趙㬎（瀛國公）在本紀四十七，見中華書局標點本。

有賢臣之助，《新編》卷七十三《李昉傳論》云：「太宗纘大業而臻盛治，匪獨謨，略懿也，蓋亦有良執政之助焉。李昉循謹重厚，似薛居正；呂蒙正雅量忠實似石熙載；張齊賢明敏果斷，似趙普；賈黃中持廉有容，似李穆。帝方勵精政事，虛懷聽納數君子者，將順德意，協贊昇乎，想見當時賞花曲宴，庶幾卷阿之風乎！」

要做一位賢良之君，倚助忠臣是先決的條件，宋眞宗也深明此理。《新編》卷八十二《李沆傳論》曰：「眞宗倚任賢弼，如李沆、王旦、向敏中，尤專且久。」《新編》卷八十一《呂端傳論》云：「呂端，畢士安、寇準，皆以忠義果斷之資，輔政於至道、咸平、景德間，內折王繼恩廢立之謀，外弭遼夏兵戈之禍，所謂非常之功，固非常人之所與也。」《新編》卷八十七《魯宗道傳論》曰：「宋眞宗詎不謂知人耶？魯宗道、薛奎、王曙、蔡齊，皆簡拔置侍從，仁宗踐阼，相繼登政府。」故維騏也稱譽之。《新編》卷三《眞宗論》曰：「眞宗承昇平之業，黎氓樂生，久不識兵革。一旦契丹內侵我師弗利，遂大舉乘勝抵澶州，逼門庭矣。帝用寇準謀，親帥六師濟河決戰，竟褫其氣以歲幣定盟各罷兵，詩曰徐方既同天子之功，帝之謂也，抑帝之深思長慮，詎保黠虜不吾叛耶？」

賢君之標準如何？從柯維騏推許宋仁宗、宋孝宗、宋光宗等人便可畧窺全豹。《新編》卷四《仁宗本紀論》曰：「自漢以來稱守成令主，必曰文景，豈不以仁厚恭儉延重熙累洽之澤耶？有宋仁宗果何媿矣，帝在位四十二年，宮室苑囿無所增飾，燕私常服澣濯著令諸州旬上雨雪，遇水旱則密禱禁庭，或跣立殿下，夜饑思膳燒羊，戒勿宣洩。大辟疑者皆上讞，嘗謂輔臣曰朕未嘗罟人以死，況敢濫用辟乎。至於以忠厚待士夫，以至誠待夷狄，視累朝不加優哉，乃若稽古右文，表章學庸爲正學倡，斯又文景所弗逮者。」又《新編》卷九十一《馮元傳論》云：「馮元、趙師民，竝以博雅耆儒、侍經幄。張揆、楊安國父子，講說無大過人，大抵行誼優矣；張錫清慎斂晦，晚始見知。仁宗勵學興文治，數子者寧無助哉！」仁宗一朝，名節之士尤盛。《新編》卷九十二《孔道輔傳論》曰：「人主賴以繩糾愆違，折奸萌而消禍始，非直臣不可。當仁宗沖齡，母后臨朝而內外肅如，邪慝爲沮計，謂非廟堂有人哉！時孔道輔、鞠詠、劉隨、曹脩古，選爲諫官御史，郭勸、叚少連繼之，皆侃侃諤諤觸禍譏。……宋世名節之士，於斯爲盛焉」

南渡以後，君主雖衆，維騏只許孝宗和光宗。《新維》卷十一《孝宗本紀

論》曰：「孝宗系出藝祖，有君人之度。……論者謂聰明剛毅，爲南渡諸常稱首，其致孝太皇，力行三年之制，則千載一人而已。自禮廢風頹，遂有公除議閽亮陰不輟樂者，帝復古以立世防，噫偉矣。」同卷《光宗本紀論》曰：「光宗非次得元，豈不以賢。觀其初政，緩刑薄賦，屛佞舉廉，可謂知先務者。不幸遭悍后，致疾弗終令聞，惜哉！」孝宗、光宗兩朝，忠臣亦衆，《新編》卷一四二《蕭燧傳論》云：「蕭燧忠實敢言，全護善類；李彥穎裁濫恩冗費，不爲近倖撓；黃洽論治，以用人爲急，孜孜許國無以家爲；施師點，范成大、抗禮虜庭，使宋重於九鼎大呂，竝淳熙良執政也。龔茂良磊落大節，殆無與讓。」《新編》一四五《周必大傳論》曰：「周必大純篤忠厚，以善導其君，而飭勵軍帥，薦達名儒，皆可爲大臣法。」同卷《胡晉臣傳論》曰：「朱熹學宗伊洛，胡晉臣排羣議薦之，其道同也。方光宗滯疾，弗親萬機，晉臣，與宰相留正，協心毗贊，國以粹寧，其功同也，羅點優輔導而限於年；王藺、陳騤貞剛直而見忌於衆，是以皆弗究所建立云。」又同卷《尤袤傳論》曰：「尤袤屢駮內降，尤有功於正學；謝諤受知崇儒之朝，實多啓沃；曾三復恬仕進而不激不隨，無忝風紀；顏師魯法宋璟李鄘羞與近倖伍，至謂事掊克以厚苞苴，切中時弊；袁樞以小官論國政，能令時宰懷憝，及爲廷尉，執三尺法，俓劾御史罷之，皆熙良侍從也。」綜合維騏評價宋仁宗、孝宗、光宗的論據，賢明之君的標準，至少要做到：對己則修斂身心，奮發勵學；對人則忠厚意誠，屛佞舉廉。爲君之道，更宜省刑薄賦，大興文治；戒宣泄，用忠臣；審忠邪而察理亂，庶幾可爲賢君矣！

北宋苟有賢君忠臣，奈何國策本重文輕武，而成爲國家積弱的根本原因。《新編》卷四十七《藝文志》云：「宋初貯書有三館，太宗有崇文院，有祕閣；眞宗有太清樓；神宗有祕書省；仁宗嘗命儒臣倣開元類編爲四部號崇文總目，凡三萬卷有奇，逮徽宗祕書總目倍之。靖康之難，悉亡於金，南渡仍建祕書，搜訪補輯，十得五六嗣是世溝虜患，戎專方殷，而其君猶留意經術，不替家法，其臣曁草野之士，亦孜孜習以成俗，故一代述作，前莫之與侔，舊史所列，合古今書蓋九千八百十九部，十二萬卷云，嗚呼！右文之效，累朝熙洽徵矣，道君而下，或溺異教，或斥正學，或累多欲，是皆飾名而遺實，庸益于治乎！然則宗之不競，雖文勝之弊，要未可一概論也。」下逮眞宗仁宗朝，縱有直臣明君，國勢也開始走下坡了，《新編》卷一○五《劉平傳論》曰：「仲尼贊徹桑之詩爲知道，觀劉平、任福輩相繼載沏，豈不徵哉！自太宗、眞宗

弭兵和戎之後，君臣第賞花賦詩，講求禮樂，以飾太平；延及仁宗，文致日臻，武備益弛，故元昊得以乘間肆侮、遂成陵夷之勢，有國者鑒哉！」

《新編》卷一一六《許將傳論》曰：「自熙豐迄崇寧，君子小人迭當國，仕於時者，當論其心術何如，詞學吏治弗與焉。」維騏目宋神宗非賢君，焦點在神宗用王安石變舊法而興新政。《新編》卷一〇六《王安石傳論》曰：「王安石導神宗，變法斂財，興獄用兵，謂正論爲流俗，是以人言不足恤也；謂水旱爲常數，是以天變不足畏也；謂漢文帝無可取，是以祖宗不足法也。」新法雖善，惟小人當政，遂流爲擾民之措施。《新編》卷一〇七《李清臣傳論》曰：「王安石與其黨呂惠卿更法制，屏忠良，國政已紊矣。」《新編》卷一一一《徐禧傳論》曰：「易載高宗伐鬼方，三年克之，言勝敵之難，戒後世黷武爲民病也。王安石、呂惠卿，不師古訓，導主以富強，希旨倖功之徒，輒輕舉債事，永樂、安南二役，生靈罹禍慘矣。彼徐禧輩之死，何足惜，而沈起之秩貶，何然贖哉！劉彝之罪，不亞于起，甚矣！有負於稽古愛民之教也。」《新編》卷一一七《孫覺傳論》曰：「宋世宰臣，得君秉政，未有如王安石之專者。……詩曰『人知其一，莫知其他，安石之蔽也。』」《新編》卷一〇八《王廣淵傳論》曰：「士負蠆銳之氣者，用以脩職業，則爲直道，用以規利祿，則爲凶德，所貴人主察其公私而已。」王廣淵、王陶、王子韶、何正臣等，均附安石行新法，竝朋姦誣善，維騏反對王安石行新法，其思想不但有濃厚的復古傾向，而其認爲新法實可動搖國本，釀成大難；他有一段至爲沈痛的論述。《新編》卷四十《食貨志》曰：「淵涸而奐絕，國匱而衆離，勢固然矣。宋自藝祖以降，皆仁厚恭儉，劭農恤民，往往著在令甲，如祥符之鑄祠、康定、慶曆之邊費雖呇庚鮮儲，而杼柚未罄，何則？上有守文之君，下無聚斂之臣也。及王安石任呂惠卿、曾布行新法；章惇、蔡京相繼主。紹述王黼李勔競掊克以充應奉，天下騷然，釀成大難。南渡後，女眞猶橫，蒙古嗣興秦檜，賈似道束手無策，方且行加賦創限田，是重斂民怨，爲敵國資也，傳戒小人，不可使爲國家，豈不諒哉！」

對學術、教育、學校方面，王安石自有其一套獨特的主張。《新編》卷一二三《崔公度傳論》云：「王安石雅負儒學名，及爲相，以事功自喜。嘗言曰經術所以經世務也，奈闇於大道。以仲尼春秋，猥與後代之史等，弗列學官，所頒新義、字說如詩鳧鷖章、實啓驕侈。其他非雜管商，則涉佛老，至於揚雄仕莽，馮道更事四姓，無譏焉。此豈可以訓而施諸政哉！神宗惟其言是聽，

盡黜中外沮格之臣，常情鮮有處岐路而不遲回者，況人主之導使趨乎。……以政事殺百官，毋以學術殺天下。後世良有激云。」

筆者案：《宋史》卷三二七《王安石傳》：「初安石訓釋詩、書、周禮。既頒之學官，天下號曰『新義』，晚居金陵，又作《字說》，……其流入于佛老，一時學者無不傳習，主司純用以取士，莫得自名一說；先儒傳註，一切廢不用。黜春秋之書，不列於學官，至戲目為斷爛朝報。」

柯子既為儒家忠實信徒，安石棄孔子春秋不列於學官，難免遭維騏文字之攻擊，從學術道統言，這一點，我們後人是可以理解的。再者，學術上之「一道德」，即「統一思想」，安石也少不免遭人口實。〔註4〕因此，柯維騏責難安石之禍國，在《新編》眾多人物中，可以說是無過其右。《新編》卷一二三《葉祖洽傳論》曰：「世風之變，不有自來哉！東都士大夫，名節相高，至江左遂變而為恬曠，何則？懲於黨錮之禍也。宋養士有素，其出科目為世用者，皆忠信端厚，漸變成俗，不幸壞於新法，而繼以紹述，彼見忤時獲咎，曷若易節而躐顯榮哉，如葉祖洽、蔡嶷竝以譽諛對策竊倫魁，既又朋姦誣善，廉恥滅矣，時彥、霍端友，亦濫茲選，究其行事，不過如水中之鳧，隨波上下，奚賢於李南公諸人耶？自昔曲學邪說，害人心術，則邦國從之。宋人有言，國家一統之業合而遂裂者，王安石之罪也，諒乎。」對王安石這個歷史人物的評價，筆者對歷朝封建史家，對他的責難，並不同意。國家積弱，圖謀變革，其宗旨、目標不惟不善。奈何手段不得法，所用非人後人多以成敗論英雄，許譽商鞅變法成功，秦國終成霸業；安石變法失敗，宋室亡於異族；我們又豈可責難千古一人呢？近代維新變法運動失敗（1898），我們又豈可責怪康梁？鄧廣銘先生稱譽安石乃中國十一世紀時的改革家，〔註5〕替王安石洗脫罪名，肯定了他在宋史中的地位。其結論是可以首肯的。然而，單以「尊法反儒」的思想觀點來評價歷史人物，筆者認為是值得商榷的。安石晚年，隱居金陵，有詞桂枝香抒其胸懷，對家國之心情，可見一斑，方豪先生編寫《宋史》，敘述了安石變法原委後，不置褒貶，末引一闋詞，一首詩以見安石心胸；〔註6〕其肯定王安石在歷史中的地位，之心意，是可以理解的。由此推之，史遷列項羽於本紀、孔子於世家、不以得失、成敗論人，他的史識確實遠邁後來者。讀史至此，怎不教人慨嘆？

〔註4〕見方豪《宋史》，頁68，台・華岡出版社。
〔註5〕見鄧廣銘《王安石》，人民出版社，1975年版。
〔註6〕同前註4，頁124。

　　哲宗、徽宗兩朝，小人當道。《新編》卷一一八《陳次升傳論》云：「紹聖、元符、崇寧中、章惇、曾布、蔡卞、蔡京輩，相繼用事。士大夫有宿怨，或稍拂意者，非顯斥則陰擠，舉莫能脫，而諫官陳次升等，持正論不爲撓。……嗚呼，建中之號，與唐德宗同也，而產亂招寇，曾不異轍，易戒小人勿用，豈不信哉？」柯維騏責怪哲宗不能審忠邪而察理亂，不合乎賢君標準。《新編》卷六《哲宗本紀論》曰：「哲宗幼沖踐阼，政出宣仁、倚任元老，彙征眾賢，悉廢王安石所興爲，以復祖宗之舊。……及帝親政，乃惑於熙豐姦黨，假紹述以報復，由是仁賢受禍，國事日非，馴致靖康之難。」宋徽宗比之於哲宗，又如何呢？大抵五十步笑百步了。《新編》卷七《徽宗本紀論》曰：「古之帝王卑宮菲食不敢縱於民上者，豈故自苦其身以天下爲桎梏哉？蓋昭德塞違爲久安長治計也，何宋徽宗不鑒僻王亡轍，狎佞諛而崇詭誕，飾遊觀而窮侈靡，君臣逸豫自謂樂且未央，豈虞身陷沙漠而荊棘生殿廷也。且帝嗣立何如時耶？熙豐紛更之弊已深，紹聖因仍之蠹未飭，譬猶積疴在躬而嗜欲不節，必無幸矣！」徽宗之難逃金人厄運，與蔡京實有關連。蓋京用事，恣威福。《新編》卷一二三《劉昺傳論》云：「方蔡京用事……蓋京阿意紹迷，設黨禁以杜異議，久之飾五禮，作雅樂，自謂太平豐豫，無害爲宮室花石之娛，因之蕩上心以竊國命。而昺等實喻指效力，共爲欺罔。遂令賢隱而佞集、主荒而權移。」又《新編》卷一一九《沈畸傳論》曰：「蔡京託紹述以竊國權，譬如蠱病蝮螫，朝士誰不惴惴？……知昏而聽惑，資懦而權移，可以主天下哉？」徽宗一朝，小人尤多。《新編》卷一二一《趙挺之傳論》曰：「國有小人，雖治世而不能免，然未有叢集蔓引，若徽宗朝者。」總之，徽宗失國，由來有自。《新編》卷一二四《崔鷗傳論》曰：「徽宗政出權姦，仇視善類。士之覬利者貢諛慮患者循默，習俗風靡久矣。崔鷗、張根、任諒、周常、李朴，竝負直節，歷歷陳時弊無諱，帝未嘗不嘉美，乃竟厄於讒，或竄或廢，所謂善善而不能用，其失國宜哉。」而徽宗、欽宗失國，亦奠定南宋亡國之基，此讀史者不可不知。《新編》卷一二二《白時中傳論》曰：「昔歐陽脩作唐六臣傳」推論漢唐之亡，由國無君子，而君子盡獲譴者，由朋黨之說也。觀宋徽欽之失國，其故豈殊哉！蔡京以恣睢之行，佐紹述之政，凡鯁正士，悉目爲黨而禁錮之；徽宗頗亦疑京，參用王黼等，陰分其柄，是何異以酒解醒，以鴆療毒也。時政府白時中輩，竝邪佞庸瑣，多出二家之門，左右姦謀，徼功賈亂，及虜犯闕。束手莫展寸籌，內則匄和不爲備，外則逗留入援之師，豈謂國有人乎。……

嗚呼，靖康之鑒近矣，何南渡復有僞學之禁，俾士習大壞國勢日頹，以底于亡，非甚愚乎哉！」

南渡君主，除孝宗、光宗外，柯子皆不許以美評。首言宋高宗：《新編》卷一二八《李光傳論》曰：「易蹇之九五曰大蹇朋來，豈不以艱難之運，必資多賢乎？宋南渡，果何時也，納忠宣力之臣，可倚以共濟者，有若李光等數人，雖皆登政府，然或沮於汪黃，或抑於秦檜，而王庶至被竄以死，則安望其能興復哉？嗚呼，賢如李綱、趙鼎，亦不免屢讁，何況其他？甚矣，高宗之不知人也！」又《新編》卷一三七《王居正傳論》曰：「高宗初立，頗更先朝弊政，凡名節之士，賞獲讁若久淹者皆得召擢。言云『行百里者半九十』言末路之難也。王居正等，或箴主闕、或排廷議、或論邊防，初終一節，竟齟齬廢棄而靡悔，庸非守道君子歟！」又《新編》卷一三八《馬仲傳論》曰：「諫院御史臺分職不同，同有繩糾之責也，馬伸以下十二人者，當建紹中，嘗歷是職，侃侃獻忠每觸忤君相意，夫苦口之藥利於病，向使高宗能盡用其言，何至爲姦臣所誤？竟削弱不振耶！」由高宗的不知人，國政卒爲佞臣所誤，維騏對其評價當然不甚措意。《新編》卷十《高宗本紀論》曰：「……竟定都浙西，棄天下之半與仇爲和，何其巽儒不自振也。昔周平王避戎狄難，東徙洛邑事與帝同，然平王能保疆土信攘却之威，實惟秦藩屏是賴，帝興復之策曾不出此，乃幸安一隅，黜李綱以紓患，誅岳飛以速就和議，蓋帝志則然，宜權姦之獲售也！」

次言寧宗：《新編》卷十二《寧宗本紀論》曰：「昔人言，世主中人之資，可與爲善，可與爲惡，觀宋之寧宗，不其然耶？當其受禪之初，收召宿儒，一新庶政。嘗讀朱熹講義，大要在求放心，穎悟孰加焉。未幾道學斥邊禍啓，末年荒怠，權臣得矯命廢立皇儲，何治亂之相懸乎！蓋用趙汝愚則治，用韓侂冑、史彌遠則亂，沃心惑志，其效固不同，此君子所以致論於鼎鉉也。」換言之，宋寧宗的禍國，和其用小人有莫大相連之關係。《新編》卷一四六《余端禮傳論》曰：「寧宗踐阼以來，韓侂冑用事，宰相趙汝愚之死，留正之讁，皆其致螫也。余端禮不能匡救京鏜、謝深甫率惟其言是從，平生節操安在哉？陳自強素貪鄙，則其倡議崇典，表裏爲奸，無足怪已。抑楊宏中六人，得免嶺海之竄，寔賴端禮力。且端禮以志弗行而辭位，猶可諉也。鏜與深甫排正人而久處匪據，罪豈亞自強乎？」同卷《許及之傳論》曰：「韓侂冑既逐趙汝愚，朱熹仍設僞學之名而嚴爲之禁，反爲平章，爵位已極，復謀開邊，立不

世之功。茲二者，適所以基亂而賈禍也。許及之輩，或阿侫締交，或從史效力，皆不數載，躋政府、小人圖私誤國，乃至於此。」

再次言理宗：《新編》卷十三《理宗本紀論》曰：「有天下者貴正始，理宗之立，出於史彌遠矯命，俾濟王不得其死，可謂不幸矣。享國四十餘年，彌遠權寵終其身，丁大全、賈似道相繼任政，陰邪得志，國事日舛。自古臨亂之君，各賢其臣、概如是也。載考當時諫臣方大琮等，每以女寵侈貴為言，則色荒政怠，亂所由生，徒飾崇儒講藝之虛名，曷益乎！」理宗一朝，忠臣遭讒去國（見《新編》卷一五三《皮龍榮傳論》），雖有挺拔之彥（見《新編》卷一五四《崔與之傳論》），奈何理宗弗明（見《新編》卷一五七《李詔傳論》），後之君主，豈不能以此為鑑？

理宗以後，宋度宗昏弱，賈似道當權。《新編》卷十四《度宗本紀論》云：「理宗季年，蒙古亟陷我疆圉，蓋權臣賈似道實啓之釁。度宗昏弱，復拱手聽其所為，故政愈棼而敵愈迫。潰敗之勢，岌岌然不可支持。譬如病者，始終付於庸醫，至沉劇而莫悟也。哀哉！」端宗、帝昺，可謂勢孤運窮，線緒竟絕了。

總言之，自理宗以來，縱有大節之直臣（見《新編》卷一五五），憂國忘身之小官（見《新編》卷一五六），甚或將家、良帥、奇才（見《新編》卷一五八），但終無補於國事。對亡宋之君臣，維騏有一段至為沉痛的論述。《新編》卷一六〇《向士璧傳論》曰：「宋自開慶以來，元兵日迫，宗社危如累卵，當國者協力百執事，猶懼弗支，何況賈似道專而愎，忌而忮耶！向士璧帥潭，誠有捍禦功、乃攟摭其罪，斃於囹圄；汪立信自荊閫貽書責其耽樂，且為區畫數端，寧非忠言至計，反懷忿而中以法；孫子秀、陳仲微之節操政績，卓為世吏師，亦概不能容，假臺論罷去；他著吳潛、皮龍榮、曹世雄，皆以非辜死；文天祥、謝枋得，皆以直道黜；而善類盡矣，姦人逞私，不恤國。一至此極，奚怪臣工多解體，而叛官降敵者踵相接也。詩曰亂之初生，僭始既涵，亂之又生，君子信讒，其謂亡宋之君臣乎？」

次言臣道：

《新編》卷一一五《梁燾傳論》云：「山有猛獸則羣妖伏，國有直臣則百寮肅。」同卷《王存傳論》云：「士之立朝，要以正直忠厚為本。」此乃柯維騏之臣道觀念，而離不開儒教之綱常及樊籬也。按宋都汴百六十八年，南渡復歷百五十二年，享國之久，幾與漢埒。維騏慨嘆的，可用一言以蔽之，就

是：「宋亡於帝用羣姦，倚任匪人」，易言之，兩宋的國勢，其實可以說是與佞臣相終始，柯子非謂宋室無忠臣，只是忠臣屈於姦臣之下，不能替國家力挽狂瀾而已，此讀史者不可不察。茲據《新編》，闡述兩宋忠臣、姦臣之人物如下，以明維騏之心術。

先敘忠臣：

《新編》卷一七二《忠義傳》云：「宋承五季綱常頹壞之後，而忠義相踵，獨盛於前代。論者謂田錫、王禹稱、范仲淹、歐陽修、唐介諸賢實爲之倡。嗚呼！骨鯁之臣，有裨風俗如此哉！」何者爲忠義？爲國捐軀、捨生取義當然不在話下，維騏對忠義者之死法，有一段壯烈之描述，同卷云：「惟夫懷忠者不爲禍休；抱義者不爲利疾；隨其所遇，以身徇焉。是故捍國難焉而死；守封疆焉而死；全使節焉而死；主辱國亡焉而死；忤姦邪、犯忌諱焉而死。匪直死也，雖剖心孿支體，荼毒妻孥百口弗顧焉，茲非烈丈夫能之哉！」

趙普、字則乎、幽州薊人。《新編》卷六十九《趙普傳論》曰：「有撥亂之君，必有翊運之臣，咸天所置以爲民也。當六師推戴宋祖、人謂太宗趙普，預聞其謀，事定加恩。第擢普樞密直學士，累年，始授之政，而普恂恂然，未嘗貪天之功以自伐，其器量已越人矣。惟幄圖回，動中機會，務矯五季宿弊，爲社稷樹久長之基，勳烈不亦懋哉！」

薛居正，字子平、浚儀人。《新編》卷七十三《薛居正傳論》曰：「自古君國者，曷嘗不倚輔弼之助，矧創業初乎？藝祖乾德中，設參知政事，以薛居正分領，而沈倫爲副樞，未幾，並繼趙普爲相，歷事兩朝，雖無赫赫功。然醇謹仁恕，裨益治體匪細。」

《新編》卷八十五《王延德傳論》曰：「宋初，用人之途頗廣，苟有知能可當事任、不必明經射策、咸被採拔，得效其所長，而恩寵與文吏等，觀王延德以下十一人者，概可見矣！」《新編》卷九十一《尹洙傳論》曰：「宋至仁宗，熙洽已百年，然時佚則人玩，法久則弊生。自邊徼用兵、天子旰食，奮然欲因羣才以更治。于時豪傑滿朝。數上書論當世事，若尹洙、孫甫、謝絳、葉清臣，楊察尤著忠直聲，矧文與行，一切彬彬，爲世模楷。」《新編》卷九十六《李迪傳論》曰：「眞仁朝不乏賢相，若李迪、王曾、張知白、杜衍、風烈卓然。」

晏殊，字同叔、臨川人。《新編》卷九十七《晏殊傳論》曰：「晏殊喜薦拔時賢，章得象渾厚有容，竝號長者，慶曆朝多君子，治體寬裕，茲豈無助哉！」

韓琦，字稚圭，國華子也。《新編》卷九十八《韓琦傳論》曰：「韓琦輔政於嘉祐治平間，內外輯寧，黎庶豐樂，且再定大策，調兩宮，誠可謂社稷臣。」

范仲淹，字希文，蘇州人。《新編》卷九十九《范仲淹傳論》曰：「自古賢豪出應世務，其規畫皆預定於平居。仲淹自為諸生，毅然有任天下之志。及為參政，更張庶事，與曩時在制上宰相書無異，惜沮於讒忌，不獲究所欲為也。考仲淹之學，好明經術，當時諸儒，鮮有崇信子思之中庸者，而仲淹舉以勗張載，其倡道淑人，實不在濂洛後矣，彼謂韓范皆天資，不由講學，何哉！」

司馬光，字君實，陝西夏縣人。《新編》卷一一二《司馬光傳論》曰：「司馬光奏疏凡數十篇，其事切、其言直，良由明於古人之學，欲大濟斯民，身之利害，弗計也。故諫不行，則辭副樞之命，晚而遇合，則夙夜盡瘁以死，斯其出處大致有過人者，勳業文章，姑未論也。」

范鎮，字景仁、華陽人；祖禹、字淳甫，一字夢得。《新編》卷一一二《范鎮傳論》曰：「夫獻忠而忘禍，守道而遺榮，此豈儒夫所能？……然當時物望並屬台衡，曰君實景仁，不敢有所軒輊，蓋鎮之忠言，光實和之。光辭樞密，歸洛十五年，亦非耽籠利者。況兩人之學術正而操行篤，又皆相類耶！百祿、祖禹，俱直道弗徇于時，可謂能守家法也夫。」

以上引《新編》列傳中之忠臣，皆北宋聲名較著者，包括趙普、薛居正、晏殊、韓琦、范仲淹、司馬光、范鎮、范仲禹等人，另一名臣歐陽脩，則於下節正統論中述之。北宋忠臣是不是區區此數呢？不是的，其他如寇準、忠亮果斷如富弼、文彥博、清操直節如包拯、濟時之彥如程師孟、剛正之氣如劉敞、劉攽、優儒術精吏治之曾鞏，亦赫赫有名。靖康之後，武將輩出，悉皆忠臣而重名節操守，茲一一細論如次。

南渡之名將，大多承北宋良帥遺風，觀曹彬、潘美、楊業諸人，便可知矣。《新編》卷七十《曹彬列傳論》曰：「宋承五代之後，群雄僭號，寓縣分裂，久之，次第討平，總戎之勳，偉哉！曹彬，所至不妄殺一人，秋毫無犯，史稱為宋良將第一，潘美抑其次乎。夷考彬平生、愛及蟄蟲，奉使却私饋、仁恕廉慎，蓋天性然也。美知漢之將亡，語里人曰大丈夫宜乘時樹功名，羞與萬物共盡。後來建立，卒如所志，兩人同謚武惠，預配食、子孫各克紹前徽。」《新編》卷七十七《楊業列傳論》曰：「楊業既知不可與契丹十萬衆爭

鋒，乃爲佽（王佽）所激，覆軍隕軀，誰之咎也？荊罕儒、曹光實並貪而輕、闇機宜。世豈有暴虎馮河能僥幸者乎，然三人實當捍城之寄，臨戎力戰，趣死如歸，蓋異夫偷生喪節者。而業部將王貴及麾下百餘人，悉從以沒，其有田橫之風哉！」

《新編》卷一三二《張俊傳論》曰：「高宗之南遷也，逆臣廢立，強敵侵陵，所在寇賊蠭起，而終獲偏安，諸將之功何可少？」又《新編》卷一三七《仇悆傳論》曰：「南渡歲遭兵禍、黎元荼毒，所賴名侍從爲之鎮撫耳。」可見南渡後大將之重要。

《新編》卷一三〇《韓世忠傳論》曰：「是故南渡名將，岳飛爲最、世忠次之。」

岳飛，字鵬舉，湯陰人。《新編》卷一二九《岳飛傳論》曰：「昔晉文之拔卻縠、孫權之勗呂蒙、文武豈不欲兼哉！岳飛本以勇敢進，而旁通儒業，恂恂檢飭，以忠義自誓。觀其所撰表詞，眞有諸葛、孔明之風，奚數卻呂輩耶。當時盜平，而敵屢挫、設非阻於秦檜和議，則雪國恥，復故都，固可刻日待，願既弗償，反遭慘禍。高宗頓忘父兄之仇，宜其莫恤功臣之冤也，詩曰君子秉心，維其忍之。飛之所遭，亦不幸矣！」

韓世忠，字良臣，延安人。《新編》卷一三〇《韓世忠傳論》曰：「史稱韓世忠之忠勇勳烈尚矣。然當時從臣汪藻疊奏諸將祿極貨盈，驕悍無鬭志，而世忠屯京口，掃儲避敵。秀州元夕，取民間子女張燈高會，其事跡顯暴如此，要之蹶躓復奮，後功可贖，干城之材，難責以細行也。」由上可知，維騏深深同情岳飛的遭遇而對韓世忠的細行，頗有微詞。除了岳、韓二將外，張俊、劉錡二人，亦堪稱名將。《新編》卷一三一《劉錡傳論》曰：「按張俊傳，南渡名將，以張韓劉岳並稱，劉蓋指錡云。順昌之捷，強虜褫魄而困於疾疢，命實爲之。……璘與兄玠，荐卻金兵，保川蜀，而子挺亦克繼家聲，崇勳華閥，一代鮮比。」

舊都留守宗澤，維騏也慨嘆之。案宗澤，字汝霖，義烏人。《新編》卷一二九《宗澤傳論》曰：「靖康、建炎之禍，徽、欽囚而北，高宗播而南，一時忠義之臣，紆籌策以贊匡復者，有執政李綱，舊都留守宗澤，顧皆阻於姦佞，屢失事機。綱既弗安于位，而澤亦賫志以死，悲夫！按澤撫羣盜、集義旅，居猜忌之地。史謂黃潛善等慮變，遣其寮陰伺察之，亦詎知非高宗意。設澤不死，與岳飛同獲罪矣。劉向有言執狐疑之心者，來讒賊之口，其不然乎！」

　　《新編》卷三十四《選舉志》云：「夫歷脩途者資良驥，構大廈者資良木，君萬國者寧能不資於賢士大夫哉？」可證忠臣良帥對國家之重要。究竟君子之操守如何才合標準呢？縱貫《新編》全書，柯維騏有非常明顯的說明。在此，柯子的儒道思想表露無遺，再一次證明他上承孔孟，下接柯潛的倫常道統，而極力歌頌春秋的「義理」思想，也就是孔孟的「仁義」思想。

　　《新編》卷九十三《狄棐傳論》曰：「人臣踐中外，至侍從，豈易致，亦豈易稱哉？狄棐之廉、郎簡之惠、張若谷之循，李垂之介、張洞之直，且皆飾以詞學，斯粹然君子矣。」

　　《新編》卷一〇九《孫長卿傳論》曰：「孫長卿等，並以治行至從官，然不能無優劣。長卿不苟取，廉也；羅拯怨不校，厚也；馬從先推父恩，與弟讓也；周沆撫民不避險惡地，仁也。」

　　《新編》卷一二八《鄭殼傳論》曰：「鄭殼朴忠，優於濟變；張愨雅量，優於治賦；張守通達，優於謀國；李邴、沈與求，剛介優於進諫代言；以至韓肖冑孝友、胡松年廉潔、王綸諒直；皆優於使命。南使多故之秋，非得斯人贊惟幄，其能國乎？」

　　《新編》卷一四〇《蔣猷傳論》曰：「蔣猷直聲著先朝、薛徽言面析秦檜和議，奈病奪其志，弗克佐中興也。若胡交修之孝友、勾濤之忠直，趙逵之純正、劉才邵之溫恭；吳表臣、劉一止之清修、綦崇禮呂本中之端亮、兼優詞學、稱代言論思之任。」

　　《新編》卷一四一《陳康伯傳論》曰：「陳康伯抑於秦檜，高宗末年，始始顯用，其贊親征及早定太子，誠有經濟才，隆興召命，羣望攸屬，奚但器量似謝安乎。嗣是賢相，有如陳俊卿雅而飭、虞允文果而亮，梁克家靜而肅，葉顒醇而介。資識雖殊、要皆辨人材、抑僥倖裨益勵精之治實多，而允文兼優將略，尤為時倚重云。」

　　《新編》卷一四九《湯璹傳論》曰：「湯璹秉直，牛大年持廉、徐應龍、莊夏陳時政、黃疇若優治行、曹叔遠多獻替、沈作賓舉職不避怨、宋德之不以私嫌廢公議、陳咸拒逆曦之召，劉燴請除學禁、表章朱熹所著書，皆端士也。黃黻敷歷有聲，一斥不復；辛棄疾，自金歸宋，志不獲伸；方信孺抗詞金庭，顧反加之罪，何以為過節懷忠者勸哉！」

　　《新編》卷一五七《徐鹿卿傳論》曰：「仕至於侍從方州，亦達矣。徐鹿卿、趙逢龍、孫夢觀，咸勵廉尚，敝廬疏食，如寠人，非孟軻所謂富貴不淫大丈夫歟。」

《新編》卷一六〇《趙景緯傳論》曰:「趙景緯惠民輕爵祿;李伯玉勁氣峻節,不爲權倖屈;楊文仲多薦士,以道規人主;歐陽守道言欲厚民生,在百寮不言利而身允踐之;劉黻在太學兩上書,扶正抑邪,及登朝,阻內降恩澤,最後奪喪浮海,從二少帝圖興復,斃而後已。噫,若數儒者,眞可謂不負所學哉!」

以上列舉《新編》史論,以見維騏希冀文臣之操守,其中以廉、直、忠、介、厚言之較多。質言之,柯子之忠臣論,可謂尚廉、尚直、尚忠、尚介、尚厚;其他如孝義、敏辨、惠愛、清愼、亮直等,亦復重要。《新編》卷一四一《湯思退傳論》云:「然於人無怨德、贊其君,行忠厚之政,則盛德事也。」斯言足可見維騏對大臣之道德要求矣。明乎此,南宋名臣如李綱、趙鼎、張浚、辛棄疾等,維騏對他們推崇備至,也可理解了。

忠臣如此,武將又如何呢?《新編》卷一一一《種世衡傳論》曰:「爲將之道,善謀爲上,善戰次之,兼之者,其世衡乎?」柯維騏非常注重名將之道德操守。《新編》卷七十一《曹翰傳論》曰:「太祖、太宗時,諸將蓋又有曹翰等十人云,觀其負勇略,累立戰功,均爲干城之材,然操行臧否,亦頗可言。」可證。

爲相之道復何如?一人之下,萬人之主的宰相,可謂權傾國家影響國計民生至大,以王安石爲例,便可證矣。《新編》卷一五一《喬行簡傳論》曰:「或問相道有幾?曰守法、曰用賢。」守法易,用賢較難,從熙寧變法之失敗,復導致新舊二黨水火不容,讀史至此,怎可不引爲鑑戒?

然則君臣相處之道,最高境界若何?《新編》卷一八〇《列女傳》云:「列女自漢紀之,或甘貧共隱、或獻規輔德、或尊章致孝、或志節靡虧,均謂之賢,顧《宋史》獨褒孝節,庸非以二者女德所先,在常情尤難哉!……易坤之辭曰妻道也,臣道也,褒列女者,所以勸爲臣也。」宋儒主忠臣不事二主,列女不從二夫,在那個時代,此可視爲天經地義之事。試問柯維騏又怎能擺脫其傳統思想之牢籠呢?倘若我們以今天的時代眼光及觀念去厚誣古人,視他們爲迂腐,這是不大公允的,此其一。

《新編》卷四十六《刑法志》云:「君國之道二,曰德曰刑,德以綏衆而裕化,刑以禁疏而輔治。……夫漢唐以大獄兆亡、五季以多殺短祚,彼謂成法不足守,不知覆轍,胡可蹈哉?」換言之,人君必須恩威並濟,兼用法術,務以駕馭臣子爲能事,此韓非子刑名之學,而維騏採納以爲用也。《新編》卷

一○八《許遂傳論》曰：「嚴而少恩，典憲之常態，惟是儒者優經術，兼通法家，鮮不稱平。」柯維騏之思想，以儒家爲主導，輔以陰陽家和法家，斯亦不可不察矣。故此，君主尚惇厚、也尚精明（見《新編》卷一○八《任顒傳論》），如果能達致「臣直而君仁」，則天下大治矣，此其二。

次敘奸臣：

《宋史》有《佞幸傳》、《姦臣傳》、《叛臣傳》，《新編》因之。《新編》卷一八六《姦臣傳》云：「易內小人外君子，曰否，蓋小人當路，則君子必不安於朝，由是主勢孤而亂政作，譬如天地之氣壅隔，而庶物疵癘也。宋東都昇平百餘年，自元豐以來，羣姦繼續用事，是以貽靖康之難。南渡既失中原。高寧理度，並倚任匪人，是以促閩廣之禍，跡其誤國，竄極不足償，史家揭之以姦臣之目，所謂遺臭萬年者也，彼徒竊權寵，取快一時，詎爲得計哉？」姦臣名字有呂惠卿、章惇、曾布、蔡京、趙良嗣、黃潛善、汪伯彥、秦檜、韓侂胄、丁大全、賈似道等，皆爲表表者。

對佞幸者，維騏定義爲何？《新編》卷一八五《佞幸傳》云：「甚矣哉！小人之巧於取寵也。其效勞似忠，其順旨似敬、其獻計似直，其結援借譽似賢。」

北宋一朝、九主、維騏極痛詆王欽若、章惇、韓忠彥諸人。《新編》卷八十六《王欽若傳論》曰：「王欽若爲小官，奏對稱旨，及入樞府，協謀天書，丁謂在三司，獻會計錄，且力贊封禪，故皆獲寵遇，躋鈞軸，夏竦結欽若暨中人張懷德，共推挽，遂起謫藉，至使相。三人者，巧於謀身，曾不爲國家計，世皆指爲姦邪，黨邪害正，若謂者，其尤與，然欽若作相最晚，謂未久即逐竦居外不果徵，何則朝多君子，而人主猶畏公議也。」《新編》卷一○八《常秩傳論》曰：「鄧綰、李定、宣舒，攘臂助虐，俾安石逞志時賢，益不足道；蹇序辰附章惇以禍元祐諸臣，視三子者何殊。才如徐鐸，不幸與序辰同傳，仕於濁世，欲不已浼難矣，序辰、洵武，並世濟其惡，而洵武推轂蔡京，以助紹　述，宋遂至大亂，罪可勝誅哉！」韓忠彥輔徽宗之初政善矣，不幸與羣姦同事，勢難相容，維騏深慨嘆之。

南渡之後，奸臣更多矣，《新編》卷一四三《杜莘老傳論》曰：「南渡權奸相踵，沮塞言路。」秦檜、韓侂胄、史彌遠、賈似道等，相繼禍國，趙宋江山，焉得不敗？《新編》卷一三六《何鑄傳論》曰：「秦檜以和虜要君，權勢震赫，鄙儒之夫、率黨附爲身圖，如何鑄輩五人，雖因之躋要途，竟亦不

免廢黜，可爲不知義命者戒矣。」《新編》卷一三九《張九成傳論》曰：「秦檜導高宗苟安一隅，忘親釋怨，誤國可勝道哉！」秦檜怎樣禍國，手法如何，維騏也有詳盡之分析。《新編》卷一三六《句龍如淵傳論》曰：「自昔權奸斥逐異己之士，必假手於言責，其甘心爲用，壞公議以苟富貴，非鄙夫誰忍爲？如勾龍如淵，羅汝楫、蕭振之黨秦檜，尹穡之黨湯思退，視萬俟窩、王次翁輩，何殊耶？薛弼、梁汝嘉輩雖非諫列，均爲檜腹心。」此言秦檜。

《新編》卷一四七《丘崈傳論》曰：「識闇不可以慮事，勢弱不可以倖功，故韓侂胄，謀開邊、丘崈、婁機、宇文詔節方止之，樓鑰，林大中之扶善類，捄諫臣，亦皆弗避侂胄之怨，茲豈爲身謀而恤國事者哉！任希夷，均大臣也，方二奸執柄之日，惟務拱默自全，得無負疇昔朱夫子之教耶？」又《新編》卷一四八《彭龜年傳論》曰：「光宗不朝重華，寢疾而儲嗣未建、寧宗初立，韓侂胄握權，逐趙汝愚、朱熹又輕議兵，挑強虜皆國事之可憂者。」又《新編》卷一四七《劉穎傳論》曰：「陳仲微有言，祿餌可以釣天下之中材，不可以啖嘗年下之豪傑。當韓侂胄尊用，廷紳升黜出其手。」以上言韓侂胄隻手遮天，附之者與其一同禍國也。

《新編》卷一四九《李孟傳傳論》曰：「韓侂胄、史彌遠相繼相寧宗，皆憑恃寵靈，進雷同而退匡異，甚矣，其壞士習也。」《新編》卷一五一《史彌遠傳論》曰：「史彌遠協誅謀韓侂胄，迨得政，反其所爲，時頗稱治。厥後以私憾，廢親立疏，惡人言，摧善類幾盡，其擅恣如此。端平初，天子更化，倚任鄭清之，論者謂無能改於其舊，敗壞污穢，殆有甚焉，其鄙劣如此。史嵩之才阻進取之師，爲謀良審，及爲相，苟且公行，破祖宗格法，而仇視盡言，俾三士不得其死，又何謬戾而殘賊也。」此言史彌遠擅政也。

《新編》卷一五二《董槐傳論》曰：「寵無不妒，權無不爭，此女子小人之恒態也。觀宋末賢宰，董槐等所遭，不其然乎？方丁大全夤緣用事、槐與程元鳳，遂不安于朝，賈似道繼大全後，其橫彌甚。」此言賈似道之專橫。

據上所述，奸臣之禍國，不在乎本身之操權，其可怕處，乃在於其他佞臣之黨附，小人得志，忠臣則多被斥逐殆盡，國家又焉能不亡？宋室之亡、冗官多、權奸衆亦爲其一主要因素，柯維騏也引爲鑑戒。《新編》卷三十六《職官志》云：「高宗以姦人作相，賞罰無章，一人任子至十餘者，諸將有身兼數鎮者，又鬻爵太廣，閫帥承制，除擢太濫，是時，土宇僅半東都，而官冗過之，加以軍旅饑饉，如之何不凜凜也。因循迄于理度，並姦臣執權，蠹深禍

促，而國不可爲矣！夫官以輔理而非以養亂也，祿以優賢而非以寵姦也。考之歷代盛衰興亡，如出一軌，豈獨宋事可鑒也與哉！」又《新編》卷一四〇《林勳傳論》分析南宋勢弱原因云：「南渡民弊兵弱，政多因循，而苟安僻壤，中原不復留意，又不能立昌陵後，以定國本，係人心，皆中興之失策者。」

秦檜、史彌遠、賈似道之攬權。清人趙翼言之甚詳。《廿二史箚記》卷二十六云：「蔡京、章惇之奸惡，猶第諧臣媚子伎倆，長君逢君，竊弄威福，人主能用之，亦尚能罷之，若秦檜、史彌遠之柄國，則誅賞予奪，悉其所主持，人主反束於上。……統觀古今以來權臣當國，未有如二人之專者。……至如賈似道專國，威權震主，至度宗爲之下拜，其權更甚於檜與彌遠，斯則亡國之運，主既昏庸、臣亦狂謬，實無大奸大惡之才，固無足論矣。」〔註7〕

權奸禍國，君主昏庸，無疑是宋室衰亡之關鍵，惟柯維騏仍有數點之補充。他分析趙宋致亂之由，一咎都汴京，二責封建制，三則深嘆亡於學禁。《新編》卷二十二《地理志》云：「宋自太祖，幽州之師失利，遂諱言兵，更四君且百年，與天下相安於無事，休恩渥澤，後之人能勿替焉，國雖至今存可也。何神宗不勝啓疆之思。種諤、熊本、李憲、王韶勤兵於西夏；南夷無寧歲，雖嘗割河東七百里界遼，當時王安石議，蓋曰，吾將取之，寧姑與之也。厥後章惇、蔡京相繼執柄哲徽朝，力主紹述、童貫、王厚、王祖道諸人務希旨邀功，兵挐不解，凡廣南、荊南、陝西、河東川峽開拓羌徭地，大者爲川郡，小者爲城砦關堡，意猶未饜，復圖燕雲，並弗克守之，徒殘生靈而禍宗社，寢弱寢削，以至迄籙。昔漢武征匈奴而業衰，唐皇伐南詔而禍構，以宋方之，異代同轍，或咎祖宗不都洛陽所致。夫使險而可恃焉、奚桀紂不免於亡耶。」《新編》卷六十一《宗室列傳》云：「昔周大封同姓爲藩輔，而享國最久，漢以來懲秦孤立之弊，稍倣古王戚屬，顧於治無益，而亂或爲階，大抵空名而失實已。何則？漢七國、晉八王，梁諸鎮率藉權力爲不軌，蓋失之濫，魏文防若囹圄，宋齊制其死命，唐禁錮於一宮、悉爲賊臣所魚肉，蓋失之猜，趙宋立法固與歷代殊，第務在保全，匪圖倚助，遂使靖康舉宋、辱于女眞，南渡播遷、竟滅於蒙古。五峰胡氏，謂禦戎上策，在封建、非知言耶？雖然宋公族號多賢，往往爲權臣擠陷，如令衿、士篤、汝愚，其尤也。人主舉錯若此，欲復封建難哉！」《新編》卷一四六《胡紘傳論》曰：「有宋士大夫學術，號爲近古，師弟子講授至濂洛寖盛，南渡則尤盛。朱子正心誠意之說，取厭

〔註7〕《廿二史箚記》卷二十六《秦檜史彌遠之攬權條》。

世俗而不疑，直躬正論，忤王淮、斥韓侂冑而不忌，何其信道篤也。侂冑以私憾務盡，傾正眞之朋，假手何澹、劉德秀、陳賈輩，以僞學排擊。而胡紘林栗、鄭丙，高文虎皆極力爲之左右，羅織禁錮，名士爲空。而故相趙汝愚、朱門蔡元定竟死於竄，嗚呼，善人，國之紀也，紀滅則國無以立。黨錮未幾而亡漢，學禁未幾而亡宋。仲尼曰俊人殆，其弗信乎。」因此，維騏推崇道學。《宋史》循吏傳在先，《新編》凡例云：「舊史先循吏而後道學，似失本末之序，今以道學居首、次儒林、次循吏、次文苑，倣孔門四科，亦漢史例也。」另又嘉尚孝義、隱逸、卓行之人各爲之傳，而貶斥宦者、叛臣。由此言之，柯維騏之義理，忠奸觀念，委實是非常顯明的。

　　林天蔚師謂「女主、科舉與隱士」爲宋代政治積弱之原因。科舉造成了章句辭章之士，吟詠風月，無補國事，而隱士之風氣更與理學及書院相結合，使社會風氣消沉。〔註8〕但《新編》則稱頌后妃及隱逸卓行之士。這一點，我們可以說柯維騏的思想，仍然是有極濃厚的封建主義色彩，而脫離不開他所生活的那個時代。《新編》卷五十九《后妃列傳》云：「記曰天子聽男教，后聽女順，相須以成治也。……論者謂趙宋一代家法，古今曠見云。蓋昭憲杜后相宣祖，累大勳，篤生二胤，爲開先裕後之令主，史稱嚴毅有禮法，家人嗃嗃道固然也。子孫世守厥訓，而曹高向孟皆克嗣徽音、歷三百餘年，無宮闈戚畹之禍，足爲後世之楷範矣，可弗述乎！」《新編》卷一七七《隱逸傳》則云：「宋世號隱逸者，或未老求閑、或蒙徵不屈、咸足嘉尚。」

　　總的來說，《新編》之義理精神是至爲強烈的。這種褒貶善惡、忠奸分明的觀念，淵源自孔子作《春秋》之精神。柯維騏的史學思想，與《春秋》三傳的思想，可謂如出一轍的。《春秋》經道曰居仁由義、〈左傳〉以事傳經、〈穀梁傳〉揚善伐惡、〈公羊傳〉華夷之別，《新編》都有若干程度之繼承，而加以發揚光大。〔註9〕或者，強把歷史人物作忠奸賢愚之劃分，未免失之牽強，甚或失實；可是，讀者由此而認識某個歷史人物，或以此爲基點，亦未嘗沒有一點啓迪的作用。讀史者只要參考他傳及其他相關史料，便不會爲忠奸觀念所蒙蔽，書法如此，柯維騏又怎可突破而無繼承呢？

〔註 8〕林天蔚《宋史試析》第一篇，〈女主、科舉、隱士對北宋積弱的分析〉，引自《東方文化》，1980 年，284 頁，書評：李弘祺評《宋史研究論叢》及《宋史試析》（Journal of Oriental Studies, University of Hong Kong）。

〔註 9〕見呂謙舉〈宋代史學的義理觀念〉（《中國史學史論文選集》上，414 頁）。

（丙）正統論

　　華夷有別、內中外夷、乃中國大多數史家修史時所表現出之民族思想或民族意識。站在漢民族立場而言，這本來是無可厚非的。可是，一部華夏民族發展的歷史，也可以說是與異民族鬥爭之歷史，在異族入主中原後，修史的史家，便會遭遇到誰歸正統、誰屬夷虜之爭論。元人修宋、遼、金三史，孰與正統，史學史上便掀起了一場強烈的爭辯。〔註10〕

　　正統之正義為何？金毓黻云：「正統者，對僭竊之小邦四裔之夷狄而言也，是以同為漢族，而僭竊之君不得為正統，同主中國，而夷狄之君不得為正統。」〔註11〕梁啟超云：「中國史家之謬，未有過於言正統者也，言正統者，以為天下不可一日無君也，於是乎有統。又以為『天無二日、民無二王』也，於是乎有正統。統之云者，殆謂天所立而民所宗也。正之云者，殆謂一為真而餘為偽也。」〔註12〕金氏主張以民族之理解角度研習宋遼金三史，故明其是；梁氏則站在史學進化論的立場、攻擊正統論，以之為非。歷代正統之爭，由來有自。〔註13〕這一個史學史重要之課題，尤有進一步研究之必要，筆者以學養所限，只言柯維騏之正統論，旁及明人之正統觀念，他概不論。

　　柯維騏改修《宋史》，其動機之一為不滿元人以宋遼金三史並列，為了發揚《春秋》內中國外夷狄之義，故編成《宋史新編》二百卷，此柯子民族意識之表現也，第三章已述之，這一章節，先從《新編》分析維騏怎樣看待異民族及其對邊防問題之看法，進而闡述其正統思想之所據，以及明人之正統論。

　　康大和《宋史新編後序》云：「（是書）尊宋之統，附遼金為外國傳，尤為得義例之精。」《新編》言夷狄章次，計有卷一九二、一九三為外國之〈遼國列〉卷一九四、一九五、一九六為〈金國列傳〉、卷一九七〈夏國列傳〉、卷一九八〈高麗、交阯、大理列傳〉，卷一九九、二○○分別為〈外國列傳〉及〈蠻夷列傳〉。

〔註10〕參考，陳芳明著〈宋遼金史的纂修與正統之爭〉（《宋史研究集》第七輯，204頁）。

〔註11〕金毓黻《宋遼金史》第一章，總論。

〔註12〕梁啟超〈論正統〉，見《新史學》（引自林毅校點《梁啟超史學論著三種》，26頁，三聯書店）。

〔註13〕可參考下列專著：

　　　（1）趙令揚著，《關於歷代正統問題之爭論》，學津出版社，1976年版。

　　　（2）饒宗頤著，《中國史學上之正統論》，龍門書店，1977年9月版。

　　綜觀各章，柯維騏看待異民族，可謂從正統論爲出發，始終站在漢民族立場立論，而成就了一個民族史家。《新編》卷一九二《外國列傳》曰：「夫夷狄國於四垂之外，族類風俗，不與華同。故先王謂之荒服。當其內外無虞，職貢時脩，稍有瑕釁，輒彎弓鳴鏑，以相加遺。蓋山川阻深，足以自固，而徂詐獷（曠）悍，其天性也。雖然少康與夏，樂舞畢陳、武王造周弰矢來獻。歐陽子迺謂有道未必服、無道未必不來。豈理之恒乎？自唐季迄五代，德衰而威不振，邊鄙蕩搖、幽燕淪沒，中國之勢，可深憂矣。宋興太祖、太宗劃除僭僞，實于底寧，于時，契丹貽書請成。夏州戮力，以從王事，東若女眞、高麗、渤海；南若交阯、占城、勃泥、眞臘、蒲甘、三佛齊；西若天竺、于闐、回鶻、大食、高昌、沙州、龜茲之屬。或限重溟、或隔沙漠，咸靡憚跋涉，稽顙闕庭，璽琛疊薦，府無虛月，而黨項吐蕃、呐厮、董氈瞎征諸部，與夏州錯、叛服無常，亦終有悛心，且間獲其助焉。方其來也、優之宴賚、寵之爵命，以廣恩也。叛則討之，服則舍之，非黷武也，先王柔遠之制，在宋復何加矣。奈數世以降，士馬創於西夏、金幣靡於契丹，疆宇割於女眞，而蒙古繼起滅宋，尤非常之變，豈大往小來，丁中華否運、抑綏禦宏略，弗祖宗如耶。夫蒙古不必論矣。契丹女眞，事與西夏同，而纂史立例，與宋並可乎？禮四夷雖大皆曰子，蓋卑之也。春秋內中國而外四夷，所以立坊也，茲尊宋統，列遼金於外國，與西夏同詞，庶無衍斯義云。」

　　先言契丹、西夏。《新編》卷六十七《折德扆列傳論》曰：「五代契丹憑陵，賴竝邊諸侯，時爲捍禦，然世據上握兵，天子但竊靡而已。宋興，契丹叛服不常，太宗以來，夏州繼起爲患，不能不軫廟堂之慮，而曲爲之防。」爲了防禦外敵，宋室曾擢用不少名將，如楊業、荊罕儒、李進卿、楊美、何繼筠、李漢超、郭進、賀惟忠等人。《新編》卷七十七《李進卿傳論》曰：「宋初羣雄爭衡，二虜時爲邊患，故常注意謀帥、命何繼筠領隸州、李漢超屯關南、賀惟忠守易州、馬仁瑀守瀛州，以拒契丹，不但常山之韓令坤而已。又命郭進控西山、李謙溥守隰州，以禦太原，不但晉州之武守琪、昭義之李繼勳而已；又命姚內斌守慶州、董遵誨屯環州，以備西夏，不但延州之趙贊、原州之王彥昇、靈武之馮繼業而已。……故二十年間，無西北之憂，而西蜀、荊湖、嶺表、江南諸國，咸破竹舉之，謂非御將有要術哉！……孰謂開國之武功不競耶！」

　　宋初，守疆土者，不但有忠勇臣，而且更有將帥材。《新編》卷八十五《上官正傳論》曰：「昔楚王伐吳，見怒蛙而軾之，所以勗士大夫也，然則忠勇之臣、生被寵榮、死霑褒恤，固勵世之常典乎？上官正等，或奮儒生、或起門蔭牙校，居然負將帥材、方妖孽亂蜀、黠虜擾西北，諸人者，守封疆、冒鋒鏑、若裴濟、張旦、康保裔、秦傳序，隕首無避、其節尤偉云。」

　　對付異族，維騏主張抑邊功，以固國防。《新編》卷一二○《鍾傳傳論》曰：「宋西圉有夏州諸羌，南服有溪峒諸蠻舊矣，叛則討、順則撫，祖宗之謨烈其在，章惇、蔡京，乃襲王安石餘知，務以恢拓疆宇陷其君，任鍾傳、王祖道輩，日興干戈，爭不毛之地，邊氓暴骨，儲峙為虛，是何啻以介鱗易衣裳也。況喜功僭賞，人懷僥倖，圖燕之議起，而虜禍構矣。由茲言之，漢相蕭望之匡衡、唐相姚崇宋璟、咸抑邊功，其慮誠遠矣！」

　　名將輩出，乃禦邊之關鍵，如郝質、賈逵、竇舜卿、盧政、燕達、楊燧、劉舜卿、宋守約、高敏等，皆赫赫有功。《新編》卷一二○《苗授傳論》曰：「宋制、知州參用介冑之臣，中世有事邊疆，彌重茲選。」

　　南渡之後，女真窺伺宋室，邊患尤烈，時和時戰，可以說是偏安一隅之常態。維騏深慨嘆之，《新編》卷一三五《鄭望之傳論》曰：「宋有女真，虎狼之與隣也。」比喻貼切，下逮寧宗，邊防更需大將。《新編》卷一五○《吳獵傳論》曰：「嘉泰開禧以來，邊徼多虞，故廟堂以謀帥為急。」又同卷《陳敏傳論》云：「自孝宗與金再結盟，頗無外憂，然亦毋敢弛備。迨寧宗開邊、吳疇稱亂、材武之士、益賴其用。」

　　面對遼、夏、金人之壓境，宋人雖則輕武重文，但仍然以倚兵為重，軍隊有禁、廂、鄉、蕃四類。維騏十分重視國家之武備，且駁斥人謂宋遭虜禍原因在於藝祖罷藩鎮兵。《新編》卷四十四《兵志》云：「宋受周禪，都大梁，無山河之險可恃，故尤倚兵為重。其創制有禁兵、廂兵、鄉兵、蕃兵。……累朝升平。實惟舊章是式。慶曆之增益、其失也冗，熙寧之更張，其失也梦。要皆兢兢於先事之備，何可厚訾？及宣政怠荒，紀律盡壞，是以取侮女真不能振。靖康之淪喪也，紹興兵勢稍奮，宜若可以興復，奈良將誅而士氣遂沮，開禧不量己力輕舉浪戰，至函相臣之首行成，為辱已甚，迄于末造，蒙古嗣虐疆宇日促而御將無方，心離體解，不亡何待乎？議者以宋橫遭虜禍，歸之藝祖罷藩鎮兵權之咎。竊謂匪然。夫軸脆而車必敗，棟撓而室必傾。徽宗諸君別寵任者並懷姦誤國，假令是時藩鎮，各握

重兵，即可少信中國之威，亦庸免安祿山朱溫輩之逆與篡邪。是　故荀卿子曰有治人無治法。」

　　柯維騏之正統思想淵源何據呢？他對宋元兩代正統論有甚麼看法呢？《新編》全書也有若干部份的敘述。宋代正統論可分成北宋和南宋來討論北宋的正統論以歐陽修爲中心，南宋當以朱熹的正統論爲中心。〔註14〕歐陽修著《正統論》七首，他強調春秋筆法、提倡忠君思想，貶惡揚善、又強調秦漢、唐三朝正統的地位，無疑暗示出宋朝也是正統之所在。〔註15〕柯子對歐陽修把秦、曹魏、朱梁列於正統則有微詞。《新編》卷一○二《歐陽修傳論》：「歐陽脩文章學唐韓愈、蘇軾，推其衞道之功與愈竝。然觀其著論升嬴秦、曹魏、朱梁於正統，豈得春秋之旨？〈童子問〉斥繫詞易道、殆未深究也。其主議濮王典禮，尤爲當時所非，而脩自謂援據禮經，俟百世而不惑，晚年作〈五代史〉於晉出帝父敬儒，周世宗父柴守禮，皆有論說，發明父子之倫甚悉，無乃護其前議耶？」原來歐陽修賦予正統很大的彈性，正統的演變可斷可續，漢取秦、晉取魏得到正統，那麼魏自然是正統無疑。〔註16〕柯維騏以民族大義看待歷史，秦僻處西陲、曹魏篡奪漢室、朱溫篡唐，自然不滿意歐陽修「絕統」之說了。

　　南宋正統論，以朱子《通鑑綱目》一書爲中心，正統論亦以民族思想爲立論之基礎。這種民族思想的正統觀在進入元代以後最爲顯明。〔註17〕惟朱子綱目頗有可商之處，〔註18〕今暫不論。

　　元末明初，民族思想勃興，方孝孺（1357～1402）以一極端之民族思想家，深深地影響明代許多史家。〔註19〕如邱濬之《世史正綱》、王洙之〈宋史質〉及柯維騏之《宋史新編》。明人之正統說還包括下列各家：王禕、方孝孺、徐一夔、朱權、徐奮鵬、楊愼、丘濬、費誾、謝陛、豐坊吳繼京、張自勳、嚴衍、秦鳴夏、葉向高等。〔註20〕

〔註14〕陳芳明著，〈宋代正統論的形成背景及其內容〉（《中國史學史論文選集》上，387頁）。

〔註15〕趙令揚著，《關於歷代正統問題之爭論》，頁12至20。

〔註16〕同前註14，頁390。

〔註17〕同前註14，頁396。

〔註18〕饒宗頤著，《中國史學上之正統論》，頁34。

〔註19〕同前註15，頁59。

〔註20〕同前註18。

　　方孝孺之正統主張，乃強調漢民族之文化思想，強調中華乃禮義之邦、夷狄乃草莽之民，雖能入主中原，也不能附之與統。〔註21〕柯維騏是極之贊同的。故《新編》凡例云：「宋接帝王正統，契丹、女眞相繼起西北，與宋抗衡，雖各建號，享國二百年，不過如西夏元昊之屬，均爲邊夷。宋國史有契丹、女眞傳，實因前史舊法，元人修宋史，削遼金各自爲史，稱帝書崩與宋竝，時號三史，蓋主議者以帝王之統在遼金也，……今會三史爲一，而以宋爲正。」究其實，民族思想只爲方氏政治思想之一端。民族思想本爲春秋之古義，夷夏論幾千年中幾歸息絕，至明初復燃，而方氏始光大之者也。方氏以爲中國歷史中朝代之相承有「正統」「附統」「變統」之分，而正統繼世之暴君得尊，變統繼世之賢君並賤，取位之標準有二，一曰君臣之分，二曰華夷之別。〔註22〕方孝孺正統論之基礎與理學有不可分割之關係，且站在漢民族的立場而發，爲何要言正統？在他心目中，尊正統有下列作用：一曰明褒貶，二曰著勸戒，三曰息奸邪，四曰懼夷狄。〔註23〕正統論之可貴，在乎倡言「有君臣之等，禮義之教，異乎夷狄也。」〔註24〕維騏明顯地重祖君臣之等，義理論已析言之；至於其禮義之教，《新編》亦有述及。如何去維護封建社會之秩序？維騏主張在位者必須製訂一套謹嚴之禮儀，使人民見之而生威嚴，老百姓造反之機會也不大。《新編》卷三十二《儀衛志》云：「……蓋又有儀衛焉，陳之爪牙虎旅，飾之聲容采章，以辨等威，以愼出入，故朝廷分嚴而姦匿不作也。」

　　楊維楨之正統說影響維騏者，較方孝孺尤早。元季修史，楊維楨著《正統辨》，反對以遼金爲北史，北宋爲南史，建炎以後爲南宋史的說法。《明史》卷二八五《文苑傳》言：「會修宋、遼、金三史成，維楨著〈正統辨〉千餘言，總裁官歐陽玄功讀且嘆曰百年後，公論定於此矣！」夫當蒙古全盛之代，漢族陵夷之時，維楨力排眾議，主以宋爲正統，何其壯也？嗣後維騏撰〈宋史新編〉即本楊氏之說，以宋包舉遼金，談正統者，視爲固然。〔註25〕

〔註21〕同前註15，頁59。
〔註22〕見蕭公權著，《中國政治思想史》下，頁536至547，台‧中國文化大學出版部。
〔註23〕方孝孺《釋統》（《遜志齋集》卷二）。
〔註24〕方孝孺《後正統論》。
〔註25〕見柴德賡《史學叢考》，頁208、209。

明季思想家影響維騏者，除方孝孺外，邱濬可說是至為重要的一個。邱濬（1418～1495）〔註26〕字仲深、瓊山人，一字瓊臺、卒贈太傅、諡文莊。〔註27〕邱氏著述豐富，計有《瓊臺吟稿》《瓊臺會稿》〈家禮儀節〉〈朱子學的〉〈世史正綱〉，〈大學衍義補〉〈成語考〉等書，近世輯為《丘文莊公叢書》。丘氏死後二年，維騏才出世，其著作肯定影響柯子之思想。《世史正綱》一書，寓褒貶、明是非，足補朱子《綱目》之不足，其書著世變之升降、明正統之偏全、有俾世教。邱文莊公之著述、處處表現其民族主義思想，在《世史正綱》一書，每遇外族侵凌之事件，必注意指出加以評論，藉以警惕後世。然而，瓊山也不免於極端的民族主義者之偏見，至謂天地間生物，可分為三類：一為人、二為夷狄、三為禽獸，此言未免過當，然亦可見其民族思想之激烈矣，全書朝代國號下加一白圈，至元代，則於國號下加一黑圈，以示區別，蓋以胡元，以異族入主中國，非正統也，此種特別標識雖史無前例，亦可見瓊山對於入侵之異族，痛恨極矣！」〔註28〕

歷朝正統問題之爭辯，史學工作者不是要找出某一個肯定之答案，而是要了解提出正閏僭偽背後的根本原因。例如：北宋時，司馬光以魏為主，尊曹魏而卑蜀漢，原因是溫公沒有正閏之辨；南宋時，朱熹則崇蜀漢而黜曹魏，大抵是因同病相憐之情感心理作祟；元代人多尊蜀漢為正統，原因是無非要求頌揚忠節。明代，天下重歸漢族之手，基於民族感情，主張宋為正統遼金為僭偽的說法，自然較為人接受。故此，明人之正統論，基本上是民族思想的宏揚，中葉以後，王洙、柯維騏、王惟儉、黃佐、康太和等人之正統主張，我們都可以找出一脈相承的線索。

今天之中國人，仍然受着正統思想所拘束，若認為正統論意義不大，可以說是不大瞭解中國人的思想。〔註29〕而正統思想影響中國歷史者，厥有二端，一曰謀國家之統一、一曰嚴夷夏之大防。〔註30〕《宋史新編》這一部史書，正可反映出斯二項觀念，因此，民族主義史家之名，柯維騏是當之無愧的。

〔註26〕一說生年為1420年，見姜亮夫《歷代人物年里碑傳綜表》，頁422。
〔註27〕見《明經世文編》姓氏爵里總目。
〔註28〕見溫心園著，〈丘瓊山的著作及其民族主義思想〉〈《中國近代思想研究》頁47，香港‧南天書業，1973年版）。
〔註29〕內藤虎次郎著，《中國史學史》，〈宋代史學的發展〉六‧正統論，《文藝復興》第一卷，第八期，蘇振申譯。
〔註30〕同前註25，頁199。

　　王德毅先生研究明人之宋史學，有一段非常中肯之結論，引之作爲本章之結束。〔註31〕王氏說：「明朝人的宋史學，完全是民族主義的史學，也是民族精神的發揚。任何一個時代的歷史著作，都與該時代的國情有關；此一時代史學著作的特色，也反映出當時人的心理。明代的國情確有某些與宋代相類似之處，尤其當外患加深之後，而對宋代的歷史，不免有一些感嘆、同情甚至悲憤塡膺、痛篤奸臣如蔡京、秦檜、賈似道之徒誤國。史家在撰述宋代的歷史時，很自然的流露出濃厚的民族情感。站在國族大義的立場上討論歷史，對於侵略中國的外族，不免加以醜名，孔子所修的〈春秋〉已是如此，當然，明朝史家對契丹、女眞和蒙古三個民族所建立的王朝，也能順理成章的冠以『夷』或『胡』了。這些史家無非想用歷史來喚醒國魂，挽救危亡的國家，這種心志也是值得稱揚的。」

〔註31〕王德毅著，〈由宋史質談到明朝人的宋史觀〉，見《台灣大學歷史學系學報》，第四期，頁 221。

第五章　《宋史新編》之評價

　　《四庫全書》把《宋史新編》列入別史類，與官書同屬正史，別史多私修，官書則多爲官修，二者皆有其存在之價值。《宋史新編》是明代一部私修的史籍，打從明世宗嘉靖三十六年（1557 年）刊行以來，歷來史家對是書均有不同之評價、或譽或譭，莫衷一是。本章先論述各家對《宋史新編》之評價，次言私修史籍之不可偏廢。

　　史家批評《宋史新編》，可歸納爲二派不同之意見，一派貶抑，另一派則褒揚；詆譭者多，然而，稱譽者也不少。先談貶抑派：

（1）王惟儉

　　「損仲揚眉抵掌，時捫腹自嘆，揮斥柯維騏〈新編〉陳俗腐譾、徒亂人意。」〔註1〕惟儉爲明神宗萬曆廿三年進士，乃維騏之後生晚學，別著〈宋史記〉二百五十卷，其對〈新編〉之評價，徒逞一己私意，毫不足論。

（2）陳黃中（1704～1762）

　　陳黃中《宋史稿》二百十九卷，自序云：「……有明一代改修者不一家，其最著者，如莆田柯維騏之〈新編〉，祥符王惟儉之〈宋史記〉，亦僅取舊史稍加刪節，至其中一人兩傳及是非失實者，俱並仍之，較長絜短、莫能相尙。」〔註2〕陳氏此言，未免過於苛責，〈宋史〉四九六卷，〈新編〉刪至二百卷，何得謂稍加刪節？一人兩傳，大抵指〈程師孟傳〉而言，謂粗疏則可，但是，大醇不掩小疵，怎可說〈新編〉莫能相尙？

〔註 1〕見錢謙益《牧齋有學集》，跋東都事略條。
〔註 2〕見李宗桐《史學概要》，頁 106。

（3）錢大昕（1728～1804）

錢竹汀曰：「柯氏〈新編〉，用功已深，義例亦有勝於舊史者，惜其見聞未廣，有史才而無史學耳。」〔註3〕又錢大昕跋陳黃中〈宋史稿〉云：「此稿增刪塗乙，皆出和叔手迹，然前後義例，未能畫一，紀傳無論贊，志無總序，蓋猶未定之稿，較之柯氏新編，當在伯仲之間耳！」〔註4〕考錢氏生當滿清多忌之世，故亦不敢誦言其佳，故僅以二書相伯仲爲言，此金靜庵釋之最明。

（4）永瑢

《四庫全書總目提要》史部十一、別史類存目六云：「元人三史並修，誠定論也，而維騏強援蜀漢，增以景炎、祥興、又以遼金二朝，置之外國，與西夏、高麗同列，又豈公論乎？大綱之謬如是，則區區補苴之功，其亦不足道也已。」〔註5〕柯氏由於尊宋統，抑遼金，大觸清廷之忌，四庫館臣肆意醜詆是書，當然可以不言而喻了。

（5）張舜徽

張氏云：「惟王洙撰〈宋史質〉一百卷、柯維騏獨成〈宋史新編〉二百卷，雖各有它的優點，但仍不能滿人意。」〔註6〕張舜徽先生推崇正史，謂史學工作者應以熟讀全史（廿四史）爲急務，〔註7〕故對私修史籍，稍有微詞。王、柯二書，刪削正史史料至多，故張氏視之爲不能滿人意，大概指此。

（6）王德毅

王氏云：「柯維騏的〈新編〉雖成書二百卷、大半簡化〈宋史〉而成，所增補糾謬並不太多。如〈宋史〉中程師孟一人兩傳，〈新編〉中因循不改，兩傳大同小異，實爲失當。〈宋史〉錢端禮傳末稱：『孫象祖、嘉定元年爲宰相，自有傳』實則無傳。〈新編〉也在端禮傳後稱『孫象祖自有傳』照樣無傳，粗疏如此，將何以饜後學之望？說實在的，還不如王洙的書言簡而意賅。」〔註8〕王氏這段評語，在攻擊〈新編〉全書之粗心大意，且因襲原書，沒有新意，竊以爲〈新編〉之勝，在於義例，論贊之文，文筆優美、析事詳而感慨深，怎可以說〈史質〉長而〈新編〉短呢？

〔註3〕見錢大昕《潛研堂文集》卷二十八，跋宋史新編條。
〔註4〕同前註2。
〔註5〕永瑢著《四庫全書總目提要》，上海・商務版，頁1110。
〔註6〕見張舜徽著，《中國古代史籍舉要》，頁100。
〔註7〕可參閱，張舜徽著，《中國古代史籍校讀法》，中華版。
〔註8〕見王德毅著，〈由宋史質談到明朝人的宋史觀〉。

　　綜合以上各家詆譭者批評，只能道出〈新編〉確實存在着某些缺點，諸如粗疏、陳俗、因襲等，而忽視了全書精神，思想所在之處。四庫館臣之批評，根本是維護封建統治者而發的，對是書之評價，當然殊欠公允。

　　其次，褒揚派：

（1）黃佐（1490～1566）

　　黃佐云：「乃能會通三史，以宋爲正，刪其繁猥，釐其錯亂，復參諸家紀載可傳信者，補其闕遺。……本紀則正大綱而存孤危，志表則略細務而舉要領，列傳則崇勳德而誅亂賊，先道學而後吏治、遼金與夏，皆列外國傳，納諸四裔焉，於是春秋大義，始昭著於萬世。而論贊之文並非因襲，簡而詳，贍而精，嚴而不刻，直而有體，南董之筆，西漢之書，不得專美於前矣！」〔註9〕

（2）康大和

　　康大和云：「首本紀而次志表，先道學而後循吏，爲得其敘，略細務而挈宏綱、刊繁誤而存典實，爲得其要，論贊之詞直而不刻，辯而不浮，爲得其體，其最大者，尊宋之統，附遼金爲外國傳，尤爲得義例之精，於是，數百年之書，一旦釐正、視元人所修，何啻千百，其有功於史大矣！」〔註10〕

（3）沈德符（1578～1642）

　　沈氏云：「維騏至於發憤自宮，以專思慮，可謂精勤之至，凡成本紀十四卷、志四十卷、表四卷、列傳一百四十二卷，糾謬補遺，亦頗有所考訂。」〔註11〕

（4）朱彝尊（1629～1709）

　　朱竹垞云：「柯氏撰〈新編〉，會宋遼金三史爲一，以宋爲正統，遼金附焉；升瀛國公、益衛二王于帝紀以存統，正亡國諸叛臣之名以明倫，列道學于循吏之前以尊儒，歷二十載而成書，可謂爲有志之士矣！先是揭陽王昂撰〈宋史補〉，台州王洙撰《宋元史質》，皆略焉不詳，至柯氏而體稍備。」〔註12〕

（5）王鳴盛（1722～1797）

　　西莊云：「宋史改修者不一，獨柯維騏之〈新編〉刊刻成書、播在藝林……」

〔註 9〕見黃佐〈宋史新編序〉。
〔註10〕見康大和撰《宋史新編後序》。
〔註11〕見沈德符《敝帚軒剩語》。
〔註12〕見朱彝尊《曝書亭集》卷四十五，書柯氏宋史新編後條。

又曰：「〈新編〉播在人口，攬之即得，當與〈宋史〉竝傳。」〔註13〕

　　（6）趙翼（1727～1814）

　　甌北先生云：「惟柯維騏合三史為一史，以宋為主，而遼金附之，并列二王於本紀，褒貶去取，義例頗嚴，閱二十年始成，名曰〈宋史新編〉。」〔註14〕

　　（7）章學誠（1738～1801）

　　章實齋云：「前人攻宋史者，如柯氏之〈新編〉，邵氏之〈宏簡錄〉，陳氏之〈通鑑續編〉，其效略可覩矣！」〔註15〕

　　（8）金毓黻

　　金靜庵評〈新編〉云：「蓋柯氏於宋史用力已深，大體略備，義例之精，尤非後來諸作所能及。」又云：「柯書之已善者，如義例是。」〔註16〕

　　（9）黃雲眉

　　黃氏評云：「厥後乃有王洙〈宋史質〉柯維騏〈宋史新編〉二書，王書旨在以明繼宋，柯書亦夷遼金於外國，皆爭正統以自矜義例，由今觀之，但覺可嗤；然柯氏窮二十年之力，且自宮以專意慮始成此書，其間不無一二可取之處，要非王氏之膽粗手快，但以任意抹殺為史法者比也。」〔註17〕

　　（10）王樹民

　　王氏云：「其中以柯氏之書用力最大，內分本紀十四卷、志四十卷、表四卷、列傳一百四十二卷、合宋遼金三史為一書，以宋為正統，附載遼金之事，義例嚴謹用二十年之功力而後成書，舊史闕謬多得補正。」〔註18〕

　　綜合上述十家推崇《宋史新編》之論據，是書之優點貴乎義例精、明正統、糾闕謬，刪繁猥，以及釐錯亂，柯子修史之精神，發憤自宮，以專思慮；用功二十年等，尤為值得後人敬佩。

　　《宋史新編》之評價，總稱得上譽之者多而毀之者少，可是，意見中立而不予置評，毀譽參半之說法，亦有數說。茲列舉如下：

〔註13〕見王鳴盛《蛾術篇》論宋史改修條。
〔註14〕見趙翼《廿二史劄記》卷二十三，宋遼金三史重修條。
〔註15〕見章學誠，〈與邵二雲論修宋史書〉。
〔註16〕金毓黻著《中國史學史》，頁143。
〔註17〕見黃雲眉著，《史學雜稿訂存》，頁220，〈與夏瞿禪論改修宋史諸家書〉。
〔註18〕見王樹民著，《史部要籍解題》，頁115。

（1）馮家昇說

馮氏云：「王（洙）陳（邦瞻）柯（維騏）三著，均據舊史改編，義例雖異，史料未增，衡以今日之眼光，當另估價也。」〔註19〕

（2）李宗桐說

李氏云：「宋、遼、金三史或繁或略被人評議者頗多。明嘉靖中，擬更修宋史亦未成。其修成者柯維騏〈宋史新編〉合三史爲一史，以宋爲生、而遼金副之，共二百卷。」〔註20〕

（3）柴德賡說（1908～1970）

柴氏云：「柯（維騏）鄧（元錫）皆生於明代，當夷狄肆虐之後，慶光復而尊中國，非復宋以前人態度，其書有無史學價值，固屬問題，其思想則誠明代士大夫之思想也。」〔註21〕

（4）劉節說（1901～1977）

劉氏云：「《二十二史箚記》所舉〈宋史〉疏舛處，柯氏是書多已訂正之，惟〈宋史〉之佳處在詳，而且宋代所遺留之史料甚多，僅僅訂正舊史之疏誤，尚不足以言完成任務。錢大昕曾有評論，見〈潛研堂集〉卷二十八，『謂後之有志于史者既無龍門、扶風之家學、又無李淑、宋敏求之藏書、又不得劉恕、范祖禹助其討論，而欲以一人之精力成一代之良史，豈不難哉！』這個批評，是很得當的。」〔註22〕

從上所述，從〈宋史新編〉刊行至今，它一直受到史家之注視及評論。姑勿論其長短或優劣，〈新編〉也可以說是一部改編宋史之代表作品，它更可以作爲後人研習宋史的入門書籍。

王世貞稱國史「人恣而善蔽眞」而於家史，則稱其「人諛而善溢眞」但「其讚宗閥，表官績，不可廢也。」國史之所有「蔽者，家傳和私家紀述可能不蔽。」〔註23〕向來官修之史，不能令人滿意，而私家之史，所以不斷述作。不惜重撰，且亦爲人所重視，職是故也，私家史書所以可貴，其故有三：一、不受史局之約束；二、不爲當前史學風氣及政治立場之所囿；三、有超

〔註19〕見馮家昇著，〈遼史源流考〉附錄十二，《三史成後人多以義例未當而重修》條。
〔註20〕李宗桐著，《中國史學史》，頁110。
〔註21〕見柴德賡著，《史學叢考》，頁209。
〔註22〕見劉節著，《中國史學史稿》，頁274。
〔註23〕參閱，王德昭著，《清代科舉制度研究》，頁8，一、弁言與史料舉隅。

時空限制之精神，對於史事可作重新之評價。質言之，即有超歷史（Super－History）之立腳點也。」〔註24〕

關於官書、私史之異同，黃雲眉先生論之最詳，他說：「然要可見一代記載，出之官修，則翰苑搖筆，聊充鈔胥，宰臣領銜，但稟虛命，限日程功、無異反掌，出之私家，則采撫必廣、裁削必精、殫神疲慮、窮老不休、始克蕆役、而一簣未施，含恨入地，往往有之，是成書之難易既如彼；官修之史，頒于學舍，美板流行、人誦戶習，而私家之稿，生前不能付之梨棗，死後惟轉輾于一二愛好者之破笥敝架。非遇大力賞音，鮮有不飽蠹腹，則傳書之難易又如此。蓋自官史之修奉爲故事，專家之學，久等蒭狗，諸賢之苦心淹沒，本非例外。」〔註25〕

《宋史新編》乃有明一代私修史籍，筆者也同意是書具備一般私史之優點，就像「采撫必廣、裁削必精」著者則「殫神疲慮、窮老不休」等。總的來說，明代史學的成就，除實錄外，應推家史和野史了。國史、家史和野史，都應爲研究歷史的重要文獻。明代史學雖然有其缺點，但明人對史學研究的推動，我們是不能忽視的，因明代私人修史風氣的盛行，所以對「史」的觀念，特別在史觀方面，都有劃時代的創舉。〔註26〕柯維騏之天命論、義理論和正統論雖然不是他的創舉，可是以他作爲一個明代中葉史家之典型個案，從而認識到那個時代和社會人物之心態和思想，委實是非常有意義的。

〔註24〕參閱，饒宗頤著，《中國史學上之正統論》，頁57，結語。

〔註25〕見前註17，頁226。

〔註26〕參閱，趙令揚著，〈李贄之史學〉，之一〈明朝史學淺說〉（引自《東方文化》，1973年，頁122）。

結　論

　　這篇論文的研究成果，可歸納爲下列各點：

　　（1）柯維騏的思想，以儒家思想爲主導，然而，也雜揉陰陽、五行、法家各派學說。

　　（2）《宋史新編》之寫作動機有四：

　　　　一、明正統

　　　　二、申義理

　　　　三、承天命

　　　　四、借古諷今

　　（3）柯維騏之宋史觀：

　　可從天命論、義理論、正統論三個角度析述之。其中以義理論申說最多，正統論次之，天命論又其次。維騏以爲有賢君、有昏君；有忠臣，也有佞臣，兩宋大抵昏君多而賢君少，忠臣少而佞臣多，此乃宋室興亡盛衰之關鍵。

　　（4）兩宋積弱衰亡之原因：

　　　　一、冗官多而權奸衆

　　　　二、都汴京

　　　　三、封建制

　　　　四、亡於學禁

　　（5）對付異族，柯維騏主張：

　　　　一、抑邊功以固國防

　　　　二、增強武備

（6）柯維騏之正統論，受方孝孺、邱濬二人影響至深。

（7）《宋史新編》全書之評價，在明朝史學史之地位，譽之者多而譏之者較少。

徵引書目

（甲）書目

宋代

1. 《宋史》四九六卷，元托克托等修，上海‧中華書局標點本。
2. 《東都事略》一百三十卷，王偁撰。

明朝

1. 《宋史新編》二百卷，柯維騏撰，香港‧龍門書店，1973 年 3 月版。
2. 《明一統志》九十卷，李賢等撰，欽定四庫全書，史部十一、地理類二、王雲五主編，《四庫全書珍本七集》。
3. 《大明一統諸司衙門官制》，佚名，台‧學生書局（屈萬里主編，《明代史籍彙刊》國立中央圖書館藏本）。
4. 《明名臣琬琰錄》，徐紘編，二十四卷、續錄二十二卷，王雲五主編，四庫全書珍本六集。
5. 《竹巖集》，柯潛撰，《四庫全書》集部六、別集五，王雲五主持，四庫全書珍本四集。
6. 《國朝列卿記》一六五卷、附索引，雷禮纂輯、徐鑒校梓影印，明代刊本，台‧成文出版社，印行一至廿五冊，民國 59 年 10 月台一版。
7. 《本（明）朝分省人物考》一一五卷、附索引，過庭訓纂集，明‧天啓二年刊本影印，台‧成文出版社印行。
8. 《皇明經世文編》全六冊，陳子龍等編，香港‧珠璣書店。
9. 《南宋書》六十八卷，錢士升撰。
10. 《宋史紀事本末》一○九卷，陳邦瞻撰，北京‧中華書局，1977 年版。
11. 《丘文莊公叢書》，丘濬著，台‧1972 年初版。
12. 《宋史質》一百卷，王洙撰，香港大學‧馮平山圖書館善本書目。

13.《宋史記》二百五十卷，王惟儉撰，香港大學‧馮平山圖書館善本書目。

14.《玉堂叢語》八卷，焦竑撰，北京‧中華書局，1981 年版（元明史料筆記叢刊）。

清朝

1.《明史》，清張廷玉等撰，中華書局標點本。

2.《古今圖書集成》及索引，全一百冊，陳夢雷編，文星版，民國 53 年 10 月 1 日版。

3.《歷代職官表》，黃本驥編，上海‧古籍出版社，1980 年版。

4.《明詩紀事》一八七卷，陳田撰（歷代詩史長編第十四種，第三冊，台灣‧鼎文書局，民國 60 年 9 月初版）。

5.《全閩詩話》十二卷，鄭方坤編，王雲五主編，四庫全書珍本十集。

6.《明儒言行錄》十卷、續錄二卷，沈佳撰，王雲五主持，四庫全書珍本三集，欽定《四庫全書》史部七‧傳記類三。

7.《廿二史箚記》，趙翼撰，台‧廣文書局，民國 61 年版。

8.《列朝詩集小傳》，錢謙益撰。

9.《四庫全書總目提要》，永瑢著，上海‧商務，民國 22 年 7 月初版。

10.《明代掌故》，朱彝尊撰，上海‧廣益書局刊，民國 25 年 5 月版。

11.《牧齋有學集》五十卷，錢謙益撰，四部叢刊集部，上海‧涵芬樓影印原刊本。

12.《曝書亭集》八十一卷，朱錫鬯撰，附笛漁小稿，四部叢刊集部，上海‧涵芬樓景印原刊本。

13.《潛研堂文集》五十卷、詩集十卷、續集十卷，錢大昕撰，四部叢刊集部。

14.《十駕齋養新錄》二十卷、餘錄三卷，錢大昕撰，上海‧商務，1957 年版。

15.《文史通義》，章學誠著，香港‧太平書局，1973 年 8 月版。

16.《讀通鑑論》上中下，王夫之著，北京‧中華，1975 年版。

17.《宋論》，王夫之著，北京‧中華版。

18.《四庫全書簡明目錄》上下二冊，永瑢等著。

19.《增訂四庫簡明目錄標注》，邵懿辰撰，邵章續錄，上海‧古籍出版社，1979 年版。

20.《梁啓超史學論著三種》，梁啓超著，香港‧三聯，1980 年版。

21.《蛾術篇》，王鳴盛撰。

22.《鮚埼亭集》，全祖望撰。

23.《蠶尾集》，王漁洋撰。

民國以來

1. 《明清進士題名碑錄索引》上中下三冊，朱保烱、謝沛霖編，上海・古籍出版社，1980 年。

2. 《明清筆記談叢》，謝國楨編著，上海・古籍出版社，1981 年版。

3. 《中國地方志綜錄》，朱士嘉編，商務，1935 年版。

4. 《明人傳記資料索引》上下冊，昌彼得、喬衍琯、宋常廉等編，台北國立中央圖書館編，民國 54 年版。

5. 《古今圖書集成中明人傳記索引》，章羣編，1963 年，香港版。

6. 《八十九種明代傳記綜合引得》引得第 24 號，田繼宗編，1935 年，哈佛燕京學社出版、1959 年，北京・中華書局校改重印本。

7. 《歷代人物年里碑傳綜表》，姜亮夫纂定，陶秋英校，香港・中華書局，1976 年 5 月，港版。

8. 《明清史講義》上下冊，孟森著，北京・中華書局，1981 年版。

9. 《明代文學》，錢基博著，香港・商務，1973 年版。

10. 《中國近八十年明史論著目錄》，中國社會科學院歷史研究所明史研究室編，江蘇・人民出版社，1981 年 2 月版。

11. 《遼史證誤三種》，馮家昇著，中華書局，1959 年版。

12. 《史學叢考》，柴德賡著，北京・中華書局，1982 年版。

13. 《史學雜稿訂存》，黃雲眉著，山東・齊魯書社，1980 年版。

14. 《正史概論》，張立志著，國學小叢書，台・商務，民國 53 年版。

15. 《宋史》一、二冊，方豪著，台・華岡出版社，民國 64 年 10 月三版。

16. 《王安石》，鄧廣銘著，人民出版社，1975 年版。

17. 《關於歷代正統問題之爭論》，趙令揚著，香港・學津出版社，1976 年版。

18. 《中國史學上之正統論》，饒宗頤著，香港・龍門書店，1977 年 9 月版。

19. 《中國政治思想史》（上下），蕭公權著，台・中國文化大學出版部，民國 69 年 10 月新一版。

20. 《中國古代史籍舉要》，張舜徽著，湖北人民出版社，1980 年版。

21. 《中國古代史籍校讀法》，張舜徽著，上海・中華書局，1960 年版。

22. 《中國歷史要籍介紹》，李宗鄴著，上海・古籍出版社，1982 年版。

23. 《史部要籍解題》，王樹民著，北京・中華書局，1981 年版。

24. 《中國史學史》，李宗桐著，中國文化學院出版部，民國 68 年版。

25. 《史學概要》，李宗侗編著，正中書局，民國 66 年台五版。

26. 《中國史學史》，金毓黻著，香港・文樂出版社（增訂本）。

27. 《中國史學史稿》，劉節著，中州書畫社，1982 年版。

28. 《中國史學史》，魏應麒著，商務印書館，民國 29 年版。

29. 《清代科舉制度研究》，王德昭著，香港‧中文大學出版社，1982 年版。

30. 《明史簡述》，吳晗著，北京‧中華書局，1980 年版。

31. 《明代政治》，包遵彭等（明史論叢之四），台‧學生書局，民國 57 年 8 月版。

32. 《宋遼金史》，金毓黻著，台‧洪氏出版社印行，民國 63 年 9 月再版。

33. 《讀史劄記》，吳晗著，北京‧三聯書店，1979 年 6 月版。

34. 《中國史學史論集》，吳澤主編（一、二），上海‧人民出版社，1980 年版。

35. 《文史哲工具書簡介》，南京大學圖書館、中文系、歷史系，天津‧人民出版社，1980 年版。

36. 《明清史》，李洵著，香港‧文昌書局，1956 年版。

（乙）論文

1. 〈明太祖政權下之知識分子〉，趙令揚，《壽羅香林教授論文集》。

2. 〈中國史學史長編目錄〉，董朴垞，《史學史資料》，北京，1980 年，第一期。

3. 〈宋史翼題端〉，王德毅，《宋史翼》，台文海本。

4. 〈王德毅先生〈宋史研究論集〉序〉，藍文徵。

5. 〈金史纂修考〉，陳學霖，Journal of Oriental Studies,《東方文化》 University of Hong Kong 1967，頁 125 至 163。

6. 〈宋遼金史的纂修與正統之爭〉，陳芳明，《宋史研究集》第七輯。

7. 〈中國史學思想的概述〉，呂謙舉，《中國史學史論文選集》下，杜維運、黃進興編，華世出版社。

8. 〈宋代史學的義理觀念〉，呂謙舉，《中國史學史論文選集》上，華世出版社。

9. 〈宋代正統論的形成背景及其內容〉，陳芳明，《中國史學史論文選集》上。

10. 〈丘瓊山的著作及其民族主義思想〉，溫心園，《中國近代思想研究》。

11. 〈宋代史學的發展〉，內藤虎次郎，《文藝復興》第一卷，第七、八、九期，蘇振申譯。

12. 〈由宋史質談到明朝人的宋史觀〉，王德毅，《台灣大學歷史學系學報》第四期。

13. 〈改修宋史考略〉，金靜庵，《東北文獻》第二卷、第二期。

14. 〈論宋代學者治學的博大氣象及替後世學術界所開闢的新途徑〉，張舜徽，《中國史論文集》。

15. 〈清代浙東之史學〉，陳訓慈，《中國史學史論文選集》下。

16. 〈明代史籍彙考〉引言，傅吾康著、石衍長譯，《國立中央圖書館館刊》新三卷，第一期。

17. 〈李贄之史學〉，趙令揚，《東方文化》，1973年。

18. 〈關於中國思想史的若干初步考察〉，史華慈 Benjamin Schwartz，《中國思想與制度論集》。

（丙）外文書目及索引

1. Dictionary of Ming Biography, 1368～1644 L. Carrington Goodrich, Editor Chaoying Fang, Associate Editor Vol I&II 1976, Columbia University Press.

2. Historians of China and Japan, Edited by W. G. Beasley and E. G. Pulleyblank Oxford University Press, 1961.

後　記

　　草此後記之時，正值癸巳年（2013 年）二月，上距本文完稿之日（癸亥年 1983 年 6 月），匆匆已逾一世。古人以三十年爲一世，每一人生，可有幾個三十年？

　　三十年前，筆者本著研習文史哲之熱誠，於中學教課之暇，於香港大學文學院唸研究院〈中國史學研究〉兼讀課程。還記得當時上課時間是逢星期二、五兩晚，每次三小時，時間是晚上六時至九時。整個課程需時兩年，修讀四科，四科都要考試；畢業時另須呈交文學碩士論文一篇。這篇論文，便是筆者走向學術研究的濫觴之作。

　　依稀還記得面試時的情況。三位學者分別是：趙令揚業師、杜維運老師、陸人龍老師。杜師問筆者爲何修讀這個課程、會研究哪一個朝代？陸師則閒話家常，語多黽勉。面試結束前，趙師更激勵筆者，平時要多唸英文，原因是考試時其中一科要運用英文作答。

　　兩年之間，筆者修讀了以下四科：中國史學史、史學資料與研究方法、西方史家眼中的中國史學（英文）、近現代中國思想史。筆者之能走入學術研究大門，如今看來，實端賴這一課程，因與一班學者結緣相識攸關。

　　上課地點，即香港大學中文系（今改稱「中文學院」）辦公室所在，當時位於香港大學校本部之陸佑堂。筆者在兩年之間，便有機會聆聽他們之教益；

　　且聽課時如沐春風，如今想來，仍覺極爲享受。

　　有機會接觸港大這一班學者，亦間接引領筆者走入學術史、思想史研究之門。學術研究，實難判高下，也無必要，而只有各自的性向和專長。如今

能爲港大這一班學者具名錄列群像，筆者也覺得別具意義。

茲按其出生年份及其學術專長，排列如次：

章群老師（1925～2000），唐史、中國文化史。

林天蔚老師（1927～2005），隋唐史、宋史、敦煌學、方志學、香港史、族譜學。

杜維運老師（1928～2012），中國史學史、史學方法。

金發根老師（1933～），秦漢史、魏晉南北朝史。

趙令揚業師（1935～），明清史。

李鍔老師（1939～），海外華人史。

呂元驄老師（1940～），清史、清代文官史。

陸人龍老師（1947～），中國近現代思想史。

廖明活老師（1947～），中國佛教史。

陳明銶老師（1949～），中國勞工史、嶺南近代史。

何冠彪老師（1953～），明清史。

唐人杜甫說：「轉益多師是汝師」，證諸上述名單所列，余深有同感云。

已列於錄鬼簿之老師，思之益令人神傷！

老子曰：「大器晚成」（余 26 歲大學畢業，29 歲修畢文學碩士，42 歲成哲學碩士論文，50 歲獲頒哲學博士。）於孔子論述四等人中，實屬「困而學之」哪一類；惟求學、向學之心，未嘗稍懈，因深慕老聃之意，故自名書齋爲『晚成齋』。

此篇論文之所以能夠出版，實賴香港樹仁大學何廣棪教授之熱心推薦，臺灣新北市花木蘭出版社高小娟女士之無私協助。在功利主義泛濫的世代，出版社仍能推出一些無利可圖的文史哲論著，此等舉措，委實令人敬佩。

另外，書法家元綿尊先生的書名題簽、香港樹仁大學林翼勳教授的賜序，吾等三人俱籍廣東潮州，鄉誼隆情，銘感殊深，在此不勝言謝。

2013 年 2 月　孫廣海　草於香港晚成齋

附錄一　柯維騏研究資料拾遺考

孫廣海

一、前言

　　余於一九八三年六月撰畢〈柯維騏宋史觀發微〉一文，三十年來，於柯維騏生平以及其《宋史新編》研究資料，鮮再訪求。近因〈柯維騏宋史觀發微〉全文即將刊佈，邇來暇日，遂往返港九各間圖書館，中以香港大學馮平山圖書館、香港中文大學圖書館、香港公開大學圖書館、香港中央圖書館等四館爲多，鈔錄或複印柯維騏及其研究資料，補苴拾遺，遂草成本文。

　　全文依次爲：柯維騏著作目錄考、《宋史新編》版本目錄考、《宋史新編》研究論文目錄考、柯維騏研究資料考、柯維騏家族資料考。諸考所據，悉皆排比目錄文獻資料、雖卑之無甚高論，惟「史料學即史學」一言，此文或可茲佐證焉！　文末另錄《柯子答問》六卷、〈宋史新編黃佐序〉、〈宋史新編康大和後序〉等文，柯維騏之學術思想，讀者亦可稍窺云爾。

二、柯維騏著作目錄考

1.《史記考要》10 卷：存。

　　柯維騏有感於《索隱》、《正義》等書之不足，故重作考辨，以糾正前人之失，補其不足，著《史記考要》十卷。

　　載：（明）凌稚隆輯《史記評林》一百三十卷，四庫未收書輯刊編纂委員會編《四庫未收書輯刊》壹輯・拾壹冊，北京出版社，2000 年。

　　另載：賈貴榮、王冠輯《宋元版書目題跋輯刊》第一冊，北京圖書館出版社，2003 年 6 月。頁 92，史記考要十卷，四本。

2.《續莆陽文獻志》20 卷：疑佚。

據明・鄭岳輯《莆陽文獻凡例》：「文獻獨名莆陽者，本莆口之地，古名莆中，舉莆則仙遊、興化二縣，可兼之矣。」

（明）過庭訓纂集《明分省人物考（八）》：柯維騏「以莆陽文獻自嘉靖以來，屢經兵火，懼其遂湮，乃撰次為二十卷，以接山齋鄭岳之筆，曰《續莆陽文獻志》，與《宋史新編》，俱以三品論人。」。

3.《藝餘集》10 卷、《藝餘續集》4 卷、《藝餘雜著》2 卷：疑佚。

朱彝尊《明詩綜》：「其詩文曰《藝餘》者，編《宋史》（新編）之暇作也。」

《明史・藝文志》卷四集類載柯維騏《藝餘集》十四卷，《明史・藝文志》附編〈國史經籍志〉卷五集類載柯維騏《藝餘集》十卷。據（清）沈佳《明儒言行錄續編》云：「維騏別著詩文集十卷、續集四卷、雜著二卷。」

《明史》卷二八七：「又著《史記考要》、《續莆陽文獻志》及所作詩文集並行於世。」筆者按：今《史記考要》存，餘《續莆陽文獻志》、《藝餘集》俱佚。

4.《左右二銘、講義、問答》等篇：存。

柯維騏自慨近世竊禪學以掩孤陋，則作《左右銘》。欲學者實志、實功、實用，終始一誠，則作《講義》。與生徒問辨心學，講釋經傳，上下千餘言，則作《答問》。（見（明）吳大揚、方文沂輯、柯維騏撰《柯子答問》6 卷，載《續修四庫全書》939 子部・儒家類。）

5.《宋史新編》200 卷（見下文三）：存。

（載《續修四庫全書》史部　別史類。）

6.《河汾傳》：疑佚。

（乾隆）《興化府莆田縣志》載：「河汾一傳，借古寓情，斯陶公之詠慶卿也。」

7. 柯維騏編校柯潛《竹巖集》：存。

《竹巖先生文集》十二卷、《竹巖集》十八卷、《補遺》一卷、《續補遺》一卷，明柯潛撰，南京戶部主事四世從孫柯維騏校編（今有《四庫全書・珍本・第四集》本）。

三、《宋史新編》版本目錄考

1. 《明嘉靖刻本宋史新編》：嘉靖 34 年（1555）黃佐序，

　　　　　　　　　　　　　嘉靖 36 年（1557）康大和後序。

　　　北京圖書館、南京圖書館等 20 館入藏。美國哈佛大學哈佛燕京圖書館藏。

2. 《明嘉靖四十三年刻本宋史新編》：上海圖書館、南京圖書館等 5 館入藏。

3. 《宋史新編》200 卷，江戶・東京，須原屋茂兵衛等刊，日文，1835 年。香港中文大學圖書館特藏室藏，線裝殘本，卷 11 至 65。

4. 《宋史新編》200 卷，浙江孫仰曾家藏本，未寓目，出版日期待考。

5. 《宋史新編》200 卷，上海・大光書局，1936 年。

6. 《宋史新編》200 卷，香港・龍門書店，1973 年 3 月。

7. 《宋史新編》200 卷，台北・新文豐，1974 年 11 月。

8. 《宋史新編》200 卷，影印版，台北・文海出版社，1974 年。

9. 《宋史新編》200 卷，〈續修四庫全書〉308～311，史部別史類，1995 年。（據上海圖書館藏明嘉靖 43 年杜晴江刻本影印）

10. 《宋史新編》200 卷，附錄 1 卷，〈四庫全書存目叢書〉史部第 20～22 冊，台南・莊嚴文化，1996 年。

11. 《宋史新編》200 卷，附錄 1 卷（electronic resource），〈四庫全書存目叢書・史部別史類〉，濟南・齊魯書社，1996 年。

12. 柯維騏《宋史新編・列傳》，《宋代傳記資料叢刊》，第 1 冊至第 8 冊，北京圖書館出版社，2006 年 10 月。

13. 《宋史新編》200 卷，北京・愛如生數字化技術研究中心，2009 年（electronic resource），據明嘉靖 43 年杜晴江刻本（中國基本古籍庫）。

四、《宋史新編》研究論文目錄考

1. 孫廣海〈柯維騏宋史觀發微〉，香港大學・中國史學研究・文學碩士論文，1983 年。

2. 朱仲玉〈明代福建史學家柯維騏和《宋史新編》，載《福建論壇》，1984 年第 1 期。1984 年 3 月。頁 72～75。

3. 陳學霖〈明代宋史學——柯維騏《宋史新編》述評〉，載《國立台灣大學歷史學系學報》第 14 期，台北，1988 年。

4. 黃子剛〈柯維騏及其《宋史新編》〉，香港大學‧中國史學研究‧文學碩士論文，1989 年。

5. 陳學霖〈柯維騏《宋史新編》述評〉，《宋史研究集》第 20 輯，台北國立編譯館，1990 年 9 月。

6. 陳學霖〈柯維騏《宋史新編》述論〉，載《宋史論集》東大圖書，1993 年。

7. 陳學霖〈明代宋史學——柯維騏《宋史新編》述評〉，載陳學霖著《明代人物與史料》，香港中文大學出版社，2001 年。

8. 侯虎虎〈試論明人的《宋史》研究〉，《延安大學學報》（社科版），2005 年第 6 期。

9. 吳漫〈『明人宋史撰述』研究之回顧與前瞻〉，《淮北煤炭師範學院學報》（哲學社會科學版），2007 年第 5 期。

10. 王延紅〈明清學人以紀傳體例對《宋史》的改撰與補修〉，廣州‧暨南大學博士論文，2007 年。

11. 吳漫〈明代宋史著述關於《宋史》史料之增補與糾繆〉，《淮北煤炭師範學院學報》（哲學社會科學版），2008 年第 4 期。

12. 關艷麗〈清人研究宋史紀傳考論〉，上海‧華東師範大學博士論文，2008 年。

13. 佘慧婷〈論明代的宋代史研究〉，許振興、蔡崇禧主編《研宋集》，香港研宋學會，2011 年 11 月。

五、柯維騏研究資料考

柯維騏研究資料，爰分以下十類：明人著述類、清人著述類、民國以還著述類、學者研究成果類、工具書目錄學類、圖書館索引類、中國史學史類、興化莆田地方志類、福建文化史料類、明清進士題名碑錄類。

各條研究資料，現依時間及出版先後順序，排列如次：

1. （明）鄭岳（1468～1539）輯《莆陽文獻》13 卷、列傳 75 卷，載《北京圖書館古籍珍本叢刊》19，書目文獻出版社，1988 年。

   史部‧傳記類，頁 9，黃起龍〈重刻莆陽文獻後序〉：

   > 國初百五十年，則鄭山齋公修文獻時矣，再五十年，則柯希齋公續文獻時矣，再四十餘年則今日矣。……

黃起龍〈重校文獻紀略〉：是書字多亥豕，板沒劫灰，既授重浸，爰加勘訂。
如鄭昇之孫可復，林大有之子雷龍傳作，鄭孫林雷，此訛之大者，業已改正。
林誠附林正傳，失於標目，亦已增補，餘悉仍舊，附刻鄭山齋公傳，此係柯
希齋公特筆。公沈詣卓識，不輕許人者，讀斯傳亦可論鄭公之世已。萬曆丙
辰孟秋東里黃起龍謹識。

2. （明）焦竑（1541～1620）《國朝獻徵錄》（二），周駿富輯〈明代傳
　 記叢刊・綜錄類 26〉，台北・明文書局，1991 年。

　　頁 110～516「柯希齋維騏傳：莆陽文獻甲於天下，縉紳之士蜚英而振采
者，項背相望也。近禩以來，若陳孝廉之獨行、黃后峯之忠耿、林貞肅之高
邁、方簡肅之純正、鄭山齋之卓立，自餘不可枚舉。操尚不同，鈞之不詭於
聖人，世所稱鞠躬君子也。乃若柯公奇純，具臻眾美，闇然自修，當以何道
而稱說之。彼其體曾史之淑性，兼商偓之文學，總五經之妙論，讎百家之異
同，敦悅道訓，力行仁義，非其人不交，非其地不履，蓋天性然也。方其射
策甲科，輒譽流朝寧間，無不人人願納交者，而厚自秘戢，不少露鋒穎，色
溫而莊貌，恭而泰言，議非由衷不吐，望之知為有道長者也。已而江南戶部
主事，以非其好不祿也，而移疾請告歸。烏石山中，聚舊業而抽繹之，別淆
亂，訂是非，會萬於一。可以輟食，而不可以輟學，可以卻名利，而不可以
溷性靈。及門之士，執經而問難者，日益雲集，先後至四百餘人，傳授靡倦，
要以躬行為先。慨近世學者樂徑悟而憚積累，竊禪家之說，以撐孤陋，作左
右二銘明其意。著《講義》二卷以辨心術，端趨向。為實志以存敬畏，密操
履為實功，而其極以宰理人物成能，天地為實用。

　　至於學之次第，懇懇致意於「誠」之一字。謂心與理一之謂誠、言與行
一之謂誠、終與始一之謂誠，公蓋允蹈之也。又錄所答問，釐為《心解》、《學
解》、《經解》上下、《傳解》、《史解》六卷，多儒先所未發，門人共服膺之，
梓而傳焉。

　　宋舊史，契丹女真與宋並帝，時號宋遼金三史，蓋出於元儒所修。冠屨
莫辨，褒貶不公，公乃著《宋史新編》二百卷，會三史為一，而以宋為正統，
遼金列於外國傳，以尊中國。瀛國、二王升於帝紀，以存宋統，正亡國諸叛
臣之名以明倫。升道學於循吏以重道，釐復補漏，擊異訂譌，閱二十寒暑始
克成書。泰泉黃公佐序謂西漢之書不得專美於前，是編行則三史廢，稽天運，
陳人紀，莫之或先矣！又作《史記考要》十卷，凡班氏之譏評爽實、《漢書》

之增損乖義、少孫之補綴亂眞，諸儒之紀載異同，脊辨正之。而天文、曆律發明尤詳。又以莆陽文獻自嘉靖以來屢經兵火，懼其遂湮也，乃撰次為二十卷，以接山齋鄭公岳之筆，曰《續莆陽文獻志》。是書也，與《宋史新編》俱以三品論人。謂求道德之士於三代之下，必欲如古聖賢，難矣，但能忠信廉潔，以禮義為進退，以名節自砥礪，此其根本也。根本既立，雖乏功業文章，不足為病；根本一喪，即富貴功名，鄙庸人耳，何足取哉！於是褒表不及者，頗曉曉然，譁之而公不恤也。書一入誦，終身不忘，至耋猶不釋卷。雖博極墳索而下問孳孳，蓋不自滿假如此。著有《詩文集》十卷、《續集》四卷、、《雜著》二卷，總六籍之膏腴，會百家之型範，跨唐凌漢，彬彬大雅矣。乃公不欲以此自名，故命曰《藝餘》云。

公家居五十年，歷夷狄，患難困矣，而所守彌固，凡百可欲，無一足以淆其心，人之知不知，世之用不用，漠如也。厭末俗侈靡，乃躬韋布之素，絕跡於公府。一介，非義不苟取，予人，亦罔敢以貨干者，先業無尺寸之增，廬燬於寇，則鬻田以成小築，餘產僅給家眾，率儉以資廉，至義所當為，略無靳惜。若重構柯山祖祠、烏石山崇恩祠，復先隴之侵於豪右者，祀先罔或不虔，急義周貧，於周親族黨，尤競競以佐其急葺功，不與飲宴。居常接人，無戲言，無苟笑，正襟端坐，肅肅如也，雍雍如也。間發一二言，權道藝及治體人材，明若觀火。喜揚人善而諱人之短，然處友論事不廢規諷，士夫遊從者，每勸以砥行立言為不朽圖。觀風之使，欽其德者，莫不推穀焉。蓋不可屈指名也。大要謂公問學淵源，志節淬屬。閉門著作，文章可以垂訓，矢志清修，爵祿曾不入心。雖遭兵燹亂離之餘，守貞介一如處子。嘗從京朝士夫之後，甘窮約，不畏寒生，德行眞堪範俗，老成夙具典刑。蓋實錄云。

公名維騏、奇純其字，別號希齋，莆陽望族。徽州知府西坡公英第四子。方其齒踰弱冠，釋褐南宮，亦既遇矣。曾不一日食於公家，而浩然長往，希蹤考磐飲泌之流，其清才亮節，非不表著於時也。而徒以無君側之奧援，又不一通書於政府，卒棲遲林壑以老，上之不能黼黻，皇猷次之，不得以其著作鳴國家之盛，謂之何哉。乃知力田不如逢年，固昔人所為長慨者乎。公生於弘治丁巳，卒於萬曆甲戌，享年七十有八。

論曰：好修在己，用舍由人，乃今徵於柯公，益信諸觀風之使，非有一覬之驥也。而抗章推穀，孳孳如不及，乃若身依日月之際，出入排閶闔，呼吸成風雲，非不足於力也。同榜而舉，聯轡而游，豈其未炙顏色者哉。而徒

以無尺書之通，格不以聞，此其故，予不知之矣。假如以彼易此，則其進用，寧在人後哉。於乎末俗之常，非所以語於賢達之致也。」

3. （明）焦竑（1541～1620）《國史經籍志》，載馮惠民、李萬健等選編《明代書目題跋叢刊》上冊，北京・書目文獻出版社，1994 年 1 月。

　　頁 255，宋史新編二百卷，國朝柯維騏。

4. 未詳《明名人傳》（明稿本）：待訪。

5. （明）何喬遠（1558～1632）《名山藏》，《續修四庫全書》・425・史部・雜史類，上海古籍出版社，1995 年 3 月。

　　（另見四庫禁燬書叢刊編纂委員會編《四庫禁燬書叢刊，北京出版社 2000 年。《名山藏》一百九卷，（明）何喬遠輯，明崇禎刻本，北京大學圖書館藏。）

　　頁 527〈本士記〉：柯維騏，字奇純，莆田人。嘉靖二年進士，授南京戶部主事，未領牒引疾歸。張孚敬脩怨，爭論大禮，諸臣奏開新例。凡京朝官請急過三年者悉罷免。維騏本孚敬同年，以素不相聞問，概在免中。而維騏本非其好也。鍵關讀書，開門授徒，弟子翕然趨之。其學以誠意爲根，躬行爲基，粹然出於正義。謂宋故正統，元人修史，概與遼金同列，混華夷冠履之辨，作《宋史新編》，提宋爲綱，而遼金附焉。瀛國二王，挈而臚諸帝紀之後，宋諸臣若酈瓊，劉整雷夢炎之徒，悉目爲之叛而誅之。復作《史記考要》十本，以是正班氏之譏評，《漢書》之增損、少孫之補綴，諸儒之紀載，撰次《莆陽文獻記》，其鄉之人物文章，以比於益部耆舊傳。家食五十餘年，年七十餘卒。張時徹曰：柯公奇純，具臻眾美，闇然實修，符曾史之淑性，苞商偃之華文，總五經之要妙，讎百氏之異同。敦悅道訓，力行仁義。非人不交，非地不履，鞠躬君子也。

6. （明）何喬遠（1558～1632）《閩書》，廈門大學古籍整理研究所、歷史系古籍整理研究室《閩書》校點組校點，福州・福建人民出版社，1995 年 5 月。

　　頁 3318，維騏，字奇純。父英，徽州太守。維騏幼而靈穎，希慕古哲。林貞肅、陳孝廉雅重之。弱冠領鄉薦，登嘉靖進士。出黃文裕佐之門，文裕語人曰：「異時無忝鴻儒柯氏子也。」授南戶部曹郎，未領牒，引疾歸。永嘉相張孚敬提倡爲新例：京朝官請急，踰三年者，概罷免。維騏在停格，亦波

及之。遂鍵關息交，聚徒講學。其所著書凡數種。自慨近世竊禪學以掩孤陋，則作《左右銘》。欲學者實志、實功、實用，終始一誠，則作《講義》。與生徒問辨心學，講釋經傳，上下千餘言，則作《答問》。宋舊史故與遼、金並名為三，而宋不得列正統，夫是二國也，宜夷狄之。瀛國二王，宋後也，合名曰帝，以定一尊。亡國叛臣若酈瓊、劉整、留夢炎之輩，莫正厥罪，而但列降金之臣，名之為叛，擊異誅偽，乃合《春秋》，則作《宋史新編》。於《史記》，慨班氏譏評爽實，少孫補綴亂真，則作《史記考要》。鄭司馬岳述《莆陽文獻》一書，維騏復撰次之，則作《續莆陽文獻》。家食五十年，上下古今，莫不窮其意旨，伐其蹖譌，弟子負笈至四百餘人，前後部使者論薦無虛歲。昭陵御極，言官疏薦可備著述，當軸竟以引年處之。詔授承德郎，致仕。年七十有八，卒。兄維熊，工部郎中，有才名。維羆，龍游知縣，為人樸茂。維羆子本，見下。維騏孫茂竹，仕海陽縣，早卒，有文名。茂竹子泉。

泉，起家鄞縣，累河間知府、山西副使，有清聲。天啟初，朝廷欲舉清節之吏擢為京卿，而泉當其選。歷都御史，巡撫陝西，以忤魏璫罷。

本，字正之。為南曹郎，時鳳陽流寇師尚詔窺臨淮，將渡黃河，本率兵捍禦之，賊引騎去，臨淮人為勒碑立祠。歷浙江按察僉事。

德贊，潛族子也。成化舉人，任山陽教諭。持身峻潔，教誨詳明，早作夜思，九年如一日，陞高州推官。

7. （明）馮琦原編（1558～1603）《宋史紀事本末》，陳邦瞻纂輯，張溥論正，台灣商務印書館，國學基本叢書本，1965 年 5 月。

頁 1，張溥〈宋史紀事本末序〉：讀史至宋，踧乎傷之，代侔漢唐，而文出夷貉，其書蓊冗，不足述也。莆田柯氏，新史肇興，遼金兩國，降列載記。規模反正，卷帙微省，而取材未廣。闕如生恨，薛王通鑑，出入陳氏，旁摭曲證，自謂功高。而參觀前史，漏萬非一。

8. （明）沈德符（1578～1642）《敝帚軒剩語》，北京大學圖書館藏涵芬樓影印清道光十一年，六安晁氏木活字學海類編本，載《四庫全書存目叢書》子部第 248 冊，台南‧莊嚴文化事業有限公司，1995 年 9 月。

卷中 248～506〈不男〉條：今莆田王繼祀以少年讀書苦思慾，自去睪丸。又聞嘉靖末年，閩人戶部主事柯維騏以修《宋史新編》，求絕房室自宮。亦如

　　太史公下蠶室故事。此聞之馮開之祭酒及于中甫比部者，王與柯乃孫茂竹同年進士，其言或有據。

9.（明）過廷訓（1604 年進士）《本朝分省人物考》（明天啟刻本），周駿富輯《明代傳記叢刊》‧綜錄類（36），台北‧明文書局，1991 年。

　　《明分省人物考》（八），人物考卷之 74，福建興化府：

　　頁 136～847「柯維騏，字奇純，號希齋，莆田人。弱冠釋褐南宮，為南戶部主事，移疾請告歸烏石山中，聚舊業而抽繹之，別淆亂，訂是非，會萬於一。及門之士執經而問難者日益雲集，先後至四百餘人，傳授靡倦，要以躬行為先。

　　慨近世學者樂徑悟而憚積累，竊禪家之說以揜孤陋，作左右二銘。明其意者講纂二卷以辨心術，端趨向為實志，以存敬畏，密操履為實功。而其極以宰理人物，成能天地為實用。至於學之次第，懇懇致意於「誠」之一字，謂心與理一之謂誠、言與行一之謂誠、終與始一之謂誠，蓋允蹈之也。又錄所答問，釐為心解、學解、經解上下、傳解、史解六卷，多儒先所未發，門人共服膺之，梓而傳焉。

　　宋舊史契丹女真與宋並帝，時號宋遼金三史，蓋出於元儒所修，冠履莫辨，褒貶不公，騏乃著《宋史新編》二百卷，會三史為一，而以宋為正統，遼金列於外國傳，以尊中國。瀛國二王升於帝紀以存宋統。正亡國諸叛臣之名以明倫，升道學於循吏以重道。釐復補漏擊異訂譌，閱二十寒暑始克成書。泰泉黃佐序謂，西漢之書不得專美於前，是編行則三史廢。稽天運陳人紀，莫之或先矣。

　　又作《史記考要》十卷，凡班氏之譏評爽實，漢書之增損乖義，少孫之補綴亂真，諸儒之紀載異同，胥辨正之，而天文曆律，發明尤詳。

　　又以莆陽文獻，自嘉靖以來，屢經兵火，懼其遂湮，乃撰次為二十卷，以接山齋鄭岳之筆，曰《續莆陽文獻志》。

　　與《宋史新編》，俱以三品論人，謂求道德之士於三代之下，必欲如古聖賢難矣。但能忠信廉潔，以禮義為進退，以名節自砥礪，此其根本也。根本既立，雖乏功業文章，不足為病。根本一喪，即富貴功名，鄙庸人耳，何足取哉。

　　著有詩文集十卷、續集四卷、雜著二卷。卒年七十八。」

10. （清）徐開任（1600～？）《明名臣言行錄》，周駿富輯《明代傳記
叢刊·名人類 19》，台北·明文書局，1991 年。

（另見：《明代傳記資料叢刊》，北京圖書館出版社，2008 年 4 月。）

052～865，卷 54「主事柯公維騏：字奇純，號希齋，莆田人。嘉靖癸未
進士，卒年七十八。弱冠釋褐南宮，為戶部主事。移疾請告歸烏石山中，聚
舊業而抽繹之，別淆亂，訂是非會萬于一。及門之士執經而問難者，先後至
四百餘人，傳授靡倦，要以躬行為先。慨近世學者樂徑悟而憚積累，竊禪家
之說以掩孤陋，作左右二銘明其意。著講纂二卷，以辨心術端趨向為實志，
以存敬畏，密操履為實功，而其極以宰理人物，成能天地為實用。至於學之
次第，懇懇致意於誠之一字，謂心於理一之謂誠，言與行一之謂誠，終與始
一之謂誠，蓋允蹈之也。又錄所答問，釐為心解、學解、經解上下、傳解、
史解六卷，多儒先所未發，門人共服膺之，梓而傳焉。

宋史契丹女真與宋並帝時，號宋金遼三史，蓋出于元儒所修，冠履莫辨，
褒貶不公，公乃著《宋史新編》二百卷，會三史為一，而以宋為正統。遼金
列於外國傳，以尊中國。瀛國二王升于帝紀以存正統。正亡國諸叛臣之名以
明倫，升道學於循吏以重道，釐複補漏擊異訂譌，閱二十寒暑始克成書。泰
泉黃佐序謂西漢之書不得專美於前。是編行則三史廢，稽天運陳人紀莫之或
先矣。又作《史記考要》十卷，凡班氏之譏評爽實、《漢書》之增損乖義、少
孫之補綴亂真、諸儒之紀載異同，胥辨正之，而天文曆律發明尤詳。

又以莆陽文獻，自嘉靖以來屢經兵火，懼其遂堙，乃撰次為二十卷，以接
山齋鄭岳之筆，曰《續莆陽文獻志》，與《宋史新編》，俱以三品論人。謂求道
德之士於三代之下，必欲如古聖賢難矣，但能忠信廉潔，以禮義為進退，以名
節自砥礪，此其根本也。根本既立，雖乏功業文章，不足為病。根本一喪，即
富貴功名，鄙庸人耳，何足取哉。著有詩文集十卷、續集四卷、雜著二卷。

公問學淵源，志節淬厲。閉門著作，文章可以垂訓矢志。清修爵祿，曾
不入心。雖遭兵燹亂離之餘，守貞介一如處子。嘗從京朝士夫之後，甘窮約
不異寒生，德行真堪範俗，老成凤具典刑，蓋實錄云。」

11. （清）曹溶（1613～1685）《明人小傳》（鈔本），北京·全國圖書
館文獻縮微中心，據清抄本影印，2003 年。

（另見：《明代傳記資料叢刊》，北京圖書館出版社，2008 年 4 月。）

頁 100「柯維騏。維騏，字奇純，莆田人。嘉靖癸未進士，官南京戶部主

事，有《藝餘集》。謝山子云，先生閉戶五十年，放意著述，自成一家，詩以積學勝人，不易託詩話。宋遼金元四史，惟金史差善，其餘潦草牽率，豈金匱石室之所宜儲。希齋撰《新編》，會宋遼金三史爲一，以宋爲正統，遼金附焉。升瀛國公益衛二王于帝紀，存統正亡國諸叛臣之名以明倫，列道學于循吏之前以尊儒，歷二十載而成書，可謂有志之士矣。其詩文曰《藝餘》者，編宋史之暇作也。

先是揭陽王昂撰《宋史補》，台州王洙撰《宋元史質》，皆略焉不詳。至柯氏而體稍備。其後臨川湯顯祖義仍、祥符王維儉損仲、吉水劉同升孝則，咸有事改修。湯劉稿未定，損仲《宋史記》沉于汴水。余從吳興潘氏鈔得僅存。

然三史取材，紀傳則曾鞏、王偁、杜大圭、彭百川、葉隆禮、宇文懋昭，編年則李燾、楊仲良、陳均、陳桱，禮樂則聶崇義、歐陽修、司馬光、陳祥道、陳暘、陸佃、鄭居中、張暐，職官則孫逢吉、陳騤、徐自明，輿地則樂史、王存、歐陽忞、稅安禮、王象之、祝穆、潘自牧，著錄則王堯臣、晁公武、鄭樵、趙希弁、陳振孫，類事則徐夢莘、孟元老、李心傳、葉紹翁、呂中、馬端臨、趙秉善、劉祁，述文則趙汝愚、呂祖謙，諸書具在，以予淺學，亦曾過讀。其他宋金元人文集，約存六百家，郡縣山水志以及野史說部，又不下五百家。及今改修，文獻尚猶可徵。予嘗欲挺諸書，考其是非同異，後定一書，惜乎老矣，未能也。」

12.（清）沈佳（1688 年進士）《明儒言行錄續編》（四庫全書鈔本），《景印文淵閣四庫全書》第 458 冊，台灣商務印書館，1984 年。

「柯維騏。字奇純，福建莆田人。關　　　　　進士。

除南戶部主事時，年二十六，即移疾歸烏石山中，聚舊業而紬繹之。別淆亂，訂是非，會萬於一。及門之士先後至四百餘人，傳授靡倦，要以躬行爲先。

慨近世學者樂徑悟而憚積累，竊禪家之說以掩孤陋，作左右二銘明其意。

《論纂》二卷，以辨心術端趨向爲實志，以存敬畏，密操履爲實功。而其極以宰理人物，成能天地爲實用。至於爲學次第，懇懇致意於誠之一字，謂心與理一之謂誠，言與行一之謂誠，終與始一之謂誠。錄所答問，釐爲心解、學解、經解上下、傳解、史解六卷，多儒先所未發。著《宋史新編》，以宋爲正統，以遼金附，且陞瀛國二王於帝紀，正亡國諸叛臣之名以明倫，先

道學於循吏以重道。釐復補漏擊異訂譌，共二百卷，閱二十載而成書。作《史記考要》十卷、《續莆陽文獻志》二十卷。

其論人謂求道德之士於三代之下，必欲如古聖賢難矣。但能忠信廉潔，以禮義爲進退，以名節自砥礪，此其根本也。根本既立，雖乏功業文章，不足爲病。根本一喪，即富貴功名，鄙庸人耳，何足取哉。別著詩文集十卷、續集四卷、雜著二卷。

居常絕迹，不入官府，力耕節用，躬韋布之素有餘，則推以佐親黨。遇倭 亂，廬毀於寇，鬻田以築小室，日危坐其中，接人無戲言，無苟笑。聞人之短，蹙然必爲之諱。期功不與飲燕，日惟疏食荼羹而已。卒年七十八，學者稱希齋先生。」

13.（清）朱彝尊（1629～1709）《明詩綜》，北京・中華書局，第四冊，2007 年。

（另見：朱彝尊《靜志居詩話》卷十二，人民文學出版社，1990 年 10 月。）

頁 1938，卷 39，柯維騏二首：

「維騏字奇純，莆田人。嘉靖癸未進士，官南京戶部主事。有《藝餘集》。

謝山子云：先生閉戶五十年，放意著述，自成一家。詩以積學勝，人不易託。

《詩話》：宋、遼、金、元四史，惟《金史》差善，其餘潦草牽率，豈金匱石室之所宜儲？希齋撰新編，會宋、遼、金三史爲一，以宋爲正統，遼、金附焉。升瀛國公益、衛二王于帝紀以存統，正亡國諸叛臣之名以明倫，列道學於循吏之前以尊儒，歷二十載而成書，可謂有志之士矣。其詩文曰《藝餘》者，編《宋史》之暇作也。先是揭陽王昂撰《宋史補》，台州王洙撰《宋元史質》，皆略焉不詳。至柯氏而體稍備。其後臨川湯顯祖義仍、祥符王維儉損仲、吉水劉同升孝則，咸有事改修。湯、劉稿尚未定，損仲《宋史記》沉於汴水，余從吳興潘氏鈔得，僅存。然三史取材：紀傳則曾鞏、王偁、杜大圭、彭百川、葉隆禮、宇文懋昭。編年則李燾、楊仲良、陳均、陳桱。禮樂則聶崇義、歐陽修、司馬光、陳祥道、陳暘、陸佃、鄭居中、張暐。職官則孫逢吉、陳騤、徐自明。輿地則樂史、王存、歐陽忞、稅安禮、王象之、祝穆、潘自牧。著錄則王堯臣、晁公武、鄭樵、趙希弁、陳振孫。類事則徐夢莘、孟元老、李心傳、葉紹翁、呂中、馬端臨、趙秉善、劉祁。述文則趙汝愚、呂祖謙。諸書具在，以予淺學，亦曾過讀。其他宋、金、元人文集，約

存六百家；郡縣山水志，以及野史、說部又不下五百家。及今改修，文獻尚猶可徵。予嘗欲據諸書，考其是非同異，後定一書。惜乎老矣，未能也！

〈別黃道卿〉：

繁霜肅野草，回飇振城樹。胡爲子遠行，值茲歲云暮。
我屢不出門，爲子臨岐路。子駿亦暫停，豈不以我故。
我如蒿下鳥，子如雲中鷺。動息各有宜，安得長會晤。
會晤不須期，努力慰所慕。

〈宏路驛〉：

雨歇江天淨，山回驛路遲。客愁新歲減，風物故鄉宜。
花事餘梅蕊，樵歌綴竹枝。祇慚司馬病，深負好文時。

14. （清）朱彝尊（1629～1709）《靜志居詩話》，周駿富輯《明代傳記叢刊・學林類 8》，台北・明文書局，1991 年。

009～149，《靜志居詩話》卷 12，秀水朱竹垞先生著，扶荔山房編輯。

柯維騏，字奇純，莆田人。嘉靖癸未進士，官南京戶部主事，有《藝餘集》。

宋遼金元四史，惟金史差善，其餘潦草牽率，豈金匱石室之所宜儲。希齋撰新編，會宋遼金三史爲一，以宋爲正統，遼金附焉。升瀛國公益衛二王于帝紀以存統正，亡國諸臣之名以明倫，列道學於循吏之前以尊儒，歷二十載而成書，可謂有志之士矣。其詩文曰藝餘者，編《宋史》之暇作也。先是揭陽王昂撰《宋史補》、台州王洙撰《宋元史質》，皆略焉不詳，至柯氏而體稍備。其後臨川湯顯祖義仍、祥符王維儉損仲、吉水劉同升孝則，咸有事改修。湯、劉稿尚未定，損仲《宋史記》沉於汴水，余從吳興潘氏鈔得僅存。然三史取材，紀傳則曾鞏、王偁、杜大圭、彭百川、葉隆禮、宇文懋昭；編年則李燾、楊仲良、陳均、陳桱；禮樂則聶崇義、歐陽修、司馬光、陳祥道、陳暘、陸佃、鄭居中、張暐；職官則孫逢吉、陳騤、徐自明；輿地則樂史、王存、歐陽忞、稅安禮、王象之、祝穆、潘自牧；著錄則王堯臣、晁公武、鄭樵、趙希弁、陳振孫；類事則徐夢莘、孟元老、李心傳、葉紹翁、呂中、馬端臨、趙秉善、劉祁；述文則趙汝愚、呂祖謙。諸書具在，以予淺學，亦曾過讀。其他宋金元人文集，約存六百家，郡縣山水志以及野史說部，又不下五百家。及今改修文獻，尚猶可徵。予嘗欲據諸書，考其是非同異，後定一書，惜乎老矣，未能也。

15. （明）黃虞稷（1629～1691）撰《千頃堂書目》，瞿鳳起、潘景鄭 整
　　理，上海古籍出版社，1990 年 5 月。

　　　　頁 115，柯維騏宋史新編二百卷：會宋、遼、金三史為一，以宋為正統，
遼、金列於外國傳。瀛國二王升於帝紀，以存宋統。正亡國諸叛臣之名。

　　　　以明倫升道學於循吏之前以重道。釐復補漏，擊異訂訛。閱二十寒暑始
成。其後祥符王惟儉、吉水劉同升皆有刪定宋史，咸未行世。

　　　　頁 144，柯維騏史記考要十卷，又史解六卷
　　　　頁 191，柯維騏續莆陽文獻志二十四卷
　　　　頁 567，柯惟騏藝餘集十卷又續集四卷又雜著二卷
　　　　　　　　字奇純、莆田人、南京戶部主事。
　　　　　　　　題名錄『惟』作『維』，又《明史・藝文志》同。
　　　　　　　　惟作藝餘集十四卷。

16. （清）萬斯同（1638～1702）《明史》【列傳之部】，《續修四庫全書》
　　本 331・史部・別史類，據北京圖書館藏清抄本影印，1995 年。

　　　　頁 110，「柯維騏，字奇純，莆田人。高祖潛，翰林學士。父英，徽州知
府。維騏生而岐嶷，志希古哲。舉嘉靖二年進士，授南京戶部主事，未赴，
輒引疾歸已。張孚敬用事，創新制，京朝官病滿三年者概罷免，維騏亦在罷
中。自是謝賓客，專志讀書。久之，門人日進，執經問辨者先後四百餘人，
維騏引掖靡倦，要以躬行為本。慨近世學者樂經易而憚積累，竊釋氏之說以
文其固陋也，作左右二銘。訓學者以務實，以辨心術，端趨向為實志，以存
敬畏，密操履為實功；而其極則以宰理人物，成能天地為實用，作講義二卷。
《宋史》與《遼》、《金》二史，舊分為三書，維騏乃合之為一，以遼金附之，
而列二王於本紀，其他褒貶去取，義例嚴整，閱二十年而始成，名之曰《宋
史新編》。又著《史記考要》、《續莆陽文獻志》，及所作詩文集並行於世。維
騏登第五十載，未嘗一日服官，中更倭亂，故廬焚燬，家困甚，終不妄取。
於世味一無所嗜，惟嗜讀書。撫按監司時有論荐，迄不復起。

　　　　隆慶初，廷臣復荐，所司以維騏年高，但授承德郎致仕，終於萬曆二年，
年七十有八。兄維熊，工部郎中，維熊龍遊知縣。維熊子本浙江僉事。維騏
孫茂竹，海陽知縣。茂竹子泉，副都御史，巡撫山西。」（《明史》卷 384，儒
林二）

17. （清）王鴻緒（1645～1723）《明史稿》【列傳之部】，周駿富輯〈明代傳記叢刊‧綜錄類 9《明史稿列傳》（三），台北‧明文書局，1991 年。

（另見：《明代傳記資料叢刊》，北京圖書館出版社，2008 年 4 月。）

097～434「柯維騏，字奇純，莆田人。高祖潛，翰林學士。父英，徽州知府。維騏舉嘉靖二年進士，授南京戶部主事。未赴，輒引疾歸。張孚敬用事，創新制，京朝官病滿三年者概罷免，維騏亦在罷中。自是謝賓客，專志讀書。久之，門人日進，先後四百餘人。維騏引掖靡倦。概近世學者樂徑易而憚積累，竊二氏之說以文其固陋也，作左右二銘。訓學者以務實，以辨心術端趨向爲實志。以存敬畏，密操履爲實功。而其極，則以宰理人物，成能天地爲實用，作講義二卷。《宋史》與《遼》、《金》二史，舊分三書，維騏乃合之爲一，以遼金附之，而列二王於本紀。褒貶去取，義例嚴整，閱二十年而始成，名之曰《宋史新編》。又著《史記考要》、《續莆陽文獻志》及所作詩文集，並行於世。

維騏登第五十載，未嘗一日服官，中更倭亂，故廬焚燬，家困甚，不妄取。世味無所嗜，惟嗜讀書。撫按監司時有論薦，迄不復起。隆慶初，廷臣復薦，所司以維騏年高，但授承德郎致仕，終於萬曆二年，年七十有八。孫茂竹，海陽知縣；茂竹子昶，副都御史，巡撫山西。」

（《明史稿》列傳 163，文苑 3）

18. （清）陳夢雷（1651～1741）《古今圖書集成》上海‧中華書局影印本，1934 年 10 月。

氏族典‧卷 219‧冊數 357‧柯姓部列傳之三：

柯維騏，按《名山藏‧本士記》，維騏，字奇純，莆田人，嘉靖二年進士，授南京戶部主事，未領牒引疾歸。張孚敬修怨爭論大禮，諸臣奏開新例，凡京朝官請急過三年者悉罷免。維騏本孚敬同年，以素不相聞問，概在罷中，而維騏本非其好也。鍵關讀書開門授徒，弟子翕然趨之。其學以誠意爲根，躬行爲基。粹然出於正義，作《史記考要》十本，以是正班氏之譏，評《漢書》之增損，少孫之補綴，諸儒之紀載。撰次莆陽文獻，記其鄉之人物文章，以比於益部耆舊傳。家食五十餘年，年七十餘卒。張時徹曰：「柯公奇純，具臻眾美，闇然實修。符曾史之淑性，苞商偓之華文，總五經之要妙，讎百氏之異同。敦悅道訓，力行仁義，非地不履，鞠躬君子也。」

文學典‧卷 102‧冊數 630‧文學名家列傳：

「柯維騏，按明史本傳，維騏字奇純，莆田人。高祖潛，翰林學士，父英，徽州知府。維騏舉嘉靖二年進士，授南京戶部主事，未赴，輒引疾歸。張孚敬用事，創新制，京朝官滿三年者概罷免，維騏亦在罷中。自是謝賓客，專志讀書，久之門人日進，先後四百餘人，維騏引掖靡倦。慨近世學者樂徑易而憚積累，竊二氏之說以文其固陋也，作左右二銘，訓學者以務實，以辨心術端趨向爲實志，以存敬畏，密操履爲實功，而其極則以宰理人物，成能天地爲實用，作《講義》二卷。《宋史》與《遼》、《金》二史，舊分三書，維騏乃合之爲一，以遼金附之，而列二王於本紀，褒貶去取，義例嚴整，閱二十年而始成，名之曰《宋史新編》。又著《史記考要》、《續莆陽文獻志》及其所作詩文集，並行於世。維騏登第五十載，未嘗一日服官，中更倭亂，故廬焚燬，家困甚，終不妄取。世味無所嗜，惟嗜讀書。撫按監司，時有論薦，迄不復起。隆慶初，廷臣復薦，所司以維騏年高，但授承德郎致仕，終於萬曆二年，年七十有八。孫茂竹，海陽知縣；茂竹子昶，副都御史，巡撫山西。」

19. （清）張廷玉（1672～1755）《明史》【列傳之部】，周駿富輯〈明代傳記叢刊‧綜錄類 10〉《明史列傳》（六），台北‧明文書局，1991 年。

（另見：北京‧中華書局標點本，1974 年。）

103～148「柯維騏，字奇純，莆田人。高祖潛，翰林學士。父英，徽州知府。維騏舉嘉靖二年進士，授南京戶部主事，未赴，輒引疾歸。張孚敬用事，創新制，京朝官病滿三年者，概罷免，維騏亦在罷中。自是謝賓客，專心讀書。久之，門人日進，先後四百餘人，維騏引掖靡倦。慨近世學者樂徑易而憚積累，竊二氏之說以文其固陋也，作左右二銘，訓學者務實。以辨心術、端趨向爲實志，以存敬畏、密操履爲實功，而其極則以宰理人物、成能天地爲實用，作講義二卷。《宋史》與《遼》、《金》二史，舊分三書，維騏乃合之爲一，以遼、金附之，而列二王於本紀。褒貶去取，義例嚴整，閱二十年而始成，名之曰《宋史新編》。又著《史記考要》、《續莆陽文獻志》，及所作詩文集並行於世。

維騏登第五十載，未嘗一日服官。中更倭亂，故廬焚燬，家困甚，終不妄取。世味無所嗜，惟嗜讀書。撫按監司時有論薦，不復起。隆慶初，廷臣復薦。所司以維騏年高，但授承德郎致仕。卒年七十有八。孫茂竹，海陽知

縣。茂竹子昶，副都御史，巡撫山西。」（《明史》列傳第 175，文苑 3，《明史》卷 287）

20. （清）王鳴盛（1722～1797）《蛾術編》，載陳文和主編《嘉定王鳴盛全集》第一冊，北京・中華書局，2010 年 8 月。

　　頁 209，《蛾術編》卷十說錄十〈改修宋史〉：《宋史》改修者不一，獨柯維騏之《新編》，刊刻成書，播在藝林。維騏字奇純，莆田人，嘉靖二年進士，授南京戶部主事，謝病歸，通籍五十載，未嘗一日居官。合《宋》、《遼》、《金》三史爲一，以宋爲主，復參諸家紀載可傳信者，補其闕遺，歷二十寒暑始成，凡二百卷。朱竹垞跋云：「三史取材，紀傳則有曾鞏、王偁、杜大圭、彭百川、葉隆禮、宇文懋昭，編年則有李燾、楊仲良、陳均、歐陽守道，禮樂則有聶崇義、歐陽修、司馬光、陳祥道、陳暘、陸佃、鄭居中、張暐，職官則有孫逢吉、陳騤、徐自明、許月卿，輿地則有樂史、王存、歐陽忞、稅安禮、王象之、祝穆、潘自牧，志外國則有徐兢，著錄則有王堯臣、晁公武、鄭樵、趙希弁、陳振孫，類事則有徐夢莘、孟元老、李心傳、葉紹翁、呂中、馬端臨、趙秉善，述文則有趙汝愚、呂祖謙，諸書具在，以予淺學，亦曾過讀。其他宋、金、元人文集，約存六百家，郡縣山水志以及野史說部，又不下五百家，及今改修，文獻尚猶可徵。予欲據諸書，考其是非後定一書，惜老矣，未能也。」愚謂竹垞見聞誠博，予所見如王偁《東都事略》、葉隆禮《契丹國志》、宇文懋昭《大金國志》、陳祥道《禮書》、樂史《太平寰宇記》、王存《九域志》、歐陽忞《輿地廣記》、晁公武、趙希弁《郡齋讀書志》、徐夢莘《三朝北盟會編》、葉紹翁《四朝聞見錄》、馬端臨《文獻通考》、呂祖謙《宋文鑑》，皆采取之。若陳均《九朝編年備要》、司馬光《書儀》、陳暘《樂書》、王象之《輿地紀勝》殘本、祝穆《方輿勝覽》、鄭樵《藝文校讎略》、李心傳《建炎以來朝野雜記》、趙汝愚《歷代名臣奏議》，或厭其蕪穢，或病其雜亂，皆不取。

　　李燾《續通鑑長編》雖有可取，亦未暇鈔。若歐陽修之于禮樂，則必係《嘉佑太常因革禮，予實未見其書，然《讀書敏求記》不載，竊疑此乃後人假託爲之，只因竹垞學識不高，往往被欺。若陳暘，不但書不佳，亦因其人逢迎紹述，亦不取。聶崇義《三禮圖》與宋無涉，而竹垞濫爲載入。著錄反不入尤袤《遂初堂目》。

　　孟元老《東京夢華錄》已入矣，而吳自牧《夢梁錄》獨漏去不舉，皆不可解。且柯氏正爲未及遍讀諸書，故能成此。若謂文獻無徵而欲取之群書，

徒亂人意。他日跋李燾書，謂燾在宋人史學中推爲第一，然則何以處司馬溫公？又概駁陳桱、王宗沐、薛應旂目未覩《長編》，輒續《通鑑》行世。柯維騏、王惟儉之改修《宋史》亦然，此猶夏蟲不可以語冰，松柏之鼠不知堂密之有美樅者，是或一道也。而竹垞竟以見李燾書不見李燾書分其優劣，毋乃不可乎！《新編》播在人口，攬之即得，當與《宋史》並傳。臨川湯顯祖義仍、吉水劉同升晉卿，咸有事改修，稿皆未就。近日吳中陳黃中和叔改修者，予但聞其入王安石于《姦臣》，頗爲公論，亦未暇覓觀之。獨祥符王惟儉《宋史記》二百五十卷，汴梁之亂，稿已淪于水。僅吳興潘昭度家有鈔本，朱竹垞從潘鈔得，謂其未見，出人意表，要爲宇內尚有此書。新城王尙書貽上鈔得其凡例一卷，予亦只得此，今載于此而論之。名書曰「宋史記」，移志居末，此乃無關緊要。更瀛國公爲帝㬎，而增入端宗、帝昺二《紀》，此襲《新編》，皆不足論。一，宣尼作經，左邱立例，後世學者亦恐過爲揣摩之詞，今即不逐事立凡，亦須少爲區別。如侯王曰「薨」，宰執而封公王者亦曰「薨」；卿輔曰「卒」，官卑而直諫理學者亦曰「卒」；其姦邪者削官曰「死」，濫刑者備官曰「殺」，刑當有皋者曰「伏誅」。金、遼、夏、元，爭戰雲擾，得其地曰「取」，取而復陷者曰「入」。宰執免罷，原無低昂；而姦回退位，方書「罪免」。朱紫略分，用存體例。此條且緩商。一，帝紀即《春秋》之經也，所宜舉其大綱，以俟志傳發明。今《宋史》繁蕪，景德一年之事，二千餘言，足以當它史之一帝；高宗一朝之事，幾二百紙，足以當他史之全紀。核其所錄，乃縣丞醫官畢載，召見入對亦書，徒累翻閱，何關成敗？今宜力加刪削，用成史法。愚考《宋史》本紀之謬，誠有如惟儉所譏者，而邵經邦《讀史筆記》云：「帝紀者，紀一王之治亂，後世多鈔實錄，名雖編年，氣不相接，讀者茫然。《宋紀》凡一人一事，必爲二目，如除既有文，授又疊出，建議施行，類皆數見，讀盡一通，漫無綮要，所謂斷爛朝報，良可浩歎。」邵氏此言，亦屬的確，學者不可不知。然惟儉本不可得見，柯氏《新編》所刪改亦有不當，須分別觀之。若《東都事略》，以本朝人記本朝事，中多避忌，不當者更多，而世人耳食，輒言宜依《事略》，亦非也。

21.（清）趙翼（1727～1814）《廿二史劄記》下冊，台北・世界書局，1969 年 3 月。

頁 305，卷 23〈宋遼金三史重修〉：「宋史繁蕪，遼金二史，又多缺略，昔人多有欲重修者。元末周以立，因三史體例未當，欲重修而未能。明正統

中，其孫敍思繼先志，乃請於朝，詔許自撰，詮次數年，未及成而卒。(明史周敍傳) 嘉靖中，廷議更修宋史，以嚴嵩爲禮部尚書，兼翰林學士董其事，(嚴嵩傳) 然亦未有成書也。其修成者，惟柯維騏合三史爲一史，以宋爲主，而遼金附之，並列二王於本紀，褒貶去取，義例頗嚴。閱二十年始成，名曰《宋史新編》。(維騏傳) ……」

22. (清) 邵晉涵 (1743～1796)《邵二雲先生年譜》，載張愛芳輯《中國古代史學家年譜》【8】，北京圖書館出版社，2005 年 6 月。

　　頁 345，乾隆三十八年癸巳 (一七七三)，先生三十一歲：

　　「先生於元人三史，深致不滿，而以《宋史》爲尤甚。其《宋史提要》云：

　　　　向來論《宋史》者，俱譏其繁蕪，而少所舉正。柯維騏僅引《容齋
　　　　五筆》辨正向敏中、李宗諤數事，未能旁及。」

23. (清) 永瑢 (1744～1790)、紀昀 (1724～1805)《四庫全書總目提要》，海口‧海南出版社，1999 年 5 月。

　　(另見永瑢等撰《四庫全書總目》，北京‧中華書局，1995 年 4 月。(清)
　　紀昀總纂《四庫全書總目提要》，石家莊‧河北人民出版社，2000 年 3 月。)

　　頁 289，01949《宋史新編》二百卷，浙江孫仰曾家藏本

　　明‧柯維騏撰，維騏字奇純，莆田人。嘉靖癸未進士，授南京戶部主事，未任事而歸。事迹具《明史‧文苑傳》。史稱其家居三十載，乃成是書。沈德符《敝帚軒剩語》稱其作是書時，至於發憤自宮，以專思慮，可謂精勤之至。凡成本紀十四卷，志四十卷，表四卷，列傳一百四十二卷，糾謬補遺，亦頗有所考訂，然托克托等作《宋史》，其最無理者莫過於道學、儒林之分傳，其最有理者莫過於本紀終瀛國公而不錄二王，及遼、金兩朝各自爲史而不用島夷、索虜互相附錄之例。蓋古之聖賢，亦不過儒者而已，無所謂道學者也。如以爲儒者有悖於道，則悖道之人何必爲之立傳。如以爲儒者雖不悖道而儒之名不足以盡道，則孔子之詔子夏，其提示以取法乎下耶。妄生分別，徒滋門戶。且《太平御覽》五百十卷中嘗引《道學傳》二條，一爲樂鉅，一爲孔總，乃清淨栖逸之士。襲其舊目，亦屬未安。此必宜改者也，而維騏仍之。至於元破臨安，宋統已絕。二王崎嶇海島，建號於斷檣壞櫓之間，偷息於魚鱉黿鼉之窟，此而以帝統歸之，則淳維遠遁以後，武庚構亂之初，彼獨非夏、商嫡冢、神明之胄乎？何以三代以來，序正統者不及也。他如遼起滑鹽，金

興肅愼，並受天明命，跨有中原。必似元經帝魏，盡黜南朝，固屬一偏。若夫南北分史，則李延壽之例。雖朱子生於南宋，其作《通鑑綱目》，亦沿其舊軌，未以爲非。元人三史並修，誠定論也。而維騏強援蜀漢，增以景炎、祥興，又以遼、金二朝置之外國，與西夏、高麗同列，又豈公論乎？大綱之謬如是，則區區補苴之功，其亦不足道也已。」

24. （清）周中孚（1768～1831）《鄭堂讀書記》，台北・世界書局，1960年。吳興劉氏嘉業堂刊。

（另有國家圖書館編《國家圖書館藏古籍題跋叢刊》，北京圖書館出版社，2002年5月。（全30冊，《鄭堂讀書記》第11～14冊）

鄭記十八，宋史新編二百卷，長水胡氏敦仁堂家藏明本

明柯維騏撰，維騏字奇純，莆田人。嘉靖癸未進士，官南京戶部主事。

《四庫全書》存目、《明史・藝文志》亦載之。是編會通宋、遼、金三史，以宋爲正。刪其繁猥，釐其錯亂，復參諸家紀載可傳信者，補其闕遺，名曰《新編》，示不沿舊也。本紀則正大綱而詳詔令，志表則略細務而舉要領，列傳則崇勳德而誅亂賊。而論贊之文，並非因襲，簡而詳，贍而精，嚴而不刻，直而有體，駸駸乎有兩漢風格焉！惜其囿於明人習氣而不專就宋史以自成一家，如李延壽之南北分編，乃竟以遼、金刊入外國，最爲姚繆。又景炎祥興二主，原書附錄瀛國公紀末，本屬平允。乃奇純竟分爲二紀，亦殊乖刺。又道學、儒林之分傳，爲原書之最無理者。南唐西蜀諸國原書標其目曰世家，而仍列入傳中，此亦原書之極可笑者，乃俱因而不革，則義例亦未見有勝於原書也。然細心參核，究瑜多而瑕少，較之曾氏《隆平集》，王氏《東都事略》，錢氏《南宋書》諸種之不完備者，固遠出其上矣。前有凡例目錄及黃（佐）序，後有康大和序、鄭應旄頌。

25. （清）吳榮光（1773～1843）《中國古代名人生卒・歷史大事年譜》，陳垣校注，北京圖書館出版社，2002年10月。

頁971，丁巳十年（明孝宗弘治十年1497年），柯奇純維騏生。

頁1017，甲戌二年（明神宗萬曆二年1574年），柯奇純卒，年七十八。

26. （清）張之洞（1837～1909）《書目答問》一卷附校勘記一卷，《叢書集成續編》第四冊，台北，新文豐出版公司，1989年。

頁745，宋史新編二百卷，明柯維騏，明刻本。

27. （清）陳田（1849～1921）《明詩紀事》，周駿富輯《明代傳記叢刊・
　　學林類 11》，台北・明文書局，1991 年。

（另見台灣・中華書局，1971 年 7 月版）

014～261，戊籤卷 15 柯維騏四首：維騏字奇純，莆田人。嘉靖癸未進士，
授南京戶部主事，有《藝餘集》十四卷。《東南嶠外詩話》。希齋登第五十載，
未嘗一日為官，人品既超，詩遂似之。

田按。奇純撰《宋史新編》，竭二十餘年之力，可謂精專，詩亦蘊藉，不
染塵氛。

〈別陳若寶〉：

悠悠江上雲，盤盤澗中石。蹤迹亦何常，寸心詎能易。
長亭一杯酒，相看意脈脈。別後長相思，留歡罄茲夕。

〈宏路驛〉：

雨歇江天淨，山迴驛路遲。客愁新歲減，風物故鄉宜。
花事餘梅蕊，樵歌掇竹枝。祇慚司馬病，深負好文時。

〈寄文衡山內翰致政歸山〉：

海內論交久，清朝偶共逢。
談詩山寺月，並馬禁城鐘。
林臥余多病，吏情爾亦慵。
相望隔秋水，芳訊託芙蓉。

〈九日集東山〉：

登高直到石巖巔，滿目雲山秋可憐。
僧影夕陽紅樹裏，蘆花野水白鷗前。
寒天搖落仍幽事，淨社招攜有宿緣。
共把深杯對叢菊，不妨短鬢趁流年。

28. （清）鄭杰等輯錄《全閩詩錄》（一），福建人民出版社，2011 年 9 月。

頁 716，《全閩明詩傳》卷 19，嘉靖朝一：

柯維騏，字奇純，一字希齋，英子，維熊、維羆弟，俱見上。茂竹祖，
昶曾祖，俱見下。莆田人，嘉靖二年進士，授南京戶部主事，有《藝餘集》。
入《通志・儒林傳》。《靜志居詩話》：宋、遼、金、元四史，惟《金史》差善，
其餘潦草牽率，豈金匱石室之所宜儲。希齋《宋史新編》會宋、遼、金三史

爲一，以宋爲正統，遼、金附焉。升瀛國公、益衛二王於『帝紀』，以存正統，正亡國諸叛臣之名以明倫，列道學於『循吏』之前以尊儒。歷二十年而成書，可謂有志之士矣。其詩文曰《藝餘》者，編《宋史》之暇作也。

〈雜感〉：

精衛塡滄海，鷦鷯棲一枝。愚者用其心，不免達者嗤。
子孫儻力耕，十口可免饑。胡以有限年，役役瘁體肌。
少遊戒贏餘，此語不吾欺。

〈寄文衡山内翰致政歸山〉：

海内論交久，清朝偶共逢。
談詩山寺月，並馬禁城鐘。
林臥余多病，吏情爾亦慵。
相望隔秋水，芳訊託芙蓉。

〈歲晏〉：

十載臥滄洲，居然成白頭。光陰雙過鳥，天地一虛舟。
江冷魚龍寂，山深麋鹿遊。懷人歲復晏，徙倚夕陽樓。

〈九日集東山〉：

登高直到石巖巓，滿目雲山秋可憐。
僧影夕陽紅樹裏，蘆花野水白鷗前。
寒天搖落仍幽事，淨社招攜有宿緣。
共把深杯對叢菊，不妨短鬢趁流年。

〈別黃道卿〉：

菟絲生高松，引蔓何纍纍。與子相綢繆，詎意此別離。
一日如三秋，況乃天一涯。斟酌杯中酒，薄言展我私。
座有慷慨賓，援琴歌古詞。一歌行路難，再歌長相思。
請君勿復歌，使我心傷悲。

〈壬戌秋讀林侍御瀾《安閩疏》喜而紀之〉按：瀾，莆田人。

海疆昔無虞，擊壤自怡悅。老來事多違，島寇歲侵軼。
茲春歷夏秋，愈覺勢撠烈。邑中雞犬村，盡化豺虎穴。
殺人積如山，溝渠日流血。逃者屋廬焚，贖者膏髓竭。
耕夫與紅女，生生望已絕。萬口紛哀鳴，半菽干天和，

只恐無遺子。柱史賈生儔，感時倍鳴咽。力振此邦人，
一疏陳曲折。寬遺兼簡兵，當宁嘆剴切。人謂今司徒，
如古稷與契。將無善調停，徵需罷騷屑。司馬文且武，
兩省曾授鉞。部曲協壯猷，百戰靖全浙。旦夕闓父老，
壺漿候旌節。竚望陽春回，枯木再萌蘗。河漢天上來，
洗卻氛祲滅。無勞握粟卜，解我心鬱結。

〈索居〉：
一自返園廬，逃名久索居。人閒馴鳥雀，地僻值樵漁。
花映石塘淨，泉鳴雲壑虛。春江有歸雁，不寄子公書。

〈過鄭棠泉別業留酌〉按：鄭弼，字棠泉。
柴門常晝閉，欣爲故人開。山色盈書牖，棠陰護鶴臺。
棋殘林月上，巾側野風來。痛飲非吾事，應須盡興回。

〈秋集東山〉：
閒心應許野僧知，竹院頻開榻未移。
老去生涯那惜醉，秋來物色最宜詩。
蟬鳴庭樹涼飆入，鳥度江村夕照遲。
叢桂山中長好在，與君還結歲寒期。

〈八月集東山和林西谷韻〉：
窈窕松門隔市氛，亂峰秋色帶斜曛。
白雲幽谷聞樵語，紅葉空階下鳥群。
清世行藏慚已晚，故山風月許平分。
歲華荏苒催黃菊，斗酒東籬更候君。

〈新春詩社〉：
石巖細路入蒼苔，又伴東風一度來。
莎上煙光迎旭動，林間花蕊近人開。
無情歲月休看鏡，有約溪山數舉杯。
清世誰陳封禪事，腐儒眞愧著書才。

〈早春遊東山作〉：
古寺尋春興不虛，暖風時拂薜蘿裾。
新花萬朵日華動，好鳥數聲山意舒。

散意偏宜狂阮籍，明時休薦病相如。

不妨頻借高僧榻，稍避塵喧讀道書。

〈至日集東山〉：

冬至陽生日漸舒，一瓢僧茗夢回初。

逃名猶覺雲山淺，學道深慚歲月虛。

苔徑人稀幽鳥下，松門風細午鐘疏。

自憐江上行吟影，石塢梅花瘦不如。

29. （清）鄭方坤《全閩詩話》，《續修四庫全書》1702・集部・詩文評類，上海古籍出版社，1995 年。

頁 264，柯維騏：柯希齋維騏自登第後，即疏病歸，削跡公門。二三同年若李太宰默、吳太宰鵬、徐閣老階，並不通書。丁卯聞科舉交薦，有詩云：

落落閒身多病餘，乞歸實自肅皇初。

生來奈有雲林癖，交絕全無政府書。

著述何功叨薦剡，行藏已老合懸車。

木蘭孤艇烟波裏，免負馴鷗與狎魚。

30. （清）李清馥《欽定四庫全書・閩中理學淵源考》，王雲五主持《四庫全書珍本二集》，1971 年。

（另見：景印文淵閣四庫全書・史部傳記類，第 460 冊，台北・台灣商務印書館，1984 年。）

卷 55，主事柯希齋先生維祺學派

主事柯希齋先生維祺，

柯維祺，字奇純，號希齋，莆田人。幼靈穎，希慕古哲。林貞肅、陳孝廉雅重之。弱冠領鄉薦，登嘉靖癸未進士。出黃文裕佐之門，文裕語人曰：「異時無忝鴻儒，柯氏子也。」授南京戶部主事，時年二十六。即移疾歸烏石山中，聚舊業而紬繹之，別淆亂，訂是非，會萬於一。及門之士，先後至四百餘人。傳授靡倦，要以躬行為先。慨近世學者樂徑悟而憚積累，竊禪家之說以掩孤陋，作左右二銘明其意，著講纂二卷以辨心術端趨向為實志，以存敬畏密操履為實功，而其極以宰理人物，成能天地為實用。至於為學次第，懇懇致意於誠之一字，謂心與理一之謂誠，言與行一之謂誠，終與始一之謂誠，蓋允蹈之也。錄所答問，釐為心解、學解、經解上下、傳解、史解六卷，多

儒先所未發。著宋史新編二百卷，閱二十載而成書。作史記考要十卷，凡司馬之譏評爽實，班氏之增損乖義，少孫之補綴亂眞，諸儒之紀載異同，胥辨正之。而天文曆律，發明尤詳。又以莆陽文獻，自嘉靖以來，屢經兵火，懼其遂湮，乃撰次爲二十卷，以接山齋鄭岳之筆，日續莆陽文獻志，與宋史新編，俱以三品論人。謂求道德之士於三代之下，必欲如古聖賢難矣！但能忠信廉潔，以禮義爲進退，以名節自砥礪，此其根本也。根本既立，雖乏功業文章，不足爲病。根本既喪，即富貴功名，鄙庸人耳，何足取哉？別著詩文集十卷、續集四卷、雜著二卷。居常絕迹，不入官府，矢志清修，力耕節用，躬韋布之素有餘，則推以佐親黨。遇倭亂，廬毀於寇，鬻田以築小室，日危坐其中。接人無戲言，無苟笑，聞人之短，戄然必爲之諱，苛功不與飲燕，口惟蔬食菜羹而已。卒年七十八，學者稱希齋先生。（〈洛閩源流錄〉〈明名臣言行錄〉〈閩書〉〈興化府志〉）

31. 陳衍（1856～1937）撰《福建通志》，民國年間版本。載方品光編纂《〈福建通志〉傳記兼藝文志索引》（全三冊），福建師範大學圖書館印，香港大學馮平山圖書館藏，1980 年。

　　（四）頁 34，柯維騏【明】莆田人，字奇純　　38：4 / 6b

　　　　　　講義二卷　　　　　　　　　　25：目 29 / 3b

　　　　　　經傳答問　　　　　　　　　　25：目 6 / 1b

　　　　　　續莆陽文獻志二十四卷　　　　25：23 / 16b

　　　　　　宋史新編二百卷　　　　　　　25：23 / 1b

　　　　　　藝餘集十四卷，雜著六卷　　　25：目 41 / 10 a

　　　　　　史記考異十卷　　　　　　　　25：16 / 1 a

　　　　　　史解六卷　　　　　　　　　　25：目 8 / 1 a

32. 范希曾（1900～1930）《書目答問補正》，台北‧新興書局，1964 年4 月。

　　頁 81，宋史新編二百卷：明柯維騏明刻本，陳黃中宋史稿二百十九卷未刊以下三書皆爲刪繁就簡

33. 王重民（1903～1975）撰《中國善本書提要》，上海古籍出版社，1983 年 8 月。

　　頁 84，【宋史新編二百卷】四十二冊（《四庫總目》卷五十）（國會）

　　明嘉靖間刻本〔十行二十一字　首冊鈔配　（18.5 x 12.5）〕

　　原題：「明南京戶部主事莆田柯維騏編。」按元托托等所修宋史，「舛謬不能殫述」，誠如《提要》所評。明人尊信朱熹《綱目》，益以種族之見，故屢有改作，約當以是編為最善。後有成書，如王惟儉，如陳黃中，能仲而不能伯，朱彝尊、錢大昕作跋，於是書採取未宏，稍致歉意；至於體例，無不謂勝於舊史也。《提要》痛詆是書，一則曰：「最無理者，莫過於道學儒林之分傳」，再則曰「強援蜀漢，增以景炎、祥興。又以遼、金二朝，置之外國，與西夏、高麗同列，又豈公論乎？」茲按館臣實惡道學，其詆為道學立傳，尚有可原；至於金、元正統之爭，在史學上雖亦有可討論，然出之館臣之口，僅是為滿清張目，則完全失去客觀地位矣。平心而論，是書誠不能比於葉隆禮、宇文懋昭，然方之蕭常、郝經，未始不足為讀《宋史》者之助。乾隆假修書之名，作焚燬之實，館臣益張其焰，故余於館臣之痛詆王洙，黜存惟騏，並深致遺憾焉。

　　卷內有：「湘西賀瑗所藏」、「蘇臺陸僎」、「名余曰僎」、「陸印觀潛」、「陸沇之印」、「陸樹蘭」、「蘅香草堂」，等印記。

　　黃佐序【嘉靖三十四年（一五五五）】

　　康大和後序【嘉靖三十六年（一五五七）】

　　鄭應旂頌【嘉靖三十一年（一五五二）】

　　頁85，【宋史新編二百卷】四十二冊（北大）

　　明嘉靖間刻本〔十行二十一字〕

　　原題「明南京戶部主事莆田柯維騏著。」卷內有「漢阿魯圖陽吳氏圖書」等印記。

　　黃佐序【嘉靖三十四年（一五五五）】

　　鄭應旂頌【嘉靖三十一年（一五五二）】

　　康大和後序【嘉靖三十六年（一五五七）】

34. 臧勵龢等編《中國人名大辭典》，1921年6月，北京·商務印書館。 1958年重印版、1998年7月影印第1版。

　　（另見：香港泰興書局，1931年4月版。）

　　頁658，柯·維騏：明朝人，潛曾孫。字奇純，嘉靖進士，授南京戶部主事，未赴引疾歸，專志讀書，門人四百餘。維騏作左右二銘、講義、問答等篇，訓學者以務實。合宋遼金三史為一，義例嚴整，文曰《宋史新編》。又有《史記考要》、《莆陽名獻記》及詩文集。

35. 福建通志局編纂《福建通紀》，台灣·大通書局，1922 年刊本。頁 1452，
《福建藝文志》別集·明一：《山齋集》二十四卷，莆田鄭岳著。

　　《四庫全書總目》云：「其所著詩文，有〈蒙難錄〉、〈西行紀〉、〈南還錄〉、
〈山齋吟稿·漫稿·淨稿·續稿·奏議〉，因雕本燹燬，所存不過數種。是集
乃萬曆中其曾孫炫蒐輯重鋟，凡詩七卷，文十七卷。炫跋謂較視舊集，十未
能存二三，蓋亦幸而不佚也。柯維騏〈續莆陽志〉稱其所作詩文俱暢達蘊藉。
朱彝尊《明詩綜》引謝山子之言亦稱其詩深於諷諭之體，天性孤介，非惟與
小人相忤，即君子亦不苟合也。其文章落落遠俗，固亦有由焉。岳，字汝華，
弘治癸丑進士。

　　頁 1466，《福建藝文志》別集·明三：《柯亭集》四卷，莆田柯茂竹著。

　　〈蘭陔詩話〉云：「　繩希詩出家學，復請業於天目徐子與，手摹心追，
所作亦雄偉，較諸青蘿館詩，何多讓焉。」案，茂竹，字堯叟，維騏孫，萬
曆癸未進士。〈道光通志〉既載《柯亭集》四卷，又出《柯亭詩文初稿》，無
卷數，恐係一書。

　　頁 2363，《福建儒林傳》·明：柯維騏，字奇純，潛元孫維熊、維罷弟也。
幼希慕古人，登嘉靖癸未進士，出黃佐之門，佐語人曰：『異時無忝鴻儒，柯
氏子也。』授南京戶部主事，未赴，引疾歸。張孚敬當事，創新例，京朝官
病滿三年者，概罷免，維騏亦在罷中。自是謝賓客，專心讀書，門人日進，
先後數百餘人，誘掖靡倦。其學以誠意為根，躬行為基，粹然出於正義。慨
近世學者樂徑易而憚積累，竊二氏之說以文其固陋，作左右二銘，以辨心術
端趨向為實志，以存敬畏密操履為實功，而其極則宰理人物，成能天地為實
用，作〈講義〉二卷，與生徒問辨心學，講釋經傳，上下千餘言，作經義答
問。《宋史》與《遼》、《金》二史，舊分三書，維騏乃合之為一，以遼金附之，
而列二王於本紀，名之曰《宋史新編》。於《史記》則慨班氏譏評失實，褚少
孫補綴亂眞，作《史記考異》。鄭岳述《莆陽文獻》，維騏復撰次之為《續莆
陽文獻》。登第五十載，未嘗一日服官。中經倭亂，故廬焚燬，家困甚，終不
妄取。撫按監司時有論薦，不復起。隆慶初，廷臣復薦，以年高授承德郎致
仕，卒年七十有八。（以上道光舊志）

36. 柳詒徵〈述《宋史質》〉，原載 1929 年《史學雜誌》第一卷第一期，
（引自柳曾符、柳定生選編《柳詒徵史學論文集》，上海古籍出版
社，1991 年 12 月。）

頁 167：洙自述其作書始末曰：「取元臣脫脫所修《宋史》，考究顛末，參極群書，試折衷焉。刪其繁，存其簡；去其枝葉，存其本根。始於《天王正紀》，終於《道統》，凡若干卷。始於嘉靖壬辰，迄於丙午，凡十六年九脫稿乃就。書成，名曰《史質》，以示不文。故昔之爲書也十之九而或晦，今之爲書也十之一而或明，大要闢夷狄尊中國。」又曰：「中間君子小人之進退，權奸降叛之倚伏，覽者誠能因文而得意，思舊而圖新，則保治於未亂，求安於未危，未必無少補云。」較之柯維騏之家居三十年及發憤自宮，似尚未逮。然其用力亦勤矣。

37. 譚正璧編《中國文學家大辭典》，1934 年，光明書局。

（另見 香港・天地圖書有限公司，1980 年 8 月影印重版）

頁 1096〈4219～4221〉，

4220 柯維騏（公元 1497 年～1574 年），

柯維騏，字奇純，莆田人。生於明孝宗弘治十年，卒於神宗萬曆二年，年七十八歲。嘉靖二年，（公元 1523 年）登進士第，授南京戶部主事。未赴，即引疾歸。張孚敬用事，創新制，維騏以病滿三年罷免。自是謝賓客，專心讀書，門人四百餘。維騏登第五十年，未嘗一日爲官，中經倭亂，故盧焚煨，家困甚，終不妄取。撫監司時有論薦，不復起。隆慶初，廷臣復薦，以年高但授承德郎致仕卒。維騏嘗作《左右二銘》、《講義》二卷，合宋遼金三史爲《宋史新編》，又著《史記考要》、《莆陽文獻志》及所作詩文集（《明史》本傳），並傳於世。

38. 田繼綜編《八十九種明代傳記綜合引得》，哈佛燕京學社，1935 年 5 月。

引得編纂處：洪業、聶崇岐、李書春、馬錫用。

北平・燕京大學圖書館。

頁 152 柯維騏【騏一作奇】，奇純，希齋先生

1 / 287 / 5b；（張廷玉等《明史》【列傳之部】清光緒癸卯五洲同文書局石印本）

2 / 384 / 20a；（萬斯名《明史》【列傳之部】鈔本）

3 / 268 / 4b；（王鴻緒《明史稿》【列傳之部】敬愼堂刊橫雲山人集本）

5 / 32 / 45a；（焦竑《國朝獻徵錄》明萬曆刻本）

8 / 54 / 23a；（徐開江《明名臣言行錄》清康熙辛酉刻本）

23 / 11 / 2a；（未詳《明名人傳》明稿本）

24 / 2 / 132a；（曹溶《明人小傳》鈔本）

25 / 2 / 31b；（沈佳《明儒言行錄續編》四庫全書鈔本）

32 / 74 / 47a；（過廷訓《本朝分省人物考》明天啓刻本）

40 / 39 / 25a；（朱彝尊《明詩綜》清康熙刻本）

64 / 戊 1 5/ 10a；（陳田《明詩紀事》光緒己亥陳氏刻本）

86 / 12 / 1a（朱彝尊《靜志居詩話》扶荔山房刻本）

39. 方壯猷《中國史學概要》，中國文化服務社，1947 年。

（另見：武昌·武漢大學出版社，武漢大學百年名典版，2011 年 10 月。）

頁 74～76，宋史修於亂離之際，眾手成書，其弊不一，故書甫出而當世學者即有認爲不當，而欲重修者，元末周以立即有志重修而未果者。其孫敘欲繼先志，明正統間請於朝，詔許自撰，銓次數年，未及成書而卒。嘉靖中廷議更修，以嚴嵩總領其事，雖未成書，然自此以後直至清初，改修宋史之風氣甚盛。較早成書者爲臨海王洙之宋史質一百卷，計天王正紀十二卷閏祀一卷，列傳八十卷，志七卷。洙爲正德末年進士，其著述宗旨，則在辟夷狄而尊中國，以元爲趙宋之閏位，明代驅除蒙古，故以明繼宋，不僅遼金兩朝皆列於外國，即元代年號亦盡削之，而於宋益王之末即以明太祖之高祖追稱德祖元皇帝者承宋統，大德三年以明太祖之曾祖追稱懿祖恆皇帝者繼之，元祐四年以明太祖之祖追稱熙祖裕皇帝者繼之，後至元五年以明太祖之父追稱仁祖淳皇帝者繼之，至正十一年即以爲明之元年。且於瀛國公降元以後，歲歲書帝在某地云云，仿春秋書「公在乾侯」綱目書「帝在房州」之例，顯然爲一位富於民族思想之史家也。朱彝尊、陳黃中皆譏其簡略，楊守敬亦譏其本紀不稱帝而稱天王，匯傳名目重出，及附錄雜文之陋。

次爲柯維騏之宋史新編二百卷，計本紀十四卷，志四十卷，表四卷，列傳一百四十二卷。是書大旨亦在夷夏之辨，故極不滿於元人之宋遼金三史並修，而合三書爲一編，以宋爲正統，而以遼金爲外國，與西夏高麗等夷。宋史本紀終恭帝德祐三年，元破臨安之日，此則下續端宗景炎三年及帝昺祥興一年事迹而入本紀。是亦富於民族思想之史家也。維騏爲嘉靖二年進士，其著是書甚至發憤自宮，以專思慮，家居三十年，乃竟全功。黃佐序之稱其「本紀則正大綱而存孤危，諸志則略細務而舉要領，列傳則崇勛德而誅亂賊，先

道學而後吏治」。四庫提要亦稱其褒貶去取，義例謹嚴，頗有補遺糾繆之功。惟於史料之旁搜博采，未嘗多加注意。錢大昕稱其用功深而義例亦有勝於舊史者，惜其見聞未廣，有史才而無史學是也。王惟儉譏其陳俗腐讕，徒亂人意，朱彝尊譏其未見李燾長編，輒奮筆著書行世，猶夏蟲之不可與語冰，則過矣。

40. 馬來亞・雪蘭莪興安會館・興化文獻編輯委員會 編《興化文獻》，吉隆坡・民聲報社，1947 年 2 月。

> 頁 29～34，張寄民〈興化進士考〉，景泰二年辛未，莆田人柯潛……
> 弘治十二年己未，莆田人柯英……
> 正德十二年丁丑，莆田人柯維熊……
> 嘉靖二年癸未，莆田人柯維騏……
> 嘉靖二十九年庚戌，莆田人柯本……
> 萬曆十一年癸未，莆田人柯茂竹……
> 萬曆三十二年甲辰，莆田人柯昶……
> 崇禎十三年庚辰，莆田人柯載。

41. 李宗侗《中國史學史》，台北・中華文化出版事業委員會，1953 年 11 月。

> 宋、遼、金三史或繁或略，被人評議者頗多。明嘉靖中，擬更修宋史亦未成。其修成者柯維騏宋史新編，合三史為一史，以宋為主，而遼、金副之，共二百卷；王維儉亦有重編宋史，其書今已亡佚。

42. 中國科學院歷史研究所第一、二所編《史記研究的資料和論文索引》，北京・科學出版社，1957 年 4 月。

> 〈關於史記「全書」的研究〉：《史記考要》十卷，明柯維騏考證，明刊本。

43. A Descriptive Catalog of Rare Chinese Books in the Library of Congress, Compiled by Wang Chung-Min, Edited by T.L.Yuan（袁同禮）Library of Congress. Washington,1957.（《國會圖書館藏中國善本書錄》）

> 頁 129，宋史新編二百卷，四十二冊，六函　明嘉靖間刻本 十行二十一字原題「明南京戶部主事莆田柯維騏編。」按元托克托等所修《宋史》「舛謬不能殫述」誠如《提要》所評。明人尊信朱熹《綱目》，益以種族之見，故

屢有改作，約當以是編爲最善。後有成書，如王惟儉，如陳黃中，能仲而不能伯，故朱彝尊、錢大昕作跋，於採取未宏，稍致歉意；至於體例，無不謂勝於舊史也。惟提要痛詆是書，一則曰：「最無理者，莫過於道學、儒林之分傳」；再則曰：「強援蜀漢，增以景炎、祥興。又以遼金二朝，置之外國，與西夏、高麗同列，又豈公論乎？」按館臣實惡道學，其詆爲道學立傳，尚有可原；至於金元正統之爭，在史學上雖亦有可討論，然出之館臣之口，僅是爲滿清狂吠，則完全失去客觀地位矣。平心而論，是書誠不能比於葉隆禮、宇文懋昭，然方之蕭常、郝經，未始不足爲讀《宋史》者之助。乾隆假修書之名，作焚燬之實，館臣益張其焰，不無遺憾。卷內有「湘西賀瑗所藏」、「蘇臺陸撰」「名余曰撰」，

　　「陸印觀潛」、「陸沆之印」、「陸樹蘭」、「蘅香草堂」等印記。首冊鈔配。黃佐序　嘉靖三十四年（一五五五）　康大和後序　嘉靖三十六年（一五五七）鄭應旄頌　嘉靖三十一年（一五五二）

44. 馮家昇〈遼史源流考〉，載《遼史證誤三種》，北京・中華書局，1959 年 3 月。

（另見 趙鐵寒教授主編宋遼金史資料叢刊：馮家昇《遼史初校》、羅繼祖
《遼史校勘記》、馮家昇《遼史與金史新舊五代史互證舉例》、馮家昇《遼
史源流考》，台北・大華印書館，1971 年 4 月。）

頁 69，附錄　十二、三史成後人多以義例未當而重修：

危素預修三史後，私著《宋元史稿》（見《明史》卷二八五，本傳，頁四上）。周以立重修未果（英宗正統八年），周敘欲繼祖志，亦未成（見《明史》卷一五二，頁二上，周敘傳）。王洙（正德辛巳進士）著《宋史質》一百卷，《四庫提要》（卷五十，頁十上）云，「大旨欲以明繼宋，非惟遼金兩朝，列於外國，即元一代年號，亦盡削之，……荒唐悖謬，縷指難窮。」陳邦瞻（萬曆年間進士）著《宋史紀事本末》（二六卷），《提要》（卷四九，頁二下）云，「惟是書中紀事，既兼及遼金兩朝，當時南北分疆，未能統一，自當稱《宋》《遼》《金》三史，方於體例無乖，乃專用《宋史》標名，殊涉偏見。」柯維騏（嘉靖間）著《宋史新編》二百卷，《明史》本傳（卷二八七，頁二上）云，「《宋史》與《遼》、《金》二史，舊分三書，維騏乃合之爲一，以遼金附之，而列二王於本紀，褒貶去取，義例嚴整，閱二十年而始成。」《提要》（卷五十，頁十上）云，維騏強援蜀漢，增以景炎（宋端宗年號），又以遼金二朝，

置之外國，與西夏高麗同列，又豈公論乎？」王陳柯三著，均據舊史改編，義例雖異，史料未增，衡以今日之眼光，當另估價也。

45.《明代進士題名錄》，香港大學・馮平山圖書館藏，陳正祥先生捐贈影印本，1960 年。

　　中冊，明嘉靖二年進士題名碑錄，癸未科：

　　　　賜進士及第第一甲三名：姚淶、王教、徐階。

　　　　賜進士出身第二甲一百四十二名：柯維騏，福建興化府莆田縣民籍。

　　　　賜同進士出身第三甲二百六十五名。

46. 譚嘉定編《中國文學家大辭典》，台北・世界書局，1962 年 11 月。

　　上冊，頁 1096（4219～4221）：4220 柯維騏（公元 1497 年～1574 年）。

　　柯維騏字奇純，莆田人。生於明孝宗弘治十年，卒於神宗萬曆二年，年七十八。嘉靖二年（公元 1523 年）登進士第，授南京戶部主事。未赴，即引疾歸。張孚敬用事，創新制，維騏以病滿三年罷免。自是謝賓客，專心讀書，門人四百餘。維騏登第五十年，未嘗一日為官，中經倭亂，故廬焚燬，家困甚，終不妄取。撫按監司時有論薦，不復起。隆慶初，廷臣復薦，以年高但授承德郎。致仕，卒。維騏嘗作《左右二銘》、《講義》二卷，合宋遼金三史為《宋史新編》，又著《史記考要》、《莆陽文獻志》及所作詩文集，（《明史》本傳），並傳於世。

47. 黃虞稷原編《明史藝文志廣編》，台北・世界書局，1963 年 4 月。

　　載楊家駱編 中國目錄學名著第三集，第七、八、九、十冊。

　　（《明史藝文志廣編》（一至四）另見：台北・世界書局，2013 年 8 月版。）

　　卷二，史類，柯維騏《宋史新編》二百卷；

　　　　　　柯維騏《史記考要》十卷；

　　卷四，集類，柯維騏《藝餘集》十四卷；

　　補編，欽定續文獻通考經籍考，柯維騏《宋史新編》二百卷；

　　附編，國史經籍考，史類，《宋史新編》二百卷，國朝柯維騏；

　　附編，國史經籍志，卷三，史類，《續莆陽文獻志》二十卷，柯維騏；

　　附編，國史經籍志，卷五，集類，柯維騏《藝餘集》十卷。

48. 梁啟雄編《廿四史傳目引得》，香港・太平書局，1964 年 5 月。

　　頁 135：柯維騏 明史卷 287 文苑

49. 金毓黻《中國史學史》，香港・商務印書館，1964 年 5 月。

（版本另見：香港・文樂出版社，1976 年。河北教育出版社，2001 年。
北京・商務印書館，2010 年 12 月。）

改修宋史：

書　名	卷　數	撰著人	附　考
《宋史質》	100 卷	明・王洙撰	天王正紀十二卷，閏紀一卷，后德外戚傳三卷，宗室世系五卷，宰執年表附傳略七卷，相業傳四卷，直臣傳四卷，文臣傳十卷，吏治傳三卷，使事傳一卷，功臣傳三卷，將相傳三卷，邊將傳三卷，君子傳四卷，忠義傳十卷，孝義傳一卷，列女傳一卷，卓行傳一卷，隱逸傳一卷，小人傳五卷，權奸傳一卷，佞幸傳一卷，叛臣傳一卷，降臣傳一卷，世家二卷，方技一卷，宦者一卷，夷服傳一卷，十五志七卷，道統四卷。
			大旨以明繼宋，列遼金於外國，並削元一代之年號，於宋帝昺之末，即以明太祖之高祖追稱德祖元皇帝者承宋統，後繼以太祖之曾祖祖父，至順帝至正十一年，即以爲明元年，且於恭帝降元後，歲歲書帝在某地云。
《宋史新編》	200 卷	明・柯維騏撰	本紀十四卷，志四十卷，表四卷，列傳一百四十二卷。
			宋史於瀛國公紀附載二王，此書則爲端宗帝昺立紀，終於祥興，又以遼金入外國傳，與西夏高麗等。
《宋史記》	250 卷	明・王維儉撰	是書體例，略同柯作，是書有傳鈔本，藏北京圖書館，迄未刊行，四庫簡明目錄標注，振綺堂汪氏小山堂鈔本宋史記三十冊，存九十四卷，內有趙一清朱筆按語。
《宋史稿》	219 卷	清・陳黃中撰	本紀十二卷，志三十四卷，表三卷，列傳一百七十卷。
			是書蓋就柯、王二氏之作，爲汰繁補遺之功。
			是書未刊，稿本已佚。

〈宋史之改修〉：「明人改修宋史而能畢功者，有三人焉，曰柯維騏、王惟儉、王洙是也。明史文苑，柯維騏傳：「《宋史》與《遼》、《金》二史舊分

三書，維騏乃合之為一，以遼金附之，而列二王於本紀，褒貶去取，義例謹嚴，閱二十年而始成，名之曰《宋史新編》。」又王惟儉傳云：「惟儉苦宋史繁蕪，手刪定自為一書。」洙明史無傳，僅康熙臨海志云，洙著《宋史質》一百卷；考洙為正德十六年進士，維騏為嘉靖二年進士，惟儉為萬歷二十三年進士，洙、維騏二人之世略相接，而惟儉則二氏之後生晚學也。《史質》、《新編》二書，皆著錄於《四庫存目》，一則曰荒唐悖謬，僂指難窮，自有史籍以來，未有喪心病狂如此人者；一則曰維騏強援蜀漢，增以景炎祥興，又以遼金二朝置之外國，大綱之謬如是，區區補苴之功，亦不足道；是其列入存目之意，為由於尊宋統，抑遼金，大觸清廷之忌，意甚顯然。……沈德符《敝帚軒賸語》，稱維騏作《新編》時，至於發憤自宮，以專思慮（見四庫提要引），其用力之精勤，即此可見。茲考《二十二史劄記》所舉宋史疏舛之處，《新編》多已訂正（如《宋史》無夏貴傳，《劄記》曾論及之；而《新編》則為立傳，惟以其降元列入叛臣），是又非《史質》專重義例之比。錢大昕之論《新編》則曰，柯氏用功已深，義例亦有勝於舊史者，惜其見聞未廣，有史才而無史學耳（見本集〈跋宋史新編〉），斯則為平情之論矣。……據錢謙益《列朝詩集小傳》謂惟儉家藏圖籍已沈於汴梁之水，吳興潘昭度曾鈔得副本，趙翼則謂副本雖未遭汴水之厄，亦終歸散失，又謂維騏之書，未及梓行（見《劄記》二十三）。然先是朱彝尊於柯氏《新編》王氏《史記》皆得見之，稱「柯氏合宋遼金三史為一，以宋為正統，遼金附焉，升瀛國公益衛二王於帝紀以存統，正亡國諸叛臣之名以明倫，列道學於循吏之前以尊儒」，歷二十載而成書，可謂有志之士。又謂揭陽王昂撰《宋史補》，台州王洙撰《宋史質》，皆略焉不詳，至柯氏而體稍備。……清乾隆中陳黃中撰《宋史稿》二百十九卷……，按陳氏稿本，今已不可得見，其改修之內容，僅可於錢氏跋中，窺其厓略。愚意乙部之作，以後出者為勝，據陳氏自序，知其用力甚深，補苴實多，且獲見李燾《長編》等書，據以補柯王二氏之缺略。則其勝於前作，自不待言。而錢氏謂與柯氏《新編》在伯仲之間，是於陳作尚有微辭，何耶？蓋柯氏於宋史用力已深，大體略備，義例之精，尤非後來諸作所能及，朱彝尊夏蟲之譏，殊失之過，錢氏生當多忌之世，亦不敢誦言其佳，故僅以二書相伯仲為言，陳書之未能付刊，亦以懼觸時忌之故耳。吾謂與其捨柯書而別為改作，無寧就柯書而詳加訂補，改作則剙始難為功，訂補則因成易為力也。」

50. 台北國立中央圖書館編印《明人傳記資料索引》，台北・文史哲出
　　版社，1965 年 1 月。

　　（另見 1. 台北・文史哲出版社，1978 年 1 月再版。2. 臺灣中央圖書館編
　　《明人傳記資料索引》，北京・中華書局，1987 年 8 月版。）

　　　頁 356，「柯維騏（1497～1574）字奇純，莆田人，潛曾孫。嘉靖二年
進士，授南京戶部主事，未赴引疾歸。專志讀書，門人四百餘。維騏作左
右二銘、講義、問答等篇，訓學者以務實。合宋遼金三史爲一，義例嚴整，
曰《宋史新編》。又有《史記考要》、《莆陽名獻記》、及《藝餘集》等，年
七十八卒。

　　國朝獻徵錄 32 / 45 無名氏撰傳

　　名山藏 96 / 7

　　明史 287 / 5 下」

51. 《福建省　莆田縣志》（全），中國方志叢書・第八十一號，據清・
　　廖必琦、宮兆麟等修，宋若霖等纂，清光緒五年潘文鳳補刊本・民
　　國十五年重印本　影印台北・成文出版社，1968 年 12 月。

　　　頁 416，卷十六，人物，

　　　柯維騏，字奇純，弱冠領鄉薦，登嘉靖癸未進士。爲宮詹黃佐門人。黃
語人曰：「及門固多士，異時無忝鴻儒，柯氏子也。」授南京戶部主事，引疾
歸後，禮臣倡新法。諸京朝官請給，踰三年者咸罷免，維騏在停格，遂矢志
嚴居，鍵關息交以鳴道，著書自許，弟子負笈門下者四百餘人。慨近世竊禪
學以掩孤陋，作《左右銘》。欲學者實志實功實用，而一誠終始，作《講義》，
與生徒問辨心學，講釋經傳，上下千餘言，作《答問》。會宋遼金三史爲一，
尊宋正統。瀛國二王升在帝紀，正亡國諸叛臣之名，升道術於循吏，擊異訂
訛，閱二十寒暑成書，作《宋史新編》。於史記，慨班氏譏評爽實，少孫補綴
亂眞，咸辨正之，作《史記考要》。《莆陽文獻》一書，著自鄭司馬岳，維騏
續撰次之，貴在砥礪名行，次勳業，次文章，作《續莆陽文獻》。雜文及古詩
近體，溫厚典則，藏修之下，時藉自遣，然心不屑焉，作《藝餘集》。至若《河
汾》一傳，借古寓情，斯陶公之詠慶卿也。家食五十年，前後部使者李元陽、
撫臣譚綸等論薦十八疏，隆慶改元給事中。岑用賓御史、尹校疏薦，可備著
述，竟以引年例，詔受承德郎致仕。維騏秉質孝謹，植躬嚴翼，平居不入公
府，儉以濟廉，年七十有八卒。

　　鄉大夫合誄之曰：「才兼述作，學紹程朱。」蓋實錄云。兄維熊，正德丁
丑進士，官工部郎中，有才名。維熊領鄉薦，官龍游知縣，性樸茂。維熊子
本，嘉靖庚戌進士，歷官浙江僉事，為南曹郎時，分司鳳陽。流寇師尚詔，
窺臨淮，將渡黃河，本率兵捍禦之，賊引去。臨淮人為勒碑立祠焉。孫茂竹，
有傳，餘見選舉志。

52. 景印《明清歷科進士題名碑錄》（明・洪武四年至清光緒三十年），台北・華文書局股份有限公司，1969 年 12 月。

　　頁 231，明景泰二年進士題名碑錄，辛未科，賜進士及第第一甲三名，柯
潛（福建興化府莆田縣軍籍）……

　　頁 627，明嘉靖二年癸未科，賜進士出身第二甲，柯維騏（福建興化府莆
田縣民籍）。

53. 徐（熥力）《徐氏筆精》，國立中央圖書館藏本，臺灣・學生書局，1971 年 5 月。

　　頁 721～722，卷七，莆田九老八老，

　　嘉靖初，莆田有逸老會，皆鄉邦之望。都憲林茂達年七十五，憲副吳希
由逸士、林嘉績俱年六十七，御史林季瓊知縣、宋元翰俱年六十五，憲副林
有年年六十四，侍郎鄭岳年六十三，侍郎林富、寺丞李廷梧亦幾六十，有逸
老詩集行於世。隆慶己巳有耆老會，太守鄭弼年七十八，少參雍瀾年七十七，
太守陳敘年七十六，運使林汝永年七十五，主事柯維騏年七十四，太守林允
宗年七十二，尚書康大和年七十一。大和賦詩云：「故里重開耆老會，七人五
百二十三」，後尚書林雲同年六十九，亦與斯會，真太平盛事也。

54. 國立中央圖書館編《臺灣公藏善本書目人名索引》，國立中央圖書館編印，1972 年 8 月。

　　頁 412，柯潛（明）

　　竹巖先生文集十二卷，明光澤堂鈔本，中圖 1016

　　竹巖詩集一卷文集一卷補遺一卷，清文淵閣四庫全書本，故宮 240

　　頁 413，柯維騏（明）

　　宋史新編二百卷，明嘉靖刊本，中圖 129　　史語所 29

55. 金靜庵《中國史學史》（修訂本），台北國史研究室，1973 年 10 月。

　　頁 139〈宋史之改修〉：「宋史成於元末，最為蕪雜，明清二代之士，致力

於改撰者，頗不乏人。考其動機，厥有二端：其一，則元人以宋史與遼金並列，無異李延壽之修南北史，極爲明代學者所不滿，故敘宋亡迄於祥興，而爲衛益二王作紀，置遼金於外國傳，以儕於西夏、高麗，如王洙、柯維騏、王惟儉之徒是也。其二，則取法歐、宋之重修唐書，以訂誤補闕事增文省爲職志，清代研史之士，多主張之，其編纂之要旨，亦欲合三史爲一書，以正元代之非，如陳黃中、邵晉涵、章學誠等人是也。二者之論，各明一義，而皆有是處，未可偏廢。危素於元末，曾與修宋、遼、金三史，而千頃堂書目著錄其《宋史稿》五十卷（錢氏補元史藝文志據之），疑此爲素在史館時所具之稿，非別有所作也。惟明史周敘傳，記其曾祖以立，於元末時以三史體例未當，欲重修而未能，至敘官翰林學士，思繼先志，於正統末，請於朝，詔許自撰，詮次數年，未及成而卒。此則爲改修宋史之最先者。明世宗嘉靖十五年，廷議重修宋史，以禮部尙書兼翰林學士嚴嵩董其事（見明史嵩傳），亦未成書。……」

56. 姜亮夫纂定、陶秋英校《歷代人物年里碑傳綜表》，香港・中華書局，1976 年 5 月。

（另見台北：文史哲出版社，1985 年 2 月。）

頁 448：柯維騏，奇純，莆田，七八，

生於明孝宗弘治十年（丁已 1497），卒於明神宗萬曆二年（甲戌 1574），《明史》卷 287。

57. 趙令揚《關於歷代正統問題之爭論》，香港・學津出版社，1976 年5 月。

頁 160，朱彝尊〈書柯氏宋史新編後〉：宋遼金元四史。惟金史差善。其餘潦草牽率。豈金匱石室之所宜儲。柯氏撰新編，會宋遼金三史爲一，以宋爲正統，遼金附焉。升瀛國公益衛二王於帝紀以存統，正亡國諸叛臣之名以明倫。列道學于循吏之前以尊儒。歷二十載而成書，可謂有志之士矣。先是揭陽王昂撰《宋史補》，台州王洙撰《宋元史質》，皆略焉不詳，至柯氏而體稍備。其後臨川湯顯祖義仍、祥符王維儉損仲、吉水劉同升孝則，咸有事改修。湯劉稿尙未定，損仲《宋史記》沉於汴水，予從吳興潘氏鈔得，僅存。然三史取材，紀傳則有曾鞏、王偁、杜大圭、彭百川、葉隆禮、宇文懋昭；編年則有李燾、楊仲良、陳均、歐陽守道；禮樂則有聶崇義、歐陽修、司馬光、陳祥道、陳暘、陸佃、鄭居中、張暐；職官則有孫逢吉、陳騤、徐自明、

許月卿；輿地則有樂史、王存、歐陽忞、稅安禮、王象之、祝穆、潘自牧；
志外國則有徐兢；著錄則有王堯臣、晁公武、鄭樵、趙希弁、陳振孫；類事
則有徐夢莘、孟元老、李心傳、葉紹翁、呂中、馬端臨、趙秉善；述文則有
趙汝愚、呂祖謙。諸書具在，以予淺學，亦曾過讀。其他宋金元人文集，約
存六百家，郡縣山水志，以及野史說部，又不下五百家。及今改修，文獻尚
猶可徵，予嘗欲據諸書考其是非同異，後定一書。惜乎老矣，未能也。

58. 中外出版社辭典編輯組《中國古典文學辭典》，香港・中外出版社，
　　1976 年 11 月。

　　頁 362：柯維騏（公元 1479～1574 年），明莆田人。字奇純。嘉靖進士；
授南京戶部主事，未赴，專志讀書。隆慶初，授承德郎，致仕卒。維騏學行
純篤，常訓學者以務實，專究史書，嘗合宋、遼、金三史爲《宋史新編》，義
例嚴整，閱二十年始成；又著有《史記考要》、《莆陽文獻記》等書。

59. 《明代名人傳》Dictionary of Ming Biography 1368～1644, L. Carrington
　　Goodrich,Editor　Chaoying　Fang（房兆楹）, Associate Editor,1976
　　Columbia University Press,New York and London.

　　pp 721 Ko Wei-Chi 柯維騏（T 奇純 H 希齋）,1497～1574,historian,came
from a scholar-official family in Pu-tien 莆田,the prefectural city of Hsing-hua 興
化,Fukien.

　　One of the distinguished members of his family was his great-granduncle,Ko
Chien 潛（T 孟時 H 竹巖,1423～73）,who headed the chin-shih list of 1451 and
served successively as compiler（1451～64）and as chancellor of the Hanlin
Academy（ 1464 ～ 74 ）.In addition to participation in several official
compilations,he left a collection of Writings known as Chu-yen wen-chi 竹巖文
集,12 ch.,edited and printed by Ko Wei-chi; a manuscript copy of this is preserved
in the Peiping National Library and is available on microfilm（no.993）.An enlarged
version in 18 chuan,together with Supplement and appendix,was printed in
1733.Ko Wei-chi』s father,Ko Ying 英（T 汝傑 H 西波,cs 1499）,served as prefect
of Hui-chou 徽州（An-hwei）from 1508 to 1510.

　　He had four sons,Ko Wei-chi being the youngest.

　　Ko-Wei-chi graduated as chu-jen in 1516,and achieved the chin-shih in 1523.

Following this Ko received an appointment as secretary of a bureau in the ministry of Revenue at Nanking,but was unable to assume office because of illness.When he Finally recovered,a new regulation introduced by the ministry of Personnel（January,1530），stipulating that officials who had failed to take office for more than three years,after the initial offer,be denied appointment.As a consequence,Ko Wei-chi remained at home,and devoted the rest of his years to Teaching and scholarship.His reputation attracted a large number of students. He exhorted them to serious study and discouraged them from taking short cuts in the effort to enter officialdom.He also emphasized the principles of reverence and dedication,holding that the nourishment of these virtues would lead to a harmonious union with the cosmological order. In the following decades,two officials,the censor Li Yuan-yang 李元陽（T 仁甫 H 中谿,1497～1580,cs 1526），and the governor of Fukien, Tan Lun （q. v.），reportedly submitted memorials recommending him for an appointment,but met with a negative response from the court. According to report,when Pu-tien was occupied by the pirates in December,1562,Ko suffered serious losses and lived his remaining years in considerable poverty. About 1567 the secretary of Reveue at Nanking,Tsen Yung-ping 岑用賓（T 允穆 cs1559），is said to have recommended him again.This time,because of his age,Ko received only the honorary rank of cheng-te-lang 承德郎（6b），a title usually reserved for scholars distinguished in his branch of scholarship. He died shortly afterwards at the age of seventy-seven.

　　Ko Wei-chi owes his reputation to his labors as a historian.His monumental work is Sung-shih hsin-pien 宋史新編 , 200 ch.,being a revision of the official history of the Sung dynasty published in 1345,in which the Yuan-appointed editors denied the Sung a place as the only legitimate dynasty by putting its history on the same level as those of the Liao and Chin. During the Ming dynasty several attempts to rewrite the Sung history failed to materialize;this included an official one in 1536（see Yen Sung）.

　　It was Wang Chu 王洙（T 崇教　H 一江，cs 1521），a contemporary of Ko Wei-chi,who after sixteen years,labor produced the first new Sung history called Sung-shih chih 質，100 ch.（preface 1546），which is still extant.Wang』s work,however,is considered in-ferior to that of Ko.

Ko apparently started his project about 1530 and brought it to completion before 1555. He placed the chronicles of the Liao and Chin in the "accounts of foreign nations" along with those of the Hsi-hsia,thereby legitimizing the Sung as the ruling House according to Chun-chiu principles. He also restored the imperial title of the Last Sung emperors and accorded each of them a biography in the "imperial annals" which had been denied hitherto.In addition Ko rearranged the order of the biographies,assigning the first place to the neo-Confucian philosophers（tao-hsueh 道 學） instead of to the upright officials as in the official history.There is a story that Ko,wanting to concentrate on his work,castrated himself to keep from being disturbed by sensual and sexual thoughts.This anecdote,fanciful as it seems,may Indicate Ko's deep devotion to his project.The Sung-shih hsin-pien was printed sometime around 1557;the original edition includes a preface by Huang Tso（q.v.）, Dated 1555,and a postscript by Ko』s townsman,Kang Tai-ho 康太和（T原中H礪 峰），cs 1535;1499～1578）,dated 1557.Though criticized by the compilers of the Ssu-Ku catalogue for its bias in favor of the Chinese,Ko』s new Sung history is noted for its correction of errors,for elimination of duplicate sources,and for the addition of newbiographies and chronological tables. It received praise from the eminent Ching historian Chien Ta-hsin（ECCP）,though he also criticized it for its lack of new sourcematerials.Ko's work was later modified and expanded by Wang Wei-chienm 王惟儉（T損仲，cs 1595）,who renamed it Sung-shih chi 記，250 ch.;this work,however, survives in manuscript only.A modern edition of the Sung-shih hsin-pien was reprinted in a single volume in 1936.

In addition Ko wrote an emendation of the Shih-chi, entitled Shih-chi kao-yao 史記考要，10 ch. The original edition of this work may have been lost,but excerpts have been incorporated in the Shih-chi ping-lin 評林 by Ling Chih-lung 凌稚隆（T 以棟　H磊泉），completed in 1576. Ko's other works,including a collection of writings,the I-yu chi 藝餘集，14 ch.,appears to have been lost. A selection of his poetry has been preserved in the Chuan Min Ming shih chuan 全閩明詩傳 （1889），edited by Kuo po-tsang　郭柏蒼.

Bibliography

1 / 152 / 11b , 287 / 5b ; 5 / 18 / 61a, 32 / 45a ; 8 / 54 / 23a ; 40 / 39 / 25a ; 64 / 戊 15 / 10a ； MSL （1965），Shih-tsung,2556;Shen Te-fu,Wan-li yeh-hu pien,pu-I,4/922; Chu I-tsun （ ECCP ）,Pu-shu-Ting chi,45/7b;SK （1930），50/10a;Pu-tien-hsien chih（1879），13 / 27a, 16 / 27a, 17 / 33a ; Tu Ching-lan 涂慶瀾，Pu-yang wen-chi 莆陽文輯（1899），3 / 42a;Kuo po-tsang,ed., Chuan Min Ming shih chuan,19 / 10b ； Nei-ku tsang-shu mu-lu 內庫藏書目錄 （1913ed.），3 / 48a; Huang Yun-mei 黃雲眉, "Yu-Hsia chu-chan lun kai-hsiu Sung-shih chu-chia shu," 與夏瞿禪論改修宋史諸家書，Wen-lan Hsueh-pao 文瀾 學報，2：1（1936）; Chin Yu-fu 金毓黻，Chung-kuo shih-hsueh shih 中國史學 史（1957 ed.），139; L. of C. Catalogue of Rare Books,128.

Hok-lam Chan

60. 王洙撰《宋史質》，台北・大化書局，1977 年 5 月。

王德毅〈由宋史質談到明朝人的宋史觀〉：

明初去宋未遠，可徵的文獻很多，恐不止如朱氏（彝尊）所說的宋元文集六百家、郡志野史雜說五百家，柯維騏的新編雖成書二百卷，太半簡化宋史而成，所增補糾謬並不太多，如宋史中程師孟一人兩傳，新編中因循不改，兩傳大同小異，實為失當。

61. 饒宗頤《中國史學上之正統論：中國史學觀念探討之一》，香港・龍門書店，1977 年 9 月。

頁 53～54，明代改修《宋史》有三家：曰王洙、曰柯維騏、曰王惟儉。洙撰《史質考》，敘略云：「《史質》所以首天王，故正閏紀以象數，條款以象辰，目錄以象月，始終以象數，法天道也。假宋人行事之實，明《春秋》一統之義，視諸遷、固、歐、蘇，文質異矣。」全書有目卅，起「天王正紀第一」、「天王閏紀第二」，「至道統第三十」。其閏紀即元，自云：「閏者，歲之差也；本末相因，理亂相禪；胡元者，趙宋之閏位，昭代之驅除也，皇天命也。」秦鳴夏為之序稱「一江王子取（《宋史》）而芟薉蒻截之，存舊十二，而典章文獻，靡不具存，乃若明帝紀之正閏，志道統之斷續，則又超然獨得，可以俟後聖而不惑者。」又稱：「胡元繼宋，以混函夏，脫脫、阿魯圖諸儒實典史局，其時與人俱出（劉）昫下，而王子所著則上追歐宋，詎必多讓。」方之《新唐書》，則屬過情之譽；《四庫提要》稱其書荒唐悖謬，可焚可斧，則又太過矣。

　　柯維騏（奇純）之撰《宋史新編》，黃佐爲之序云：「宋舊史成于元至正己酉，脫脫爲總裁，契丹、女眞亦各爲史，與宋並稱帝，謂之宋、遼、金三史。是時纂修者，大半虜人，以故是非不分，冠屨莫辨。景泰間，翰林學士吉水周公敘嘗疏于朝，自任筆削，事竟弗成。」是柯氏之前，有人欲改編《宋史》而未果。柯氏凡例言「會三史爲一，而以宋爲正，遼、金與宋之交聘、交兵，及其卒其立，附載本紀仍詳君臣行事爲傳，列于外國與西夏同，庶幾《春秋》外夷狄之義。」此本書之宗旨也。

　　〈凡例〉又稱：元人修三史「以帝王之統在遼、金也。按金楊興宗當宋南渡，著《龍南集》明正統所在，元楊維楨聞修三史，作〈正統辨〉，謂遼、金不得與，斯足徵脫脫等纂輯之謬矣。」柯氏以楊興宗之文與楊鐵崖相提並論。《千頃堂書目》有楊興宗《龍南集》，高陵人；錢大昕補〈元史藝文志〉、龔顯曾〈金藝文志補錄〉同，倪燦補〈金藝文志〉誤作楊與宗，管廷芬《宋詩鈔補》楊興宗，字似之。元遺山《中州集》八錄興宗〈出劍門詩〉一首。云：「宋既渡江，故興宗有《龍南集》，余同舍郎關中楊美君嘗見之。」其集名「龍南」，意者指龍飛南渡乎？明時柯維騏必曾覩其書，今則不可見矣。

　　錢大昕跋柯書稱其義例亦有勝于舊史，惜其見聞未廣，有史才而無史學耳。（《潛研堂集》卷 28）柯書尊宋統，而附遼、金，康大和序謂其與《朱子綱目》之黜吳、魏而帝昭烈，正統以明。柯氏書屢引《世史正綱》，其改女直爲女眞，不避諱，蓋從明人修《續通鑑綱目》云。

　　王惟儉《宋史記》，現存抄本（港大馮平山圖書館藏），共二百五十卷。舊《宋史》景炎無年，祥興失記，又降帝昺爲瀛國，此則更瀛國爲帝昺，而增入端宗、帝昺二紀。於耶律氏通稱曰遼，元世祖之先號曰蒙古，至建有國號始定爲元，此爲其書法也。今錄凡例于資料三，以供參考。

　　頁 332～335，柯維騏　宋史新編凡例
　　頁 336～338，黃佐　　　宋史新編序，附王鳴盛論《宋史》改修
　　頁 339　　　　康大和　宋史新編後序
　　頁 340～341，王惟儉　宋史記凡例
　　頁 384，饒宗頤〈後記〉：「本編網羅較富，學者試取趙書（趙令揚《關於歷代正統問題之爭論》）比觀之，詳略正可互參。輯錄資料，每著按語，隱義微言，間有抉發，非徒鈔胥而已。其本正統觀點改寫之史籍，若蕭、郝、謝

之於季漢，柯、王輩之於《宋史》，序例甚繁，茲備錄之，一以存原書之眞貌，一以見諸家之史見。柯氏例言於《宋史》疏漏，多所指摘，有裨考史；謝書眾序，時有勝義，故不避煩濫，附載之以示例，用免翻檢之勞。餘若有關道統及釋氏正統史書，略舉一二，不遑多及。」

62. 《宋代書錄》 A Sung Bibliography（Bibliographie des Sung）Initiated by Etienne Balazs, Edited by Yves Hervouet, The Chinese University Press, The Chinese University of Hong Kong, Hong Kong, 1978.

　　頁 26，Tai His（戴溪）.He died when he took up these last posts, at the age of 64 Sui according to the Sung-shih hsin-pien 宋史新編 165（thus his dates given above by Question mark）.

63. 西諦〈中國文學年表〉，載鄭振鐸編《中國文學研究》，台北・國泰文化事業有限公司，1980 年 1 月。

　　頁 813，公元一四九七年（弘治十年丁巳）
柯維騏生。

64. 朱保炯、謝沛霖《明清進士題名碑錄索引》，上海古籍出版社，1980 年 2 月。

　　（版本另見：上海古籍出版社，1998 年 4 月。）
　　頁 1358：維騏　　福建莆田　　　明嘉靖 2 / 2 / 90
　　頁 2509：嘉靖二年癸未科（1523）
　　　　　　　第二甲一百四十二名：柯維騏

65. 黃雲眉《史學雜稿訂存》，山東・齊魯書社，1980 年 4 月。

　　頁 220〈與夏瞿禪論改修宋史諸家書〉：「……厥後乃有王洙《宋史質》，柯維騏《宋史新編》二書。王書旨在以明繼宋，柯書亦夷遼金于外國，皆爭正統以自矜義例，由今觀之，但覺可嗤，然柯氏窮二十年之力，且自宮以專意慮，始成此書，其間不無一二可取之處，要非王氏之胆粗手快，但以任意抹殺爲史法者比也。」

66. 劉節《中國史學史稿》，中州書畫社，1982 年 12 月。

　　「《宋史》成于元末，學者都以爲蕪雜舛謬，皆出于纂修者之疏忽速成。明、清兩代學者，有意從事改編者不乏其人。其發端之動機有二：其一，以元人所修《宋史》與遼、金並列，與李延壽之修《南北史》相同。故敘宋亡

訖于祥興，而爲衛、益二王作紀，置遼、金于外國傳，以與西夏、高麗並列。因此明人如王洙、柯維騏、王維儉之流，是一個例子。其二，是取法歐陽修、宋祁重修《新唐書》之例，以訂誤補闕，事增文省爲目的。精研史學之士，如清人陳黃中、邵晉涵、章學誠之流，都作此計劃。我們在這裏只能就明代的幾部新修《宋史》，作一例子來說。

明朝嘉靖十五年，有重修《宋史》之議（據金氏《史學史》引吳廷燮說，蓋據《明實錄》）。現在所說三位改編《宋史》的，都是明代中葉以後的人。《明史》卷二百八十七〈柯維騏傳〉：「維騏字奇純，莆田人。……嘉靖二年進士。……

《宋史》與遼、金二史舊分三書，維騏乃合之爲一。以遼、金附之，而列二王（益王、衛王）于本紀。褒貶去取，義例嚴整，閱二十年而始成，名之曰《宋史新編》。」《四庫全書》以是書入別史類存目。並云：「維騏『居家三十載，乃成是書』。沈德符《敝帚軒剩語》稱其作是書時，「至於發憤自宮，以專思慮，可謂精勤之至」書成，凡本紀十四卷，志四十卷，列傳一百四十二卷，表四卷，總共二百卷。其書今有刻本。《二十二史箚記》所舉《宋史》疏舛處，柯氏是書多已訂正之。惟《宋史》之佳處在詳，而且宋代所遺留之史料甚多，僅僅訂正舊史之疏誤，尚不足以言完成任務。錢大昕曾有評論，見《潛研堂集》卷二十八，謂其書：「用功已深，義例亦有深于舊史者。惜其見聞未廣，有史才無史學耳！後之有志于史者，既無龍門、扶風之家學，又無李淑、宋敏求之藏書，又不得劉恕、范祖禹助其討論，而欲以一人之精力成一代之良史，豈不難哉」！這個批評，是很得當的。」

67. 宋晞編《宋史研究論文與書籍目錄》，台北・中國文化大學出版部，1983 年 8 月。

頁 125，王德毅〈由宋史質談到明朝人的宋史觀〉，臺大歷史學報 4 期，1977 年 5 月，頁 221～234。

68. 郭紹虞《照隅室古典文學論集》上編，上海古籍出版社，1983 年 9 月。

頁 548〈明代的文人集團〉：「（二九）耆老會

周嬰《巵林》卷四〈耆老〉條謂：「隆慶己巳，莆田有耆老會。太守鄭弼，年七十八；少參雍瀾，七十七；太守陳敘，七十六；運使林汝永，七十五；主事柯維騏，七十四；太守林允宗，七十二；尚書康大和，年七十一。大和賦詩云：「故里重開耆老會，七人五百二十三。」後尚書林雲同，年六十九，亦與會。」

69. 吳海林、李延沛編《中國歷史人物辭典》，哈爾濱市・黑龍江人民
　　出版社，1983 年 11 月。

　　頁 476，【柯維騏】（1487～1574），明史學家。字奇純。福建莆田人。嘉
靖進士。授南京戶部主事，未就職。專心讀書，門人前後達四百餘人。著《宋
史新編》，合宋遼金三史爲一書，而以宋爲正統。其他著作尚有《史記考要》、
《續莆陽文獻志》及詩文集等。

【柯奇純】見柯維騏

70. 王民信編《中國歷代詩文別集聯合書目》第十輯，國學文獻館編印，
　　台北・聯經出版公司，1983 年 12 月。

　　頁 204，柯維騏

　　柯維騏集一卷　　明詩綜三十九

71. 周嬰纂《巵林》附補遺，台北・新文豐出版公司，1984 年 6 月。

　　卷 4〈耆英〉，頁 81：

　　「隆慶己巳，莆田有耆老會。太守鄭弼，年七十八；少參雍瀾，七十七；
太守陳敍，七十六；運使林汝永，七十五；主事柯維騏，七十四；太守林允
宗，七十二；尚書康大和，年七十一。大和賦詩云：「故里重開耆老會，七人
五百二十三。」後尚書林雲同，年六十九，亦與會。」

72. 李裕民編《明史人名索引》，北京・中華書局，1985 年 5 月。

　　頁 664，柯維騏（奇純）

　　　　　24 / 287 / 7366

　　　　　8 / 97 / 2380

　　　　　8 / 97 / 2389

　　　　　8 / 99 / 2479

73. 尹達《中國史學發展史》，中州古籍，1985 年 7 月。

　　《宋史新編》二百卷，紀傳體，明朝柯維騏（1497～1574 年）撰。明人
以宋爲正統，認爲元修《宋史》與遼、金二史並列，于義未妥，故有重修宋
史之議。柯維騏遂合元修三史爲一書，增加衛王、益王（即瑞宗、趙昺）本
紀，置遼、金于外國傳，與西夏、高麗同列。在柯書前後出現的還有王洙《宋
史質》、王維儉《宋史記》，大旨都是以明繼宋，體例亦相近。

74. 張孟倫《中國史學史》，甘肅人民出版社，1986 年 1 月。

元末撰修《宋史》牽率潦草，問題不少。當時周以立以爲體例不當，即想改修。至明英宗正統年間（1436～1449），他的孫兒子周敘（永樂進士）繼承先人志願，上請于朝，詔許自撰，銓次幾年，未成即死。世宗嘉靖（1522～1566）初年，朝廷又議更修《宋史》，用嚴嵩董理其事，亦未有成。至于揭陽王昂撰《宋史補》，既疏略不詳；台州王洙（正德進士）修《宋史質》，則別創義例，將遼、金列在外國；甚至以明繼宋，將元的年號全都刪掉，以明正統是在漢族，是亦太過其分了！

直到嘉靖三十四年（1555），莆田柯維騏（柯潛曾孫，嘉靖進士），閉門謝客，發憤自宮（明·沈德符《敝帚軒剩語》），歷經二十年，始成《宋史新編》，具見精勤之至。其書宗旨：第一，在明正統。以爲遼、金雖曾與宋抗衡，各建國百年，不過西夏邊夷之屬，故合宋、遼、金三史成一新編，以宋爲正統，而列遼、金與西夏同爲外國。並改降元受封的瀛國公爲帝顯；且以崎嶇閩、廣之間的端宗、帝昺入本紀，以正三帝的正統。第二，駁正《宋史》。諸如：前史無《公主傳》，《宋史》有之，故削去而以其中的重大史事，附于各傳。《宋史》沿襲《新唐書》立《宗室表》，無關戒鑒，削之。《宋史》依照《新唐書》，本紀不錄詔令，而詔令攸關一代政治上的大事，故準兩漢體例，補之。《宋史忠義傳》，不列文天祥、謝枋得、江萬里、李庭芝，殊失立傳的本旨，故亦一一補入該傳。此外，逸漏的，給予補充；紕繆的，爲之糾正；實爲修改得較好的一部宋史。

75. 中國史學史辭典編纂委員會編《中國史學史辭典》，台北·明文書局，1986 年 6 月。

（另見台北·明文書局，1990 年 3 月版）

頁 238【柯維騏（1497～1574）】明福建莆田人，字奇純。嘉靖進士，授南京戶部主事，因病未赴任。登第五十年，終身未服一日官，專心讀書，講學著述，門人前後多達四百餘。他疾憤學者貪圖輕易怕下苦功，且引用佛教、道教之說以掩蓋淺陋，遂提倡學風上求務實，以端正心術爲實志，認眞實踐爲實功，以期成爲實用人才。前後用二十年時間，以宋爲正統改編宋、遼、金三史爲《宋史新編》。又著有《史記考要》、《續莆陽文獻志》及詩文集等。
（高振鐸）

76. 清・潘介社纂輯《明詩人小傳稿》，台北・國立中央圖書館，1986 年。

　　頁 86，「柯維騏字奇純，莆田人。嘉靖癸未進士，官南京戶部主事，未任而歸。閉戶讀書，五十年放意著述，以宋遼金元四史，潦草率率，撰新編二百卷，會宋遼金三史為一，以宋為正統，遼金附焉。有《藝餘集》十四卷。」

77. 顧吉辰 著《〈宋史〉比事質疑》，北京・書目文獻出版社，1987 年 5 月。

　　頁 1，顧吉辰〈自序〉：〈宋史〉問世後，自明清以來，不少學者對它的批評甚多，並就其訛誤矛盾之處，如一人兩傳，無傳而說有傳，一事數見，有目無文，紀與傳，傳與傳，表與傳，傳文與傳論之間牴牾等等，曾下了一番功夫，作了匡謬。明柯維騏撰《宋史新編》二百卷，合宋、遼、金三史為一史，以《宋史》為主，遼、金附之，嚴定義例。然柯氏僅引洪邁《容齋隨筆》辨正向敏中、李宗諤等數件事，未能旁及其他，故訂訛不多。

78. 北京圖書館編《北京圖書館古籍善本書目》（全五冊），北京・書目文獻出版社，1988 年。

　　頁 1210，

柯子答問六卷，明柯維騏撰，吳大揚、方文沂輯，明隆慶四年刻本，二冊，九行十八字白口四周單邊。15270

79. 丁守和編《中華文化辭典》，廣東人民出版社，1990 年 5 月。

　　頁 1040，「【柯維騏】（1497～1574）明代史學家，字奇純，福建莆田人。嘉靖進士，授南京戶部主事，未赴而引疾歸。登第五十年，未嘗一日做官。終身專心讀書，講學著述，從學門人先後四百餘人。慨嘆學者喜簡易省力而憚刻苦治學，尚空言以掩飾淺陋，乃教導學者端正思想，刻苦實踐，致力于經世致用，倡導務實之風。將《宋》、《遼》、《金》三史合而為一，以宋為主，以遼、金附之，用二十年工夫撰成《宋史新編》。又著有《史記考要》、《續莆田文獻志》及詩文集。」

80. 邱樹森編《中國史學家辭典》，河北教育出版社，1990 年 9 月。

　　頁 282，柯維騏（1497～1574），明莆田（今屬福建）人，字奇純。嘉靖進士。授南京戶部主事，因病未赴。專志讀書，講學授徒，門生多達四百餘。提倡務實學風，以端正心術為實志，認真實踐為實功，以造就實用人才。有《宋史新編》二百卷。合宋、遼、金三史為一書，先後歷時二十年而成書。

計本紀十四卷，志四十卷，表四卷，列傳一百四十二卷。該書以宋爲正統，附以遼、金與西夏、高麗同列爲外國。對《宋史》雖有所考訂，但刪節過多，史料價值有限。另有《史記考要》、《續莆陽文獻志》、《藝餘集》等。

81. 上海古籍出版社、上海書店編《二十五史紀傳人名索引》，上海古籍出版社、上海書店，1990 年 12 月。

　　　頁 706：柯維騏　明史上 10・287・8577・1

　　　　　　　　中 24・287・7366

82. 馬良春、李福田編《中國文學大辭典》（1～8 卷），天津人民出版社，1991 年 10 月。

　　（另見《中國文學大辭典》（1～10 卷），天津人民出版社，百川書局出版
　　　部主編，台北市・百川書局印行，1994 年 12 月。）

　　　頁 3566～3567，【柯維騏（1497～1574）】

　　　頁 4137『柯維騏』條，

　　明代詩文作家，史學家。字奇純。莆田（今屬福建）人。嘉靖二年（1523）進士，授南京戶部主事，因病未赴任。登第 50 載，未嘗一日爲官，專心讀書，講學著述，門人先後達 400 餘人。他前後用 20 年的時間，以宋爲正統改編宋、遼、金 3 史爲《宋史新編》。另著有詩文集《藝餘集》14 卷。

　　他學問淵博，但作詩並無多少書卷氣，頗富情趣，如〈九日集東山〉：

　　　登高直到石岩顛，滿目雲山秋可憐。

　　　僧影夕陽紅樹裡，蘆花野水白鷗前。

　　　寒天搖落仍幽事，淨社招携有宿緣。

　　　共把深杯對叢菊，不妨短鬢趁流年。

　　從有些野味的景色中聯想到隱居生活，較爲自然。又如〈宏路驛〉：

　　　雨歇江天淨，山回驛路遲。客愁新歲減，風物故鄉宜。

　　　花事餘梅蕊，樵歌掇竹枝。只慚司馬病，深負好文時。

從有生氣的景色裡反襯自己多病的苦惱，也頗爲妥帖。有人說其詩以積學勝人，似是指其精於構思。但其詩邊幅稍窄，格局欠宏，成就不高。（尹恭弘）

83. 趙忠文編《中國歷史學大辭典》，吉林省延吉市・延邊大學出版社，1992 年 12 月。

　　柯維騏（1497～1574）字奇純。明福建莆田人。嘉靖進士，終身未仕，

潛心讀書，歷時二十年撰成《宋史新編》200 卷，合宋、遼、金三史爲一，以宋爲正統，遼、金附之，義例勝於舊史，用功頗深。又著有《史記考要》、《續莆陽文獻志》等。

84. 宋衍申主編《中國史學史綱要》，長春・東北師範大學出版社，1992年 12 月。

頁 236，柯維騏與《宋史新編》：

《宋史》撰於元末，倉促速成，向稱蕪雜；又，元修《宋史》，與金、遼並列，明人以爲如此則無以明正統。所以，自嘉靖以後，漸有學者從事改編工作，柯維騏即是這類學者中成就較高的一位。

柯維騏（1497～1574），字奇純，福建莆田人，嘉靖二年（1523）進士。《明史》本傳載：「《宋史》與遼、金二史舊分三書，維騏乃合之爲一，以遼、金附之，而列二王（益王、衛王）於本紀。褒貶去取，義例嚴整，閱二十年而始成，名之曰《宋史新編》。」今天看來，《宋史新編》的成就，並不在於它的「義例嚴整」，而是它訂正了舊史的許多疏誤。此著本紀 14 卷，志 40 卷，列傳 142 卷，表 4 卷。

85. 王和編《二十六史大辭典・人物卷》，吉林人民出版社，1993 年 9 月。

頁 1161，柯維騏（1497～1574）：字奇純，莆田人，潛曾孫。嘉靖二年（1523）進士，授南京戶部主事，未赴以疾歸。謝絕賓客，專志讀書，門人日進，先後四百餘人，訓學者以務實。其登第五十載，未曾一日赴官，萬曆二年（1574）卒，年七十八。著有《宋史新編》、《史記考要》、《莆陽名獻記》及《藝餘集》等。（《明史》卷 287）

86. 吳文治著《中國文學史大事年表》（下），合肥市・黃山書社，1993年 12 月。

頁 2134，1497 年，柯維騏生（　～1574）。

頁 2220，1523 年，癸未，春，柯維騏、潘恩、顧夢圭、魏良弼、徐階登進士第。柯維騏授南京戶部主事，未赴任。

頁 2316，1574 年，柯維騏卒（1497～　），年七十八。維騏字奇純，莆田（今屬福建）人。嘉靖進士。授南京戶部主事。引疾未赴。專心讀書著述，累荐不出。隆慶初，廷臣復荐，以年高但授承德郎。致仕，卒。曾合宋遼金三史爲《宋史新編》，另著有《史記考要》、《續莆陽文獻志》及詩文集等。

87. 陳建才主編《八閩掌故大全：姓氏篇》，福州‧福建教育出版社，
    1994 年 1 月。

    頁 129，莆田柯、李進士家：

    明代，莆田有柯英與李春芳兩家五代出進士。

    柯英，孝宗弘治十二年（1499 年）進士。長子維熊，武宗正德十二年（1517
    年）進士。次子維騏，世宗嘉靖二年（1523 年）進士。孫柯茂，世宗嘉靖二
    十九年（1550 年）進士。曾孫柯茂竹，神宗萬曆十一年（1583 年）進士。玄
    孫柯昶，萬曆三十二年（1604 年）進士。柯英一家五世六進士。

88. 馮惠民、李萬健等選編《明代書目題跋叢刊》，北京‧書目文獻出
    版社，1994 年 1 月。

    頁 217，（明）焦竑《國史經籍志》五卷附錄一卷。

    卷三，史類，《續莆陽文獻志》二十卷，柯維騏；

    卷五，集類，柯維騏《藝餘集》十卷。

89. 何茲全主編《中國大事典》，北京‧中華工商聯合出版社，1994 年
    2 月。

    頁 1670，柯維騏，奇純，1497～1574，福建莆田，

    明史學家，授官未就，專門讀書，門人達四百人。

    著《宋史新編》，合宋、遼、金三史為一書。

    尚有《史記考要》、《續莆陽文獻志》等。

90. 中國科學院圖書館編《中國科學院圖書館藏中文古籍善本書目》，
    北京‧科學出版社，1994 年 3 月。

    頁 78，史部 紀傳類 斷代，

    史 200　035 宋史新編二百卷，明柯維騏撰，明嘉靖刻本，四十八冊十函

    史 200.51 091，243026-65 宋史新編二百卷，明柯維騏撰，明嘉靖刻本，
    　　　　　　　　　　　　四十冊四函

    　　　　　2902268-97 宋史新編二百卷，明柯維騏撰，明嘉靖四十三
    　　　　　　　　　　　年杜晴江刻本，三十五冊五函，存三十九卷，
    　　　　　　　　　　　卷一至三十九。

91. 潘德森《中國史學史》，臺北‧五南，1994 年 5 月。

    頁 292：「由於《宋史》存在不少問題，所以有人作改寫的嘗試。明代柯

維騏，為了專心改寫宋史，竟然採取「自宮」的辦法。他以宋為正統，遼、金為附庸，合三史為一史，經過二十年的努力，旁徵博引，考訂偽誤，增補缺漏，修成《宋史新編》二百卷。這部書對《宋史》謬誤雖多有訂正，但見聞不廣，在史料上很少有所增補；至於以宋為正統，尤屬偏見。」

92. 周佳榮、劉詠聰編《當代香港史學研究》，香港三聯書店，1994 年
　　5 月。

　　頁 22：「明人的宋史著作，以柯維騏《宋史新編》較受注意，先後有孫廣海〈柯維騏宋史觀發微〉（香港大學文學碩士論文，1983 年）及陳學霖〈明代之宋史學──柯氏《宋史新編》述評〉（香港大學「國際明清史研討會」論文，1985 年 12 月）兩文。」

93. 翁忠言主編《莆田縣志》，中華人民共和國地方志・福建省，莆田
　　縣地方志編纂委員會編，北京・中華書局出版，1994 年 10 月。

　　頁 1052，第三十八篇　人物，柯維騏　（1497～1574），

　　柯維騏，字奇純，號希齋，小柯山人（今城廂區梅峰街烏石尾人），明弘治十年（1497）出生。正德十一年（1516），維騏中了舉人。嘉靖二年（1523），登進士第，授南京戶部主事，引病告歸。時張孚敬當權，規定：「京朝官病滿三年者概罷免」。他恰在罷免之列，從此，無意仕進，潛心讀書，以「明道著書」為己任。四方從學者先後達四百多人。當時，讀書人往往「竊禪學以掩孤陋」。維騏有感於此，作《左銘》和《右銘》諷喻世人，並著《講義》二卷，教人實志、實功、實用，而以「誠」貫其始終。又和生徒辨析良知之學，講解儒家經傳，寫成《經義答問》一書。

　　維騏精於史學，元代官修《宋史》，「其文繁猥特甚，敘事舛謬疏略」，久為史學界所非議。他將《宋史》和《遼史》、《金史》合為一書，「尊宋為正統」，「遼、金附之」。敘宋亡迄於祥興，為益、衛二王作《紀》，「擊異訂訛」，歷時二十年寫成，合二百卷，名為《宋史新編》。康大和在〈後序〉裏贊其「得敘」、「得要」、「得體」、「得義例之精」。對於司馬遷的《史記》，維騏認為「班氏譏評爽實」，「少孫補綴亂真」，都加以辨正，作《史記考要》十卷。又續鄭岳的《莆陽文獻》作《續莆陽文獻志》二十四卷。所著尚有《藝餘集》、《雜著》以及《河汾傳》等。

　　維騏家居五十年，中經倭寇之亂，住屋燒毀，生活十分貧困。部使者李元陽、巡撫譚綸等，多次上疏論薦，但他都沒有出來做官。隆慶元年

（1567），給事中岑用賓和御史尹校又疏薦他「可備著述」，終以年老，授承德郎致仕。

萬曆二年（1574），維騏病逝於家，終年 77 歲。今東岩山下柯氏宗祠，即維騏當年著述的地方。

頁 1091，第二章　人物表

第一節　歷代進士表（節錄莆田柯氏）：

年　代	年　號	姓　名
明	景泰二年（1451）	柯潛
	成化二年（1466）	柯燉
	弘治六年（1493）	柯拱北
	弘治十二年（1499）	柯英
	正德十二年（1517）	柯維熊
	嘉靖二年（1523）	柯維騏
	嘉靖二十九年（1550）	柯本
	萬曆十一年（1583）	柯茂竹
	萬曆三十二年（1604）	柯昶
	崇禎十三年（1640）	柯載
	崇禎十五年（1642）	柯士芳

94. 王寶平主編《中國館藏和刻本漢籍書目》，杭州・杭州大學出版社，（日本文化研究叢書）1995 年 2 月。

頁 119，史部・紀傳類，

《宋史新編》二百卷，（明）柯維騏撰，

日本天保六年（1835）翻刻明嘉靖本

北大　人大　川大

95. 新加坡國立大學中文系主辦國際漢學會議論文選集，林徐典編，《漢學研究之回顧與前瞻》下冊，史學・哲學卷，北京中華書局，1995 年 9 月。

頁 109 趙令揚〈明史研究的問題與難題〉：「至於對宋史研究的狂熱，雖然現代的學者道出這問題時都有自己的意見；但大多肯定明人研究宋史的目的乃在「正宋」，這肯定是沒有錯誤的。但是從來就沒有提到「正宋」的目的

乃希望加速道德重建和重新恢復漢文化的存在價值。當然也警告明人不要再忽視邊疆少數民族可能再度入侵中原的可能性。」

　　頁 112「明人改修宋、遼、金三史較重要而今仍存世的著作有三：其一為柯維騏《宋史新編》（香港：龍門書店，1973，據 1936 年上海大光書局版影印），其二為王洙《宋史質》（台北：大化書局，1977，影印初版，據嘉靖庚戌二十九年（1550）序刊本影印）；其三為王惟（維）儉《宋（元）史記》（香港大學馮平山圖書館所藏手抄本）。三書中，尤以《宋（元）史記》一書最為珍貴，屬海內孤本，詳參饒宗頤編《香港大學馮平山圖書館藏善本書錄》（香港：龍門書店，1970），頁 125～126。有關當時此三家及湯顯祖、歸有光等改修三史之情況，參看饒宗頤《中國史學上之正統論——中國史學觀念探討之一》（香港：龍門書店，1977），頁 53～54；拙著《關於歷代正統問題之爭論》，頁 60；黃雲眉〈與夏瞿禪論改修宋史諸家書〉，載氏著《史學雜稿訂存》（濟南：齊魯書社，1980），頁 220～227；柳詒徵〈述宋史質〉，載《史學雜誌》第 1 卷第 1 期（1929 年 3 月），頁 1～4；張遼青〈讀宋校本王氏宋史記〉，載《國風半月刊》第 5 卷第 10～11 期（1934 年 12 月），頁 51～55；王德毅〈從宋史質談到明朝人的宋史觀〉，載《國立台灣大學歷史學系學報》第 4 期（1977年 5 月），頁 221～234；朱仲玉〈明代福建史學家柯維騏和宋史新編〉，載《福建論壇》（文史哲版）1984 年第 1 期（1984 年 2 月），頁 72～75 頁；陳學霖〈柯維騏宋史新編述評〉，載《國立台灣大學歷史學系學報》第 14 期（1988年 7 月），頁 283～305；日人增井經夫（Masui Tsuneo）〈中國の歷史書——中國史學史〉（東京：刀水書房，1985），頁 169～170；Ferencazy, Mary, "Chinese Historiographer's Views on Barbarian-Chinese Relations，14th—16th Century" ,Acta Orientalia（Budapest）, Vol.21,No 1（1968）, pp.359～362.

96. 《傳世藏書‧史庫‧二十六史 16‧《明史》二》海口‧海南國際新聞出版中心，誠成文化出版，1995 年。

　　卷 287，列傳 175，文苑三，柯維騏，頁 2092～2093：

　　柯維騏，字奇純，莆田人。高祖潛，翰林學士。父英，徽州知府。維騏舉嘉靖二年進士，授南京戶部主事，未赴，輒引疾歸。張孚敬用事，創新制，京朝官病滿三年者，概罷免，維騏亦在罷中。自是謝賓客，專心讀書。久之，門人日進，先後四百餘人，維騏引掖靡倦。慨近世學者樂徑易而憚積累，竊二氏之說以文其固陋也，作左右二銘，訓學者務實。以辨心術、端趨向為實

志，以存敬畏、密操履爲實功，而其極則以宰理人物、成能天地爲實用，作講義二卷。《宋史》與《遼》、《金》二史，舊分三書，維騏乃合之爲一，以遼、金附之，而列二王於本紀。褒貶去取，義例嚴整，閱二十年而始成，名之曰《宋史新編》。又著《史記考要》、《續莆陽文獻志》，及所作詩文集並行於世。

　　維騏登第五十載，未嘗一日服官。中更倭亂，故廬焚燬，家困甚，終不妄取。世味無所嗜，惟嗜讀書。撫按監司時有論薦，不復起。隆慶初，廷臣復薦。所司以維騏年高，但授承德郎致仕。卒年七十有八。孫茂竹，海陽知縣。茂竹子昶，副都御史，巡撫山西。

97. 劉德城、周羨穎　主編《福建名人詞典》，福州・福建人民出版社，1995 年 10 月。

　　頁 99，【柯維騏】（1497～1574）明史學家。字奇純，號希齋、英子。莆田人。

　　柯潛曾孫，嘉靖二年（1523）進士。授南京戶部主事，因病未就職。專心讀書，門生前後數百人。時福建沿海經倭寇騷擾，他家被焚毀，貧病交迫，但終不妄取。著《宋史新編》，合宋、遼、金三史爲一書，以宋爲正統，遼、金附之。嘔心瀝血，歷 30 年而成，對《宋史》謬誤遺漏之處多有訂正、補充。另著有《史記考要》、《續莆陽文獻志》、《藝餘》等詩文集。

98. 金文亨《莆田歷史文化研究》，莆田・廈門大學出版社，1996 年 3 月。

　　頁 5，莆田，人文薈萃名流多：

　　明代，柯維騏撰寫《宋史新編》，匯宋遼金三史爲一書，爲我國歷史上一部重要史學著作。

　　頁 45，柯維騏（公元 1497～1574 年），字奇純，號希齋，莆田人，嘉靖二年（公元 1523 年），登進士第，曾任戶部主事。他以「明道著書」爲己任，辭官返鄉，一邊教書，一邊著述。用 20 年時間，撰寫《宋史新編》二百卷，匯《宋史》、《遼史》、《金史》爲一書，包括本紀十四、志十、表四、傳一百四十二。又著《史記考要》十卷，《續莆陽文獻》二十四卷。還著《藝餘集》、《雜著》、《河汾傳》等。是明代著名的史學家。

99. 徐曉望主編《福建思想文化史綱》，福州・福建教育出版社，1996 年 7 月。

　　頁 272，明清閩人的史著：

1 柯維騏與《宋史新編》。在正史中，元宰相脫脫主編的《宋史》受批評較多，由於成書倉促，出現了一人兩傳、有目無文等缺點，而且，作者挖掘史料不夠，造成北宋詳，南宋略，宋末歷史不清的狀況。所以，明代史學家多主張重修《宋史》，柯維騏是明中葉著名學者，他辭官不就，在家潛心著書，完成《宋史新編》200卷。該書優點是：（1）匯綜宋、遼、金三史，使後人對這一分裂時代的歷史能有整體性了解；（2）糾訂《宋史》謬誤。清代趙翼的《廿二史札記》曾舉出《宋史》疏舛幾十條，實際上，這些錯誤在《宋史新編》中多已訂正；（3）貫穿愛國主義精神，贊頌岳飛、文天祥等人的事迹；（4）本紀嚴整而多錄詔令、表志簡潔而扼要。不足之處是刪節原書過多，史料價值不如原著。其次，以宋爲正統，以遼、金爲外國，處理不當。總的來說，該書是明人研究宋史的代表作。

100. 何綿山著《閩文化概論》，北京大學出版社，1996年11月。

頁32，閩籍史學家著述特點：福建雖然至唐才開始開發，但至宋後，史學人才層出不窮，許多閩籍史學作者著作在中國史學發展上佔有相當重要的地位。其主要特點有以下三個方面：（1）著述面廣泛，各種體例無所不包。《四庫全書總目》史部將史學體例分爲九大類，閩籍史學人才的著作幾乎全部涵蓋。

……別史類有：宋代莆田人鄭樵的《通志》二百卷，明代莆田人柯維騏的《宋史新編》二百卷，明代泉州人李贄的《藏書》六十八卷、《續藏書》二十七卷，明代仙游人唐大章的《書繫》十六卷等。（2）體例上突破創新，開一代風氣。……（3）提出新穎的史學思想，表現出卓越的史識。……

101. 黃惠賢編《二十五史人名大辭典》，中州古籍出版社，1997年5月。

下冊，頁493：柯維騏（1497～1574），字奇純，莆田（今屬福建）人。嘉靖二年（1523）進士，授南京戶部主事，未赴，罷歸。以讀書、教授、著書爲業。著有《宋史新編》、《史記考要》、《續莆陽文獻志》及詩文集行世。隆慶初，被推薦爲承德郎致仕。（287/7366）

102. 國家圖書館編印《國家圖書館善本書志初稿》史部（一），臺北市·國家圖書館，1997年6月。

頁83，【宋史新編二百卷四十八冊】

明嘉靖間原刊本　　01600

　　明柯維騏撰。維騏（1497～1574）字奇純，莆田人。

　　版匡高 18.5 公分，寬 12.9 公分。四周單邊。每半葉十行，行二十一字。版心花口，上方記書名卷第（如「宋史新編卷一」），中間記葉次，下方記字數、刻工名。

　　刻工名：傅高（作江右付高，或作江右付、付）、張（江右張）、洪（作江右洪，或作江洪、洪）、正（作江右正，或作正）、頁良（作江右頁良，或作江右良、江右貢江良）、李（江右李）、曾良（江右曾良）、姜正（作江右姜正，或作江右郭、江郭）、鄒興（作江右鄒興，或作鄒興、江興）、熊、郭京（作江右郭京，或作江右京、江右郭、江郭）、鄒（作江右鄒，或作江鄒）、馮段（或作馮）、李、張、馮明（或作馮）、熊（江右熊）、召、傅銳、陳良（或作陳、良）、毫、季棟、錢頂、惠、尚、黃相（或作黃、相）、柏、張（河張）、曾劉、趙、豪、張文、張進、史、興、未豪、馬、未三、王、鄒正、呂交汝、李祿、余迎（正江余迎）、梁、劉（正江劉）、錢周、任、曾朝（吉曾朝）、劉（吉安劉）、中（吉中）、才（吉才）、劉義（作吉劉義，或作吉義）、周（吉周）、劉（吉劉）、劉欽（吉劉欽）、易、梁洪、孫、曾金、劉祥（吉劉祥）、彭銳（作吉彭銳，或作吉彭）、易（吉易）、呂吉義、余（正吉余）、許良（鎮江許良）、邵（正江邵）、伯（正江伯）、余高（正江余高）、余光（鎮江余光）、王（作正江王、或作江王）、余（正江余）、召（正江召）、姜俸（江右姜俸）、秦、洪李、熊洪張、洪張、郭張、義、陳、呂、傅共、馮姜、馮鄒、陸岳（或作陸）、余六（正江余六）、祿、吉祥、張（河間張）、崔、文進、交、時、陸守仁（或作守仁）、陸鑰、武、全、余光（京口余光）、許良（作京口許良，或作京口許）、右川、福、邵（京口邵）、王近（或作近）、伯（京口伯）、棟、劉（京口劉）、余高（京口余高）、余（京口余）、余迎（京口余迎）、守、彥、吉一等。

　　首卷首行頂格題「宋史新編卷一本紀一」，第二行低七格題「明南京戶部主事莆田柯維騏著」；卷末末行有尾題。卷首有「宋史新編前序」，署「嘉靖三十四年（1555）歲次乙卯季冬下澣賜進士出身中順大夫詹事府少詹事兼翰林院侍讀學士前南京國子祭酒經筵講官同修國史玉牒泰泉王佐撰」；卷末有「頌」，署「歲舍壬子（三十一年，1552）春分日葭蒼州人鄭應旄謹書于寄寄窩」；次有「宋史新編後序」，署「嘉靖三十六年（1557）歲次丁巳夏五月賜進士出身南京禮部右侍郎前翰林院侍講學士掌院事春宮諭德同修國史會典同邑礪峰康大和撰」。序後有「宋史新編凡例」。凡例後有「宋史新編目錄」。書

中鈐有「國立中央圖／書館收藏」朱文長方印、「劉承幹／字貞一／號翰怡」白文方印、「吳興劉氏／嘉業堂／藏書印」朱文方印、「嘉業堂」朱文長方印。（應廣輝／吳慧萍）

頁 84，【宋史新編二百卷七十二冊】

明嘉靖間原刊本　　01601

明柯維騏撰。

版框高 18.5 公分，寬 13 公分。版式行款著錄同前一部。

刻工名：余林、林、文諒、汝、陸、大□、將、茂、仕章（或作仕）、吳三、倫、吳弟、上、子、允、尙德、陳、松、伯、江志、郭、鳳、章、本、廷升、大壬、乃安（或作安）、世、其、宗、八、周、弟、吳、升、才、文、許、興、公、之、志、明、黃等。

卷端著錄同前一部。卷首有「宋史新編後序」，署「嘉靖三十六年（1557）歲次乙巳夏五月賜進士出身南京禮部右侍郎前翰林院侍講學士掌院事春宮諭德同修國史會典同邑礪峰康大和撰」；卷末有「頌」，署「歲舍壬子（三十一年，1552）春分日葭蒼州人鄭應旌謹書于寄寄窩」。

原爲四十二冊，經改裝後成爲七十二冊。書中鈐有「國立中／央圖書／館考藏」朱文方印、「管理中英庚／款董事會保／存文獻之章」朱文長方印、「豐華／堂書／庫寶／藏印」朱文方印、「國立中央／圖書館／藏書」朱文方印。（應廣輝／吳慧萍）

103. 錢仲聯、傅璇琮、王運熙、章培恆、陳伯海、鮑克怡編《中國文學大辭典》，上海辭書出版社，1997 年 7 月。

（另見《中國文學大辭典》（修訂本），上海辭書出版社，2000 年 9 月。頁 926。）

頁 857 作家，柯維騏（1497～1574）：明詩文家、學者。字奇純。莆田（今屬福建）人。嘉靖二年（1523）進士，授南京戶部主事，未赴任引疾歸。在鄉里設帳授徒，影響較大。著有《藝餘集》、《宋史新編》、《史記考要》、《莆陽文獻記》等。生平事跡見《明史》卷二八七、《國朝獻徵錄》卷三二。

104. 李炳泉、邸富生編《中國史學史綱》，遼寧師範大學出版社，1997 年 10 月。

明朝前代史的改編，大致可分爲兩種情況：第一種是出于爭正統的需要而改寫者。……嘉靖以後，要求改寫元修《宋史》的呼聲又起，一些學者紛

紛投入到改編《宋史》的熱潮中。嘉靖十一年（1532 年），王洙撰成《宋史質》。稍後，柯維騏撰成《宋史新編》。三十五年（1556 年），邵經邦撰成《弘簡錄》。另有歸有光《宋史論贊》等。……柯維騏《宋史新編》也持宋正統論，且將宋亡後的二王殘餘政權列入本紀，而將遼、金列入外國之列。這部紀傳體宋史的質量，在諸《宋史》改編著作中算是較高的。……

第二種是出于提高編纂水平。嘉隆時代，《宋史》的改編，多出于正統思想。但萬曆以後的《宋史》改編，主旨是提高編寫水平。《宋史》在歷代正史中向以繁蕪著稱。于是，很多人便想另寫一部高質量的「新宋史」。柯維騏撰寫《宋史新編》便有此意。

105. 繆荃孫、吳昌綬、董康 撰《嘉業堂藏書志》，上海・復旦大學出版社，1997 年 12 月。

頁 198，《宋史新編》二百卷明刻本

明柯惟騏撰。惟騏字奇純，莆田人，嘉靖癸未進士，南京戶部主事。奇純因《宋史》太冗，起而重修，成二百卷。《本紀》十四卷，《志》四十卷，《表》四卷，《列傳》一百四十二卷，名曰《新編》。略有補苴之功，然仍分道學、儒林為二，又以遼、金歸之外國，大為《提要》所非，不如王損仲之重修《宋史》矣。（繆稿）

106.《二十四史人名索引》下冊，北京・中華書局，1998 年 1 月。

李裕民編《明史人名索引》，頁 2527，柯維騏（奇純）

24 / 287 / 7366

8 / 97 / 2380

8 / 97 / 2389

8 / 99 / 2479

107. 中國古籍善本書目編輯委員會編《中國古籍善本書目》（史部），上海古籍出版社，1998 年 4 月。

（另見綫裝二函十冊，1991 年 5 月版。）

頁 81《宋史新編》二百卷，明柯維騏撰，明嘉靖刻本　　853

今藏：北京圖書館、北京大學圖書館、中共中央黨校圖書館、中國科學院圖書館、復旦大學圖書館、華東師範大學圖書館、遼寧省圖書館、旅大市圖書館、西北大學、南京圖書館、南京大學圖書館、

浙江圖書館、天一閣文物保管所、莆田縣圖書館、湖北省圖書館、
湖北省博物館、重慶市圖書館、南充師範學校圖書館、雲南省圖
書館。

《宋史新編》二百卷，明柯維騏撰，明嘉靖刻本，清丁丙跋 854

今藏：南京圖書館。

《宋史新編》二百卷，明柯維騏撰，明嘉靖四十三年刻本　855

今藏：中國科學院圖書館、上海圖書館、南京圖書館、蘇州市圖書館、
福建省圖書館。

108. 周心慧主編《明代版刻圖釋》精裝四冊，北京‧學苑出版社，1998 年 12 月。

頁 290，《宋史新編》二百卷。署『明南京戶部主事莆田柯維騏編』。

明嘉靖三十四年（一五五五）刊本。單欄，白口，半葉十行，行二十一字。

109. 沈津著《美國哈佛大學哈佛燕京圖書館中文善本書志》，上海辭書出版社，1999 年 2 月。

頁 115，0226 明嘉靖刻本宋史新編　（T2665/4227）

《宋史新編》二百卷，明柯維騏撰。明嘉靖刻本。六十四冊。半頁十行
二十一字，四周單邊，白口，無魚尾，書口下間有刻工。框高 18.7 厘米，寬
12.6 厘米。題「明南京戶部主事莆田柯維騏編」。前有嘉靖三十四年（1555）
黃佐序。末有嘉靖三十六年（1557）康大和後序。凡例十五則。

柯維騏，字奇純。莆田人。嘉靖二年進士。授南京戶部主事，未赴而引
疾歸，專心讀書，門人四百餘。事迹具《明史‧文苑傳》。

是書乃維騏家居三十載而成。明沈德符《敝帚軒剩語》稱其作是書時，
至於發憤自宮，以專思慮，可謂精勤之至。凡成本紀十四卷、志四十卷、表
四卷、列傳一百四十二卷，糾謬補遺，亦頗有所力訂。黃佐序云：「今吾友莆
田枸子維騏，以癸未進士筮仕戶曹，輒謝病歸，蓋未始一日居乎其位也。養
高林壑，覃思博考，乃能會通三史，以宋為正，刪其繁猥，釐其錯亂，復參
諸家紀載可傳信者，補其闕遺，歷二十寒暑，始克成書，合二百卷。而三百
二十年行事，粲然悉備，名之曰《宋史新編》，示于沿舊也。本紀則正大綱而
存孤危，志表則略細務而舉要領，列傳則崇勳德而誅亂賊，先道學而後吏治，
遼、金與夏皆列外國傳，等諸四裔焉，於是《春秋》大義始昭著於萬世。」

卷末有附錄，爲嘉靖三十一年鄭應旂作頌一篇。

刻工有：葉再興、生、江二、旺、余進、葉壽、余立等，而大部分刻工皆被剜去。

末有題識：「康熙戊寅歲清和月，古吳程氏聘懷書齋藏覽。」

《四庫全書總目》入史部別史類存目。《中國古籍善本書目》著錄。按此書嘉靖間刻有二本，一作明嘉靖刻本，北京圖書館、南京圖書館等二十館入藏；一作明嘉靖四十三年刻本，上海圖書館、南京圖書館等五館入藏。此本疑和北圖本同版。

鈐印有「受將」、「雲瑞堂珍藏印」、「子孫保之」。

110. 楊翼驤編《中國史學史資料編年》第三冊，元、明，天津・南開大學出版社，1999 年 2 月。

頁 310，柯維騏約於本年（嘉靖三十四年（1555））著成《宋史新編》。

《明史》卷二八七《柯維騏傳》：「柯維騏，字奇純，莆田人。……維騏舉嘉靖二年進士，授南京戶部主事，未赴，輒引疾歸。張孚敬用事，創新制，京朝官病滿三年者，概罷免，維騏亦在罷中。自是謝賓客，專心讀書。久之日進，先後四百餘人，維騏引披靡倦。慨近世學者樂徑易而憚積累，竊二氏之說以文其固陋也，作左右二銘，訓學者務實。以辨心術、端趨向爲實志，以存敬畏、密操履爲實功，而其極則以宰理人物、成能天地爲實用，作講義二卷。《宋史》與遼、金二史，舊分三書，維騏乃合之爲一，以遼、金附之，而列二王於本紀。褒貶去取，義例嚴整，閱二十年而始成，名之曰《宋史新編》。」

焦竑《國朝獻徵錄》卷三二〈柯希齋維騏傳〉：「莆陽文獻甲於天下，縉紳之士斐英而振采者，項背相望也。……乃若柯公奇純，具臻眾美。……已而注南戶部主事，以非其好，不禄也，而移疾請告歸。……宋舊史，契丹，女直與宋并帝，時號宋、遼、金三史。蓋出於元儒所修，冠屨莫辨，褒貶不公。公乃著《宋史新編》二百卷，會三史爲一，而以宋爲正統，遼、金列於《外國傳》，以尊中國；瀛國二王升于帝紀，以存宋統；正亡國諸叛臣之名，以明倫；升道學于循吏，以重道；厘複補漏，擊異訂訛，閱二十寒暑始克成書。泰泉黃公佐序謂西漢之書不得專美于前，是編行，則三史廢；恃天運，陳人紀，莫之或先矣。又作《史記考要》十卷，凡班氏之譏評爽實，《漢書》之增損乖義，少孫之補綴亂眞，諸儒之紀載異同，胥辨正之；而天文、曆律發明尤詳。」

　　《千頃堂書目》卷四〈正史類〉：「柯維騏《宋史新編》二百卷。會宋、遼、金三史爲一，以宋爲正統，遼、金列于外國傳。瀛國、二王升于帝紀，以存宋統；正亡國諸叛臣之名，以明倫；升〈道學〉于〈循吏〉之前，以重道。厘複補漏，撃異訂訛，閱二十寒暑始成。其後祥符王維儉、吉水劉同升皆有刪定《宋史》，咸未行世。」

　　《明史》卷九七《藝文志》二〈正史類〉：「柯維騏《宋史新編》二百卷。」

　　《四庫全書總目提要》卷五○〈史部・別史類存目〉：「《宋史新編》二百卷，明柯維騏撰。……史稱其家居三十載，乃成是書。沈德符《敝帚軒剩語》稱其作是書時，至于發憤自宮，以專思慮，可謂精勤之至。凡成本紀十四卷，志四十卷，表四卷，列傳一百四十二卷。糾謬補遺，亦頗有所考訂。然托克托等作《宋史》，其最無理者，莫過于道學、儒林之分傳。其最有理者，莫過於本紀終瀛國公而不錄二王，及遼、金兩朝各自爲史，而不用島夷、索虜互相附錄之例。……元人三史並修，誠定論也。而維騏強援蜀漢，增以景炎、祥興；又以遼、金二朝置之外國，與西夏、高麗同列，又豈公論乎？大綱之謬如是，則區區補苴之功，其亦不足道也已。」

　　王重民《中國善本書提要・史部・紀傳類》：「《宋史新編》二百卷，四十二冊，明嘉靖間刻本，原題：「明南京戶部主事莆田柯維騏編。」按元托托等所修《宋史》，『舛謬不能殫述』，誠如《提要》所評。明人尊信朱熹《綱目》，益以種族之見，故屢有改作，約當以是編爲最善。後有成書，如王惟儉，如陳黃中，能仲而不能伯。朱彝尊、錢大昕作跋，于是書采取未宏，稍致歉意；至于體例，無不謂勝于舊史也。《提要》痛詆是書，一則曰：『最無理者，莫過於道學、儒林之分傳』；再則曰：『強援蜀漢，增以景炎、祥興。又以遼、金二朝置之外國，與西夏、高麗同列，又豈公論乎？』茲按館臣實惡道學，其詆爲道學立傳，尚有可原；至于金、元正統之爭，在史學上雖亦有可討論，然出之館臣之口，僅是爲滿清張目，則完全失去客觀地位矣。平心而論，是書誠不能比之于葉隆禮、宇文懋昭，然方之蕭常、郝經，未始不足爲讀《宋史》者之助。乾隆假修書之名，作焚毀之實，館臣益張其焰，故余于館臣之痛詆王洙，黜存維騏，並深致遺憾焉。……黃佐序（嘉靖三十四年）。康大和序（嘉靖三十六年）。」

　　頁356，《宋史新編》等作者柯維騏卒。

　　焦竑《國朝獻徵錄》卷三二〈柯希齋維騏傳〉：「又作《史記考要》十卷，

凡班氏之譏評爽實，《漢書》之增損乖異，少孫之補綴亂眞，諸儒之紀載異同，胥辨正之，而天文、曆律發明尤詳。又以莆陽文獻，自嘉靖以來屢經兵火，懼其遂湮也，乃撰次爲二十卷，以接山齋鄭公岳之筆，曰《續莆陽文獻志》。是書也，與《宋史新編》俱以三品論人，謂求道德之士于三代之下，必欲如古聖賢，難矣！但能忠信廉潔，以禮義爲進退，以名節自砥礪，此其根本也。根本既立，雖乏功業文章，不足爲病；根本一喪，即富貴功名，鄙庸人耳，何足取哉！……

書一入誦，終身不忘，至耋猶不釋卷，雖博極墳索，而下問孳孳，蓋不自滿假如此。……公名維騏，奇純其字，別號希齋，莆陽望族。……公生於弘治丁巳，卒于萬曆甲戌，享年七十有八。」

《明史》卷二八七〈柯維騏傳〉：「又著《史記考要》、《續莆陽文獻志》，及所作詩文集並行于世。……維騏登第五十載，未嘗一日服官。……世味無所嗜，惟嗜讀書。撫按監司時有論薦，不復起。隆慶初，廷臣復薦。所司以維騏年高，但授承德郎致仕。卒年七十有八。」

《千頃堂書目》卷五〈史學類〉：「柯維騏《史記考要》十卷，又《史解》六卷。」卷七〈地理類〉中：「柯維騏《續莆陽文獻志》二十四卷。」

《明史》卷九七〈藝文志〉二〈史抄類〉：「《史記考要》十卷。」

111. 北京大學圖書館編《北京大學圖書館藏古籍善本書目》，北京大學出版社，1999 年 6 月。

頁 66

《宋史新編》二百卷，明柯維騏撰，明嘉靖三十六年（1557）刻本，四十二冊，915.1 / 4127

《宋史新編》二百卷，明柯維騏編，明翻刻本，六十四冊 NC2665 / 4227

112. 張撝之、沈起煒、劉德重主編《中國歷代人名大辭典》，上海古籍出版社，1999 年 12 月。

下冊，頁 1706，柯維騏（1497～1574），明福建莆田人，字奇純。嘉靖二年進士，授南京戶部主事，未赴引疾歸，滿三年罷免。後時有論薦，不復起，隆慶初授承德郎致仕。專心讀書，門人先後四百餘人。作左、右《二銘》、《講義》二卷，訓學務實。合宋遼金三史爲一，以宋爲正統，名《宋史新編》。另有《史記考要》、《莆陽名獻記》、《藝餘集》等。

113. 劉學沛編《福建史志》2000 年第 2 期（總第 95 期）。

《莆田市志》總纂編輯室：〈《莆田市志》總述（下）〉：

頁 64，史志堪範。莆仙文人世代以寫史修志爲榮，他們或在任中央、地方官期間，或回鄉以後，精心搜集資料，研究全國或地方史，埋頭著述，寫出一批價值連城的史學、志書。宋代鄭樵寫的紀傳體《通志》是一部百科全書的巨著，其史學價值和編纂體例，對後世產生巨大影響。陳均輯成《宋編年舉要》、《備要》數十卷，楊興宗修成《四朝會要》，都是有影響的史書。據不完全統計，兩宋莆仙人的史學著作有 45 部、5140 多卷。明代，鄒守愚著述《史疑》、郭良翰著述《忠義匯編》、余光著述《春秋存秩》、余鵬著述《史論》、黃斌柳著述《東南紀略》、鄭郊著述《史統》，柯維騏著述《宋史新編》等這些全國性的史學著作觀點及史料，對時人及後代產生重要影響。志書，宋代有《莆陽圖經》、《莆田志》、《莆陽比事》、《仙溪志》等，其中《仙溪志》爲全國流傳至今的最早縣志之一。明代，狀元林環參予編修當時全國圖書集成《永樂大典》；明洪武年間方樸著《莆陽人物志》；天順年間進士彭韶著《莆陽志》；成化年間進士彭甫著《仙游縣志》；宋端義著《莆陽人物備志》、《莆陽遺事》、《鄉賢考證》；周華著《游洋志》；林有孚著《林凌志》、《木蘭陂志》；黃天全著《九鯉湖志》；弘治年間進士黃仲昭修成福建第一部省志《八閩通志》，並與周瑛合修《興化府志》，是興化古代僅存的一部府志。清代和民國時期，興化人修志仍延綿不斷，爲中華文明留下寶貴遺產。

114. 王德毅 編《明人別名字號索引》，台北・新文豐，2000 年 3 月。

下冊，〈附錄異名表〉頁 5：柯維奇──柯維騏

115. 中國歷史大辭典編纂委員會編《中國歷史大辭典》下卷，上海辭書出版社，2000 年 5 月。

頁 2125，柯維騏（1497～1574），明福建莆田人，字奇純。嘉靖進士，授南京戶部主事，因病未赴任。登第五十年，終身未服一日官，專心讀書，講學著述，門人前後多達四百餘。他疾憤學者貪圖輕易怕下苦功，且引用佛教、道教之說以掩蓋淺陋，遂提倡學風上求務實，以端正心術爲實志，認眞實踐爲實功，以期成爲實用人才。前後用二十年時間，以宋爲正統改編宋遼金三史爲《宋史新編》。又著有《史記考要》、《續莆陽文獻志》及詩文集等。

116. 巫聲惠編著《中華姓氏大典》，石家莊・河北人民出版社，2000 年
6 月。

頁 390～391，柯，《史姓韻編・十九》：「柯潛，字孟時，莆田人，見《明
史・一五一》；柯維騏，字奇純，見《明史・文苑傳》。

117. 趙令揚著《明史論集》，香港大學中文系，2000 年 7 月。

〈明史論集自序〉，「……論及明代史學之發展，近代學者多以明太祖興
文字獄，使群臣不敢言史。其實明太祖強制文網，乃一時之政策而已，絕非
導至明代史學不振之主要原因。如能細閱宣宗所編之《歷代臣鑑》、《五倫書》
及《外戚事鑑》，英宗朝所編之《歷代君鑑》，當可知宣宗、英宗對推動史學
研究確有其獨到手段，「是非」或「非是」，一早替你先行解釋，使你在落筆
時已有定論。這種具指導性之史學，後來在文革期間便大行其道，惟明朝仁、
宣時期史學的這種情況，似仍未爲學者注意。當然，明朝史家並非人人都遵
從帝王的意旨來編修歷史，他們也有各自的見解，既有祝允明《罪知錄》之
出現，又有柯維騏、王洙等力倡重修《宋史》的熱潮。這些史學著作，並無
直接向「帝王史學」提出挑戰的企圖，而是從中找出空間，自我發揮。」

頁 274〈論明代之史學〉，「……明人重視《宋史》，自明英宗開始至神宗
期間致力重修《宋史》者不下十家，但能成專著者只有柯維騏（1497～1574）
之《宋史新編》、王惟儉之《宋史記》和王洙之《宋史質》。以上三書之特點，
在全以宋爲正統，基本內容乃闢夷狄、尊中國。事實上，明人之重正統，方
孝孺、丘濬早已言之。方孝孺之〈後正統論〉和丘濬之《世史正綱》，乃明人
重視君臣之道、華夷之別的代表作。

明人之重視《宋史》，大多不滿脫脫（托克托，1314～1355）遼、宋、金
三史並重的立場而起，表現了強烈否定華夷無別的主張。這種民族感情，有
其一定意義。宣宗撤邊後，「土木之變」空前慘敗，但明室仍不強化邊防，對
華夷之防缺少實際行動。編修《宋史》，除望「糾正」脫脫三史並重的編纂方
法外，更望引起在位者注意國防。柯維騏等人的苦心，代表了時代的心聲，
也代表了漢民族對「史」的觀念。」

118. 《中國地方志集成》福建府縣志輯（17）【民國莆田縣志】（二），
石有紀修、張琴纂，上海書店・巴蜀書社・江蘇古籍出版社，2000
年 10 月。

頁 149《史記考異》十卷，明柯維騏著。

　　內閣書目云：漢司馬遷書未及竣而楮先生之徒補加之，以詁註紛紜，維騏訂訛補闕，其則有四，一核名實，二正綱紀，三去奇說，四明素衷，皆博采先儒成說而彙集之，太子司諫黃佐爲之序。

　　頁 193《藝餘集》十卷，明柯維騏著。

　　嘉靖二年進士，見儒林傳。

　　頁 561～562 理學傳附儒林傳：「柯維騏，字奇純，弱冠領鄉薦。登嘉靖癸未進士，爲宮詹黃佐門人。黃語人曰及門固多士，異時無忝鴻儒，必柯氏子也。授南京戶部主事，引疾歸後，禮臣議新例，諸京朝官請給踰三年者咸罷免，維騏在停格，遂矢志嚴居，鍵關息交以明道，著書自許，弟子負笈門下者四百餘人。慨近世竊禪學以掩孤陋，作《左右銘》，欲學者實志實功實用而一誠終始，作講義與生徒問辨心學，講釋經傳，上下千餘言，作《答問》。作《宋史新編》，會宋遼金三史爲一，列遼金於外國，尊宋爲正統。瀛國二王升爲帝紀，正亡國諸叛臣之名，升道術於循吏，擊異訂訛，閱二十寒暑成書。於《史記》慨班氏譏評爽實，少孫補綴亂眞，咸辨正之，作《史記考要》。鄭岳著《莆陽文獻》一書，維騏續撰次之，貴在砥礪名行，次勳業，次文章，成《續莆陽文獻》。文及古近體詩溫厚典則，藏修之下，時藉自遣，然心不屑焉，名曰《藝餘集》。至若河汾一傳，借古寫情，斯陶公之詠慶卿也。家食五十年前後，部使者李元陽、撫臣潭綸等薦十八疏，隆慶改元給事中。岑用賓御史、尹校疏薦，可備著述，竟以引年例，詔授承德郎致仕。維騏秉質孝謹，植躬嚴翼，所居烏石山，在城市一步不入。公府儉以濟廉，年七十有八卒。鄉大夫合誄之曰：『才兼述作，學紹程朱』，蓋實錄云。」

119. 錢茂偉 著《明代史學編年考》，北京・中國文聯出版社，2000 年 12 月。

　　嘉靖三十四年（1555）：

　　頁 126～130，柯維騏《宋史新編》成，

　　柯維騏（1497～1574），字奇純，號希齋，福建莆田人。柯氏是莆田望族，嘉靖二年（1523）進士。授南京戶部主事，不喜歡做官，未赴任，稱病鄉里。三年後，按新官制，正式被罷免，從此一直以教授、著書爲生。「吾師希齋柯先生以豪傑之才，志聖賢之學。嘉靖初登第，授南曹，未領牒，即疏病歸。彌勵素業，于聲利泊如，而貧賤患難不隕獲也。杜門四紀，所著有《宋史新編》、《史記考要》等書，爲海內傳誦。晚復萃郡中諸生三百

輩而授之業。諸生雖人人殊，要皆慕古之道，而先生直立赤幟以指麾群迷，不特《講義》之諄諄而已，或質所疑，則隨叩而應多出昔人所未發。君子謂先生上接四儒之緒，獨延平乎哉？」（黃若獻〈序柯夫子答問〉，《續修四庫全書》本）

柯氏對《史記》有比較專門的研究，曾作有《史記考要》10 卷，刊刻于嘉靖二十年（1541）。「凡班氏之譏評爽實，《漢書》之增損乖異，少孫之補綴亂眞，諸儒之紀載異同，胥辨正之，而天文、曆律，發明尤詳。」（《獻徵錄》卷 32〈柯希齋維騏傳〉）其著作尚有《續莆陽文獻志》20 卷和詩文集等。

又以莆陽文獻，自嘉靖以來，屢經兵火，懼其遂湮也，乃撰次爲二十四卷，以接山齋鄭公岳之筆，曰《續莆陽文獻志》。是書也，與《宋史新編》，俱以三品論人。」（《國朝獻徵錄》卷 32〈柯希齋維騏傳〉）

在哲學上，柯維騏反對王學，提倡實學。「慨近世學者樂徑易而憚積累，竊二氏之說以文其固陋也，作左右二銘，訓學者務實。以辨心術、端趨向爲實志，以存敬畏、密操履爲實功，而其極則以宰理人物、成能天地爲實用，作《講義》二卷。」（《明史》卷 287〈柯維騏傳〉）立「實志」，做「實功」，作「實用」，于此可見當時實學思潮興起之一端。又有《柯子答問》6 卷。

據康大和記載，柯氏「讀《宋史》，慨其義例欠精，編次失當，而宋、遼、金三史並列，尤失《春秋》之義。乃覃思發憤，遠紹博稽，釐復訂訛，舉偏補漏，凡二十餘寒暑，始克成編」（康大和《宋史新編後序》）黃佐〈序〉作于嘉靖三十四年（1555），而鄭應旂〈頌〉用于嘉靖三十一年（1552），則《宋史新編》當成于 1552～1555 年之間。而刊刻則應在嘉靖三十六年（1557）。從成書時間倒推，則柯氏作《宋史新編》，約在嘉靖十五年（1536）。時適值官修《宋史》失敗。雖沒有資料表明柯氏作《宋史新編》曾受官修失敗影響，但從時間上推斷，肯定是有影響的。

《宋史新編》有本紀 14 卷、志 40 卷、表 4 卷、列傳 142 卷，共 200 卷，約 180 萬字。

柯氏是位理學化史家，道德是論人的首要標準。史稱他作《宋史新編》與《續莆陽文獻志》，「俱以三品論人，謂求道德之士于三代之下，必欲如古聖賢難矣。根本既立，雖乏功業文章，不足爲病；根本一喪，即富貴功名，鄙庸人耳，何足取哉！」（《獻徵錄》卷 32〈柯希齋維騏傳〉）

《柯子答問》卷6「陳崧問：先生嘗著《宋史新編》，又著《續莆陽文獻》。夫品藻人物，所見人人殊，先生果憑何說以折衷之乎？曰：先儒有言，士之品有三，志于道德者，功名不足以累其心；志于功名者，富貴不足以累其心；志于富貴者，無所不至矣。夫求道德之士于三代之下，焉能如古聖賢？但能忠信廉潔，以禮義爲進退，以名節自砥礪，此其根本也。根本既立，雖乏功業文章，不足爲病。根本既喪，即富貴之流耳，他何取哉？夫純善顯惡，譬如楨祥妖孽，夫人能知之。惟其有短有長，或謂可相掩，或謂宜取節，故論多不一。試以三品之說律之，誰能以口舌爭也？」

「柯子蓋治《春秋》而有得于《綱目》（《通鑑綱目》）者」（康大和〈宋史新編後序〉）此話一語破的。「會通三史，以宋爲正」（黃佐〈宋史新編序〉），是柯氏作書的直接目的。「本紀則正大綱而存孤危，志表則略細務而舉要領，列傳則崇勛德而誅亂賊，先道學後吏治。」（黃佐〈宋史新編序〉）具體說，在體例上，《宋史新編》和《宋史》不同之處是：1. 尊漢族國家，以宋爲正統，遼金列于外國；2. 升南宋末瀛國公、二王爲帝紀，以存宋統；3. 正亡國諸叛臣之名，以明倫；4. 升《道學》于《循吏》前，以重道。「于是《春秋》大義，始昭著與萬世。」「稽天運，陳人紀，其誰舍諸？」（黃佐〈宋史新編序〉）

綱常史學是作《宋史新編》的基本指導思想。柯氏受理學化史學影響深，君子與小人、忠孝節義與逆臣亂賊，是他看宋代歷史的基本視角。「蓋小人當路，則君子必不安于朝，由是立勢孤，而亂政作。……宋東都升平百餘年，自元豐以來，群奸繼續用事，是以貽靖康之難。南渡既失中原，高、寧、理、度，并倚任匪人，是以趣閩、廣之禍。迹其誤國，竄殛不足償。史家揭以奸臣之目，所謂遺臭萬年者也。」（《宋史新編》卷186〈奸臣傳序〉）

提高編纂質量，是《宋史新編》的第二個目標。「舊史列傳編次多失當」，「舊史事迹，逸漏者多」，「舊史文多訛誤」，「舊史纂輯出于眾手，故紀事多異同」，「舊史多引用野史，間失實。」《宋史新編》「糾繆補遺，頗有所考訂」（《四庫全書總目》卷50《宋史新編》），克服了以上一些毛病。

在致用的同時，能講究求真，在眾多改編《宋史》諸作中，《宋史新編》相對來說是比較好的。當然，此書也有不足，主要是取材不廣。

萬曆時代學者于慎行在其《讀史漫錄》卷14稱「元人修三史，各爲一書，是也。《通鑑》編年之史，不相照應，即當南北史之例，不必有所低昂可也。近世文雅之士，有爲《宋史新編》者，尊宋爲正統，而遼金爲列國，則名實

不相中矣。彼南北二史，互相詆訶，南以北為索虜，北以南為島夷，此列國相勝之風，有識者視之，已以為非體矣。乃從百年之後，記前代之實，而猶以迂闊之見，妄加擯斥，此老生之陋識也。遼金繩以夷狄僭號，未克混一，而中國土宇；為其所有，亦安得不以分行之體歸之？而欲夷為列國，附于《宋史》之後，則不情也。」

張溥稱「莆田柯氏新史肇興，遼金兩國降列載記，規模反正，卷帙微省，而取材未廣，闕如生恨。」（張溥《宋史紀事本末敘》）

清代學者錢大昕也有類似看法，稱柯氏「見聞未廣，有史才而無史學。」（《蛾術編》卷10）

《鄭堂讀書記》卷18《宋史新編》「是編會通宋遼金三史，以宋為正統，刪其繁猥，厘其錯亂，復參諸家記載可傳信者補其遺，名曰《宋史新編》，示不沿舊也。本紀則正大綱而詳詔令，志表則略細務而舉要領，列傳則崇勛德而誅亂賊，而論贊之文，並非因襲，簡而詳，瞻而精，嚴而不刻，直而有體，駸駸乎有兩漢風格焉。惜其囿於明人習氣，而不專就宋史自成一家，如李延壽之南北分編，乃竟以遼金刊入外國，最為紕繆。又景炎、祥興二主，原書附錄瀛國公紀末，本屬平允，乃奇純竟分為二紀，亦殊乖刺。又道學、儒林之分傳，為原書之最無理者；南唐、西蜀諸國，原書標其目曰世家，而仍列入傳中，此亦原書之極可笑者，乃具因而不革，則義例亦未見有勝于原書也。然細心參核，究瑜多而瑕少，較之曾氏《隆平集》、王氏《東都事略》、錢氏《南宋書》諸種之不完備者，固遠出其上矣。」

120. 香港大學馮平山圖書館編《林天蔚教授藏書目錄》，2000年。

頁99，《宋史新編》，柯維騏，龍門書店，斷代史（宋遼金元史）。

121. 湯勤福《中國史學史》，山西教育出版社，2001年2月。

頁275，第六章〈宋遼金元時期的史學〉：「總體而言，三史卷帙龐大，但成書倉促，疏漏之處難免，相互矛盾、脫節的地方也很多，「凡南北交涉之事，一經勘對，輒見牴牾。」因此，歷來重修三史的人也為數不少。尤其是《宋史》，人們普遍不滿它的繁蕪雜亂，僅明代就有柯維騏的《宋史新編》、王洙的《宋史質》、王惟儉的《宋史記》等出現。然而，這些著作雖作了一些刪繁存簡的工作，史料上終究不能超過《宋史》，因而最終仍不能取代《宋史》。」

122. 瞿林東《中國史學史綱》，台北・五南圖書，2002 年 9 月。

（另見大陸版：北京出版社，2000 年 6 月）

頁 600 附論：私家之宋史撰述

「如果說，明代的私家之本朝史撰述尚有不少積極成果的話，那麼，明代的私家之宋史撰述則更多地反映出了明代史學的保守方面。這些私家的宋史撰述有紀傳體者，如王洙《宋史質》100 卷、柯維騏《宋史新編》200 卷、王惟儉《宋史記》250 卷等；有編年體者，如陳桱《通鑑續編》24 卷、王宗沐《宋元資治通鑑》64 卷、薛應旂《宋元資治通鑑》157 卷等；有紀事本末體者，如陳邦瞻《宋史紀事本末》109 卷，似亦可謂之一種潮流。

明人撰述宋史的動因，概括說來，有三個方面。

第一個方面的動因，是不承認元代的存在，而以明繼宋，是撰宋史而彰明統。如《宋史質》一書，記宋末之事時，即無中生有地追稱明太祖之高祖為德祖元皇帝，以承宋統，公然無視元代的存在。……

第二個方面的動因，是不承認遼、金二史可以自為正統而與宋並列。在這一點上，柯維騏《宋史新編》是最有代表性的撰述。這是一部嚴肅的、甚見功力的宋史著作。其本紀詳載詔令，其表與志以簡明顯示出特點，其列傳推崇大義凜然之士，同時在史實上也糾正了《宋史》所存在的一些疏漏、謬誤。這些，都足資參考。……第三個方面的動因，是為了糾正「宋史」的繁蕪。……

以上事實表明，儘管元修《宋史》存在不少缺點，但它在大處根基穩固，不是輕易可以動搖的。明人的宋史著作，不能說全無成就，但對不少的撰者來說，正暴露了他們史識的蒼白。」

123. 賈貴榮、殷夢霞輯《疑年錄集成》（全九冊），北京・北京圖書館出版社，2002 年 9 月。

1 冊，頁 61，（清）錢大昕編，（清）吳雲校注《疑年錄》四卷，稿本。

柯奇純　七十八　維騏，生宏治十年丁巳，卒萬曆　二年甲戌。

4 冊，頁 431，張惟驤編《疑年錄匯編》（一），民國十五年張氏小雙寂庵刻本。

柯奇純　七十八　維騏，正錄卷三，生弘治十年丁巳，卒萬曆　二年甲戌。

7 冊，頁 971，（清）吳榮光撰《歷代名人（生卒）年譜》十卷存疑一卷，清光緒元年南海張蔭桓重刻本。

1497，十年丁巳，柯奇純維騏生，頁 1017，1574，二年甲戌，柯奇純卒，年七十八。

124. 尚恆元、孫安邦主編《中國人名異稱大辭典》（檢索卷），山西人民出版社，2002 年 10 月。

頁 156，柯維騏——1136

尚恆元、孫安邦主編《中國人名異稱大辭典》（綜合卷），山西人民出版社，2002 年 10 月。

頁 1136，【柯維騏】（1497～1574）字奇純。明莆田（今屬福建）人，潛曾孫。

嘉靖進士，授南京戶部主事，未赴歸。專心讀書，門人四百餘，嘗合宋、遼、金三史，著《宋史新編》，又著《史記考要》及詩文集等。見《明史》287、萬斯同《明史》284、《明史稿》268。

125. 浙江圖書館編《浙江圖書館古籍善本書目》，杭州・浙江教育出版社，2002 年 11 月。

頁 99，史部・紀傳類、斷代

《宋史新編》二百卷，明柯維騏撰，明嘉靖刻本，五十冊，十行二十一字，四周單邊，白口。

126. 楊廷福、楊同甫編《明人室名別稱字號索引》，上海古籍出版社，2002 年 12 月。

下冊，頁 243：柯維騏，莆田，奇純、希齋；0600 / 1102

《全閩明詩傳》55 卷，清郭柏蒼輯，光緒 16 年，郭氏沁泉山館刊本。

《國朝獻徵錄》120 卷，明焦竑撰，明萬曆 44 年刊本。

127. 傅玉璋、傅正《明清史學史》，安徽大學出版社，2003 年 1 月。

頁 12《宋史》的改修：

明嘉靖年間，討論重修《宋史》，以禮部尚書兼翰林學士嚴嵩負責編輯，亦未成功。改修《宋史》成書者，明代只有四人——王洙、柯維騏、王惟儉、錢士升。……柯維騏《宋史新編》200 卷：柯維騏，字奇純，福建莆田人。嘉靖二年（1523）進士，授南京戶部主事，因疾未到任。登第五十年，未服一日官，他「世味無所嗜，惟嗜讀書」，講學著述，門人日增，前後四百餘人。柯維騏提倡學者務實，端正心術。他改寫《宋史》，合「三史（宋、

遼、金）」而爲一史，以宋爲主，附以遼、金，並列二王（衛國、益王）于本紀，「褒貶去取，義例嚴整」（《明史》卷二八七〈柯維騏傳〉），用 20 年成書，改正了《宋史》的一些錯誤。此書有本紀 14 卷，志 40 卷，表 4 卷，列傳 142 卷。王鳴盛說《宋史新編》「簡明」（〈蛾術編〉）。

《四庫全書總目提要》稱：「糾綴補遺，亦頗有所考證，但無所創新。」（卷 50〈史部・別史類〉存目）。

128. 湯綱、南炳文《明史》，上海人民出版社，2003 年 4 月。

「私家修撰的代史書：明代私人除了撰寫當代史以外，也撰寫前代史書，但體例和史學觀點缺乏創新，也沒有出現巨著。比較著名的有以下幾部著作：《宋史新編》，柯維騏撰。柯字奇純，福建莆田人，他於嘉靖二年考中進士，授官沒有到任，在家專心讀書，經過二十年的努力，撰成《宋史新編》。計本紀十四卷、志四十卷、列傳一百四十二卷、表四卷，共二百卷。原來宋史和遼金二史分爲三書，《宋史新編》合成爲一書，以遼金附之。錢大昕評其書說：「用功已深，義例亦有勝於舊史者，惜其見聞未廣，有史才而無史學耳。」（《潛研堂文集》卷 28〈跋柯維騏宋史新編〉）

129. 天津圖書館編《稿本　中國古籍善本書目索引》，濟南・齊魯書社，2003 年 4 月。

頁 363，《柯子答問》，803。

130. 福建省炎黃文化研究會、中共莆田市委宣傳部編《莆仙文化研究》，福州・海峽文藝出版社，2003 年 10 月。

頁 44～49，金文亨〈明代莆田「文獻名邦」述論〉，

莆田柯山柯氏，歷史上曾產生 15 人（中）進士。明代自柯潛中狀元後，又成爲科甲世家。曾孫柯瑛起，連續幾代中進士。柯瑛兩個兒子都中了進士，二兒柯維騏中進士後，成爲史學家。其後又連續三代都有人中進士。

柯維騏（1497～1574），字奇純，號希齋，莆田縣人。著有《宋史新編》200 卷，匯《宋史》、《遼史》、《金史》爲一書，其中有本紀十四、志十、表四、傳一百四十二。又著有《史記考要》十卷、《續莆陽文獻》二十四卷，以及《藝餘集》、《雜著》、《河汾傳》等，是明代著名史學家。清《四庫全書總目》評說「糾繆補遺，亦頗有所考訂」。梁啓超也贊譽《宋史新編》。該著作被譯爲日文出版發行。日本、英國學者稱贊它是研究《宋史》的最佳著作。

131. 董光和、張國喬《孤本明代人物小傳》，全國圖書館文獻縮微中心，
　　2003 年 10 月。

　　（清）曹溶輯《明人小傳》，頁 100，柯維騏

　　維騏，字奇純，莆田人。嘉靖癸未進士，官南京戶部主事，有《藝餘集》。

　　謝山子云：先生閉戶五十年，放意著述，自成一家，詩以積學勝人，不
易託詩話。宋遼金元四史，惟金史差善，其餘潦草牽率，豈金匱石室之所宜
儲。希齋撰新編，會宋遼金三史爲一，以宋爲正統，遼金附焉。升瀛國公益
衛二王於帝紀以存統，正亡國諸叛臣之名以明倫，列道學於循吏之前以尊儒，
歷二十載而成書，可謂有志之士矣。其詩文曰藝餘者，編宋史之暇作也。先
是揭陽王昂撰《宋史補》，台州王洙撰《宋元史質》，皆略焉不詳，至柯氏而
體稍備。其後臨川湯顯祖義仍、祥符王惟儉損仲、言水劉同升孝則，咸有事
改修。湯、劉稿尚未定，損仲《宋史記》沉於汴水，余從吳興潘氏鈔得僅存。
然三史取材，紀傳則曾鞏、王偁、杜大圭、彭百川、葉隆禮、宇文懋昭，編
年則李燾、楊仲良、陳均、陳桱，禮樂則聶崇義、歐陽修、司馬光、陳祥道、
陳暘、陸佃、鄭居中、張暐，職官則孫逢吉、陳騤、徐自明，輿地則樂史、
王存、歐陽忞、稅安禮、王象之、祝穆、潘自牧，著錄則王堯臣、晁公武、
鄭樵、趙希弁、陳振孫，類事則徐夢莘、孟元老、李心傳、葉紹翁、呂中、
馬端臨、趙秉善、劉祁，述文則趙汝愚、呂祖謙，諸書具在。以予淺學，亦
曾過讀。其他宋遼金人文集，約存六百家，郡縣山水志以及野史、說部，又
不下五百家，及今改修，文獻尚猶可徵，予嘗欲挺諸書，考其是非同異，後
定一書，惜乎老矣未能也。

132. 遼寧省圖書館、吉林省圖書館、黑龍江省圖書館主編《東北地區
　　古籍綫裝書聯合目錄》，瀋陽・遼海出版社，2003 年 12 月。

　　頁 474，史部・雜史類：

　　宋史新編二百卷（明）柯維騏撰，明刻本

　　遼寧　大連

133. 章培恆、喻遂生《二十四史全譯：明史》，上海，漢語大詞典出版
　　社，2004 年 1 月。

　　頁 5867，柯維騏，字奇純，莆田人。高祖柯潛，翰林學士。父親柯英，
徽州知府。柯維騏中嘉靖二年進士，授予南京戶部主事，未赴任，就稱病回

鄉。張孚敬當權後，創立新的制度，京城和朝廷的官員告病滿三年的，一律罷免，柯維騏也在被罷免的人中。從此謝絕賓客，專心讀書。很久以後，門人一天天前來，先後有四百多人，柯維騏引導扶持不知疲倦。他感慨近世的學者樂於快速便利，而懼怕積累，抄襲佛道兩家的學說來掩飾自己的閉塞淺陋，作左右兩篇銘文，教育學習的人要務實。以辨別心術、端正趨向作爲實際的志向，以心存敬畏、嚴格操守爲實際的功效，而這些的最高境界則以研討人物、成就天地作爲實際的作用，寫作講義二卷。《宋史》與《遼史》、《金史》，過去分爲三種書，柯維騏將這三種合爲一種，將《遼史》、《金史》附在《宋史》後，而將二王列入本紀。褒貶去取，義理體例嚴整，經過二十年才完成，命名爲《宋史新編》。又著有《史記考要》、《續莆陽文獻志》，以及他所作的詩文集都流行於世。　　柯維騏進士及第五十年，未曾做過一天官。中間遭遇倭寇擾亂，故居被焚毀，家裏十分貧困，始終不妄自取用。一生沒有什麼嗜好，惟獨愛好讀書。撫按監司常有人論說推薦他，但沒有再起用他。隆慶初年，朝廷大臣又推薦他。主管官員以柯維騏年歲已高，只授予他承德郎退休。去世時七十八歲。孫子柯茂竹，海陽知縣。柯茂竹的兒子柯昶，副都御史，任山西巡撫。

134. 多洛甫《明代福建進士研究》，上海辭書出版社，2004 年 7 月。

頁 200 附錄一：明代福建進士名錄及校注

嘉靖二年癸未科姚淶榜：

興化府：莆田：姚文熠、林文華、方一蘭、鄭弼、朱淛、柯維騏、林應標、陳大珊、廖云龍、陳篍、方一桂、黃金、朱道瀾、余洲。

135. 中山大學圖書館編《中山大學圖書館古籍善本書目》，桂林・廣西師範大學出版社，2004 年 10 月。

頁 46，0406《宋史新編》二百卷，

（明）柯維騏撰，明嘉靖刻本，六十三冊，

十行二十一字　白口　四周單邊

有刻工

頁 46，0407《宋史新編》二百卷

（明）柯維騏撰

明嘉靖刻本

十七冊 存七十五卷，卷一至卷八，卷十一至卷十四，卷五十九至卷七十六，卷八十至九十二，卷九十八至卷一百零二，卷一百三十二至卷一百三十七，卷一百四十九至卷一百五十三，卷一百六十一至卷一百六十五，卷一百七十七至卷一百八十七十行二十一字 白口 四周單邊 有刻工

136. 孫學雷主編《地方志書目文獻叢刊》26，北京圖書館出版社，2004年 12 月。

　　李厚基等修、沈瑜慶、陳衍等纂 民國《福建通志》1938 刻本，集部二，別集類三，明

　　　頁 131《藝餘志》十四卷，雜著六卷，莆田 柯維騏著。

137. 張大可、安平秋、俞樟華編《史記研究集成》，北京・華文出版社，2005 年 1 月。

　　第 13 卷 張新科、俞樟華等著《史記研究史及史記研究家》

　　【柯維騏（1497～1574）】

　　明代史學家。字奇純，福建莆田人。嘉靖進士，授南京戶部主事，未就職。專心讀書，門人前後達四百餘人。曾有感于《索隱》《正義》等書之不足，故重作考辨，以糾正前人之失，補其不足，著《史記考要》十卷。對《史記》所載史事、議論以及某些字句詞義均有所考釋，廣引經傳諸子及漢至宋人文籍，以資商榷，用功頗深，其成果爲明代各家《史記評林》及日人瀧川資言《史記會注考證》廣爲吸收。傳見《明史》卷二八七。

138. 翁連溪編校《中國古籍善本書目》（全七冊），北京・綫裝書局，2005 年 5 月。

　　第二冊，史部　紀傳，頁 240，

　　宋史新編二百卷，明柯維騏撰，明嘉靖刻本，十行二十一字白口四周單邊有刻工。

　　宋史新編二百卷，明柯維騏撰，明嘉靖刻本，清丁丙跋，十行廿一字白口四周單邊有刻工。

　　宋史新編二百卷，明柯維騏撰，明嘉靖四十三年刻本，十行廿一字白口單邊有刻工。

　　第七冊，書名索引，頁 363，4192 柯，柯子答問，803。

139. 《中華大典・文學典・明清文學分典》，南京・鳳凰出版社，2005
　　 年 9 月。

　　頁 360～362，柯維騏　論述

　　張時徹《藝餘集序》柯先生者，莆陽之奇產也，【略】閉門下楗，不通俗
士之駕，就明穿榻，以窺汗牛充棟之緒者，蓋四十年於茲矣。上自丘墳以至
稗官樵語者流，罔不窮其意旨，而伐其踳譌，若《史記考要》、《宋史新編》，
乃其尤大者也。茲以其書視余於山中，有所謂《藝餘集》者，其言曰：藝成
而下，況未必成乎？惟吾子覽而論之。余乃反覆玩繹，蓋累旬月而弗舍也，
已乃言曰：夫文祖六經而宗遷固，詩祖《三百》而宗漢魏，邈乎不可尚已。
自時厥後，代有作述，光昭琬琰，率稱名世之珍而鏡物之林也。然而雅鄭同
陳，媟嫱競麗，觀者恆有歉焉。近世文人學士，蓋始彬彬則古矣。而或者固
陋未刊，輒相詆譏曰：文主理勝，不在詞工。乃諄諄以法古為也，是優孟之
學孫叔敖耳。夫遷固漢魏，亦何弗根於理哉！自非陶鑄六經，追踪聖哲，何
以騁藝林之逸駕，播天壤之芳名乎？辟之俞扁之治木也，莫釋規矩也，而心
手相應，運斤若神。孫吳之行師，出入韜略，而奇正闔闢，變化無窮焉。彼
謂擯古人之陳跡，而徒師心以自用，有不血指而喪元者哉！乃先生之詩若文，
總六籍之膏腴，會百家之型範，命意則三才為昭，擒詞與江河比潤，探之益
深，棼之不亂，是俞扁之斲輪，而孫吳之用兵也。蓋不待異代有蔡邕王通者
出，而後知其珍矣，斯所謂徵材於百年者，非耶？爰敘其大都，庶以效古人
讎言之意云爾。先生名維騏，字奇純，別字希齋，與余同舉嘉靖癸未進士。

　　《明詩綜》卷四四　謝山子云：先生閉戶五十年，放意著述，自成一家。
詩以積學勝人，不易託。

　　《靜志居詩話》卷一二　宋、遼、金、元四史，惟《金史》差善，其餘潦
草牽率，豈金匱石室之所宜儲？希齋撰新編，會宋、遼、金三史為一，以宋
為正統，遼、金附焉。升瀛國公益、衛二王於帝紀以存統，正亡國諸叛臣之
名以明倫，列道學於循吏之前以尊儒，歷二十載而成書，可謂有志之士矣。
其詩文曰《藝餘》者，編《宋史》之暇作也。先是揭陽王昂撰《宋史補》，台
州王洙撰《宋元史質》，皆略焉不詳，至柯氏而體稍備。其後臨川湯顯祖義仍、
祥符王維儉損仲、吉水劉同升孝則，咸有事改修。湯、劉稿尚未定，損仲《宋
史記》沉於汴水，余從吳興潘氏鈔得，僅存。然三史取材，紀傳則曾鞏、王
偁、杜大圭、彭百川、葉隆禮、宇文懋昭。編年則李燾、楊仲良、陳均、陳

經。禮樂則聶崇義、歐陽修、司馬光、陳祥道、陳暘、陸佃、鄭居中、張暐。職官則孫逢吉、陳騤、徐自明。輿地則樂史、王存、歐陽忞、稅安禮、王象之、祝穆、潘自牧。著錄則王堯臣、晁公武、鄭樵、趙希弁、陳振孫。類事則徐夢莘、孟元老、李心傳、葉紹翁、呂中、馬端臨、趙秉善、劉祁。述文則趙汝愚、呂祖謙。諸書具在，以予淺學，亦曾過讀。其他宋、金、元人文集，約存六百家。郡縣山水志，以及野史說部又不下五百家。及今改修，文獻尚猶可徵。予嘗欲據諸書，考其是非同異，後定一書。惜乎老矣，未能也！

《明詩紀事》戊籤卷一五引《東南嶠外詩話》希齋登第五十載，未嘗一日為官；人品既超，詩遂似之。

又陳田按　奇純撰《宋史新編》，竭二十餘年之力，可謂精專。詩亦蘊藉，不染塵氣。

傳記

張時徹《柯希齋傳》莆陽文獻甲於天下，縉紳之士蜚英而振采者，項背相望也。近祀以來，若陳孝廉之獨行，黃后峰之忠耿，林貞肅之高邁，方簡肅之純正，鄭山齋之卓立，自餘不可枚舉。操尚不同，鈞之不詭於聖人，世所稱鞠躬君子也。乃若柯公奇純，具臻眾美，闇然自修，當以何道而稱說之。彼其體魯史之淑性，兼商倨之文學，總五經之眇論，讎百家之異同，敦悅道訓，力行仁義，非其人不交，非其地不履，蓋天性然也。方其射策甲科，輒譽流朝寧間，無不人人願納交者。而厚自祕戢，不少露鋒穎，色溫而莊，貌恭而泰，言議非由衷不吐，望之知為有道長者也。已而注南戶部主事，以非其好，不祿也，而移疾請告，歸烏石山中，聚舊業而抽繹之，別淆亂，訂是非，會萬於一，可以輟食而不可以輟學，可以卻名利而不可以涸性靈。及門之士執經而問難者日益雲集，先後至四百餘人，傳授靡倦，要以躬行為先。慨近世學者樂徑悟而憚積累，竊禪家之說以掩孤陋，作左右二銘明其意。著講義二卷，以辨心術端趨向為實志，以存敬畏密，操履為實功，而其極以宰理人物成能天地為實用。至於學之次第，懇懇致意於誠之一字，謂心與理一之謂誠，言與行一之謂誠，終與始一之謂誠，公蓋允蹈之也。又錄所答問釐為〈心解〉、〈學解〉、〈經解上下〉、〈傳解〉、〈史解〉六卷，多儒先所未發，門人共服膺之，梓而傳焉。宋舊史：契丹女眞與宋並帝，時號宋、遼、金三史，蓋出於元儒所修。冠屨莫辨，褒貶不公。公乃著《宋史新編》二百卷，會三史為一，而以宋為正統，遼金刊於外國傳，以尊中國。瀛國二王升於帝

紀以存宋統。正亡國諸叛臣之名以明倫，升道學於循吏以重道。釐複補漏，擊異訂訛，閱二十寒暑始克成書。泰泉黃公佐序謂：『西漢之書不得專美於前。』是編行，則三史廢，稽天運，陳人紀，莫之或先矣。又作《史記考要》十卷，凡班氏之譏評爽實，《漢書》之增損乖義，少孫之補綴亂眞，諸儒之紀載異同，胥辨正之，而天文曆律發明尤詳。又以莆陽文獻自嘉靖以來屢經兵火，懼其遂湮也，乃撰次爲二十卷，以接山齋鄭公岳之筆，曰《續莆陽文獻志》。是書也，與《宋史新編》俱以三品論人。謂求道德之士於三代之下，必欲如古聖賢難矣，但能忠信廉潔，以禮義爲進退，以名節自砥勵，此其根本也。根本既立，雖乏功業文章，不足爲病。根本一喪，即富貴功名，鄙庸人耳，何足取哉。於是褒表不及者，頗曉曉然譁之，而公不恤也。書一入誦，終身不忘。至耋猶不釋卷，雖博極墳索，而下問孳孳，蓋不自滿假如此。著有詩文集十卷、續集四卷、雜著二卷、總六籍之膏腴，會百家之型範，跨唐凌漢，彬彬大雅矣。乃公不欲以此自名，故命曰《藝餘》云。公家居五十年，歷夷狄患難，困矣而所守彌固。凡百可欲，無一足以淆其心，人之知不知，世之用不用，漠如也。厭末俗侈靡，乃躬韋布之素，絕跡於公府，一介非義不苟取，予人亦罔敢以貨干者。先業無尺寸之增，廬燬於寇，則鬻田，以成小築，餘產僅及家衆，率儉以資廉。至義所當爲，略無斬惜，若重構柯山祖祠烏石山崇恩祠，復先隴之侵於豪右者，祀先罔或不虔。急義周貧，於周親族黨，尤兢兢以佐其急。期功不與飲宴，居常接人，無戲言，無苟笑，正襟端坐，肅肅如也，雍雍如也。間發一二言，權道藝及治體人材，明若觀火。喜揚人善而諱人之短。然處友論事，不廢規諷，士夫遊從者，每勸以砥行立言爲不朽圖。觀風之使欽其德者，莫不推轂焉，蓋不可屈指名也。大要謂公問學淵源，志節淬厲，閉門著作，文章可以垂訓。矢志清修，爵祿曾不入心，雖遭兵燹亂離之餘，守貞介一如處子。嘗從京朝士夫之後，甘窮約不畏寒生，德行眞堪範俗，老成夙具典刑。蓋實錄云。公名維騏，奇純其字，別號希齋，莆陽望族，徽州知府西坡公英第四子。方其齒踰弱冠，釋褐南宮，亦既遇矣，曾不一日食於公家，而浩然長往，希蹤考槃，飲泚之流，其清才亮節，非不表著於時也。而徒以無君側之奧援，又不一通書於政府，卒棲遲林壑以死。上之不能黼黻皇猷，次之不得以其著作鳴國家之盛，謂之何哉？乃知力田不如逢年，固昔人所爲長慨者乎！公生於弘治丁巳，卒於萬曆甲戌，享年七十有八。子植，孫某某某。

《明史‧文苑傳三‧柯維騏》（存目）

著錄

《續文獻通考‧經籍考》《宋史新編》二百卷。

《千頃堂書目》卷四《宋史新編》二百卷。又卷五：《史記考要》十卷。又卷七：《莆陽文獻志》。二十四卷。又卷二三：《藝餘集》十卷，《續集》四卷，《雜著》二卷。

《明史‧藝文志二》柯維騏《宋史新編》二百卷，《史記考要》十卷。又《藝文志四》：《藝餘集》十四卷。

140. 錢仲聯主編《歷代別集序跋綜錄》元—明，江蘇教育出版社，2005年10月。

頁972～974 柯潛《竹巖集》（四庫全書本）：

康大和序：是集雖闕逸尚多，然鳳凰芝草，以少為瑞，固知其必傳於世無疑也。奇純氏積學礪行，克世其家，而蒐遺訂誤，是集之傳，實賴之。和生也晚，步驟未能，豈敢序公之文哉！特以鄉邦後學，仰止之私，得附名其末為幸云爾。嘉靖甲寅五月之望，賜進士通議大夫南京禮部右侍郎前掌翰林院事侍講學士春坊諭德同修國史會典邑後學康大和謹序。

柯潛《竹巖集》（四庫全書本）：

董士宏序：明興掄魁，天下學士大夫仰之以為異人者，有如莆竹巖柯公，予竊景慕久矣。逮領符蒞郡，謁鄉賢祠，公神蓋凜凜然。訪其家，從孫希齋先生，則先君同進士也，因獲讀公集及吾師礪峰康先生首序，益想見其為人，從而嘆曰：「公沒幾何年，遺文猶閟弗顯，表章先哲，非有司事哉？」乃捐金以佐鋟梓。……是集詩若文，實希齋先生編校。希齋先生其源委蓋有所受云。嘉靖乙卯春二月望日，賜進士出身中憲大夫奉勑整飭兵備浙江按察司副使前守興化郡晉陵董士宏謹撰。

141. 楊艷秋《明代史學探研》，北京‧人民出版社，2005年12月。

頁16，《中國史學史長編目錄》第八章「改編宋史」（王洙《宋史質》、王昂《宋史補》【附見】、柯維騏《宋史新編》、王惟儉《宋史記》、錢士升《南宋書》、湯顯祖《宋史改本》。）

142. 潘榮勝編《明清進士錄》，北京‧中華書局，2006年3月。

頁358，柯維騏（1497～1574）：明‧嘉靖二年（1523）二甲九十名進士。

福建莆田人，字奇純。授南京戶部主事，未赴，引疾歸。專志讀書，門
人四百餘。維騏作《左右二銘》、《講義》、《問答》等篇，訓學者以務實。合
宋遼金三史爲一，義例嚴整，曰《宋史新編》。又有《史記考要》、《莆陽文獻
記》及詩文集。曾祖潛、曾孫昶，皆爲進士。

143. 徐曉望主編《福建通史・第四卷・明清》，福州，福建人民出版社，2006 年 3 月。

頁 618，歷史學與編纂學，

1《宋史新編》的問世：自宋以來紛亂的歷史，需要學者去總結，在主張
以史爲鑒的中華民族那裏，歷史，是一部教科書，怎樣寫好這部教科書，關
係到中華民族的價值取向，其意義遠遠超過了教科書本身。以最爲重要的宋
史爲例，它修於元末，草率成書，有許多錯誤。更讓儒者不滿的是：它把宋
朝當做與遼朝、金朝並列的國家，究竟誰是這一時代的正統？它關係到這一
時代的價值取向，在儒者看來，這是絕對不可以含糊的。所以，明代的學者
呼籲重修《宋史》。然而，由於這是一項極爲繁重的工程，許多學者有心無力，
直到明後期，才有福建莆田人柯維騏毅然退出仕途，致力於修纂《宋史新編》，
完成了明代學者的夙願。

《宋史新編》是明代學者以理學總結宋遼金史的專著。它的觀點，是明代
學者回顧歷史反複斟酌後的結晶，所以，從一定的意義上來說，它不是一個人
的專著，而代表了一種傾向——絕大多數儒者的傾向。對於明代的學者，最爲
重要的是正統的重新確立。其中最爲重要的是南宋在歷史上的地位。在元代統
治者那裏，他們遵循古老的約定俗成，誰統治中原，誰就是中國的正統。而柯
維騏要翻這一個案，他認爲：游牧民族無論佔地多廣，都不是中原的正統，南
宋王朝上承北宋，盡管它偏安東南，但只有它才是北宋制度文化的繼承者，是
中國王朝的正統。盡管宋朝的政治腐敗，但在歷史的長河中，仍將其當做漢族
政治的代表。爲其成功而歡呼，爲其失策而感嘆。這是一本立場鮮明的史著。
在對宋王朝內部各種勢力分析上，他大力謳歌岳飛抗金的英雄事迹，無情抨擊
出賣宋朝的秦檜，他贊揚文天祥不畏強權的錚錚鐵骨，肯定他寧死不做元朝大
官爲宋朝守節的精神。當然，在學術上，他對宋朝的史實進行了考訂，糾正了
脫脫《宋史》中的不少錯誤。總之，《宋史新編》是一部有其時代意義的書。

關於民族主義的形成，西方學者都以爲是西歐近代以來的新觀念。但對
中華民族這樣一個飽經憂患的民族來說，民族主義的萌芽早在宋明時期即有

其雛形了。柯維騏在其《宋史新編》中，即貫穿了濃厚的、後人稱之爲民族主義的觀點。他以漢族的歷史爲中心，將宋、金、遼史納入規範之中，實際上也反映了在動盪的歷史時代，對中華民族發展的關心，對她命運的擔憂。在儒者們的影響下，在大批武將都投降新朝的情況下，堅持抗清鬥爭。如黃道周，明知唐王政權無力回天，卻自告奮勇出兵，率領一班書生與如狼似虎的清兵搏鬥，被殺之前，還吟出了「綱常萬古，節義千秋，天地知我，家人無憂」的千古名句。這與晚明的思想潮流是相合的。

144. 《歷代名人姓氏全編》（全四冊），北京圖書館出版社，2006 年 4 月。民國時期，有正書局印行。

頁 165，柯維祺（筆者按：應爲「騏」字），明，字奇純，莆田人。嘉靖二年進士，授南京戶部主事，以張學（筆者按：應爲「孚」字）敬方用事，未赴，引疾歸。謝絕賓客，專心讀書。久之，門人日進，先後至四百餘人。著有《宋史新編》、《史記考要》、《續莆陽文獻志》及所作詩文集，並行於世。

145. 南炳文、何孝榮《明代文化研究》，人民出版社，2006 年 6 月。

頁 147「《宋史新編》二百卷，作者柯維騏，字奇純，福建莆田人。嘉靖二年（1523）進士，授南京戶部主事，未赴任而因病歸里。謝賓客，潛心於讀書講學，從者甚眾。廷臣數薦不起，隆慶初授承德郎致仕，78 歲時去世。《宋史新編》撰寫歷時 20 年，它合宋、遼、金三史爲一，以宋爲正統，遼、金附之，對《宋史》中的一些疏漏舛誤有所訂正，然而刪節過多，又囿于民族偏見，成就不大。清人錢大昕評其「用功已深，義例亦有勝于舊史者，惜其見聞未廣，有史才而無史學耳。」

146. 方建新編《二十世紀宋史研究論著目錄》，北京圖書館出版社，2006 年 6 月。

頁 1515，乙 A2932

柯維騏《宋史新編》述評，陳學霖，台灣大學歷史學系學報 1988 年 14 期；《宋史研究集》第二十輯，《國立編譯館》中華叢書編審委員會 1990 年。

147. 崔建英輯、賈衛民、李曉亞整理《明別集版本志》，北京·中華書局，2006 年 7 月。

頁 479，柯潛 2247～2248

2247，竹巖先生文集十二卷，明柯潛撰，清抄本。

　　　　十一行二十五字、白口，魚尾下鑴『重修閩志採訪書』，版心鑴
　　　　『天一閣抄本』。卷端題『四世從孫維騏編校』。
　　2248，竹巖集十八卷補遺一卷續補遺一卷，明柯潛撰。
　　　　卷端題『明柯潛著』，『南京戶部主事四世從孫柯維騏校編』。

148. 陳文新主編《中國文學編年史・明中期卷》，長沙・湖南人民出版社，2006 年 9 月。

　　頁 22，公元 1523 年　（世宗嘉靖二年　癸未），
　　頁 24，同榜進士有潘恩（1496～1582）、鄭曉（1499～1566）、張時徹（1500～1577）、吳鵬（1500～1579）、屠大山（1500～1579）、李舜臣（1499～1559）、陸銓（？～1542）、顧夢圭（1500～1558）、高叔嗣（1501～1537）、韋商臣（？～？）、朱淛（1486～1552）、狄冲、王激、柯維騏（1497～1574）等。
　　頁 408，公元 1574 年（神宗萬曆二年，甲戌），
　　頁 414，柯維騏（1497～1574）卒。張時徹〈柯希齋傳〉：「公生於弘治丁巳，卒於萬曆甲戌，享年七十有八。」「公名維騏，奇純其字，別號希齋，莆陽望族，徽州知府西坡公英第四子。」嘉靖癸未（1523）進士，授南京戶部主事。「以非其好，不祿也，而移疾請告，歸烏石山中，聚舊業而抽繹之，別淆亂，訂是非，會萬於一，可以輟食而不可以輟學，可以卻名利而不可以涸性靈。及門之士執經而問難者日益雲集，先後至四百餘人，傳授靡倦，要以躬行爲先。慨近世學者樂徑悟而憚積累，竊禪家之說以掩孤陋，作左右二銘以明其意。著講義二卷，以辨心術端趨向爲實志，以存敬畏密操履爲實功，而其極以宰理人物，成能天地爲實用。至爲學之次第，懇懇致意於誠之一字，謂心與理一之謂誠，言與行一之謂誠，終與始一之謂誠，公益允蹈之也。又錄所答問釐爲心解、學解、經解、傳解上、傳解下、史解六卷，多儒先所未發，門人共服膺之，梓而傳焉。宋舊史：契丹、女眞與宋並帝，時號宋、遼、金三史，蓋出於元儒所修。冠屨莫辨，褒貶不公。公乃著《宋史新編》二百卷，會三史爲一，而以宋爲正統，遼、金刊於外國傳，以尊中國。」「又作《史記考要》十卷」，「又以莆陽文獻自嘉靖以來屢經兵火，懼其遂湮也，乃撰次爲二十卷，以接山齋鄭公岳之筆，曰《續莆陽文獻志》。」
　　　　「著有詩文集十卷，續集四卷，雜著二卷，總六籍之膏腴，會百家之型範，跨唐凌漢，彬彬大雅矣。乃公不欲以此自名，故名曰《藝餘》云。」《靜志居詩話》卷十二〈柯維騏〉：「柯維騏字奇純，莆田人。嘉靖癸未進

士，官南京戶部主事。有《藝餘集》。宋、遼、金、元四史，惟《金史》差善，其餘潦草牽率，豈金匱石室之所宜儲？希齋撰新編，會宋、遼、金三史爲一，以宋爲正統，遼、金附焉。升瀛國公益、衛二王於帝紀以以存統，正亡國諸叛臣之名以明倫，列道學於循吏之前以尊儒，歷二十載而成書，可謂有志之士矣。其詩文曰《藝餘》者，編《宋史》之暇作也。先是揭陽王昂撰《宋史補》，台州王洙撰《宋元史質》，皆略焉不詳，至柯氏而體稍備。其後臨川湯顯祖義仍、祥符王維儉損仲、吉水劉同升孝則，咸有事改修。湯、劉稿尚未定，損仲《宋史記》沉於汴水，余從吳興潘氏鈔得，僅存。然三史取材，紀傳則曾鞏、王偁、杜大圭、彭百川、葉隆禮、宇文懋昭。編年則李燾、楊仲良、陳均、陳桱。禮樂則聶崇義、歐陽修、司馬光、陳祥道、陳暘、陸佃、鄭居中、張暐。職官則孫逢吉、陳騤、徐自明。輿地則樂史、王存、歐陽忞、稅安禮、王象之、祝穆、潘自牧。著錄則王堯臣、晁公武、鄭樵、趙希弁、陳振孫。類事則徐夢莘、孟元老、李心傳、葉紹翁、呂中、馬端臨、趙秉善、劉祁。述文則趙汝愚、呂祖謙。諸書具在，以予淺學，亦曾過讀。其他宋、金、元人文集，約存六百家。郡縣山水志，以及野史說部文又不下五百家。及今改修，文獻尚猶可徵。予嘗欲據諸書，考其是非同異，後定一書。惜乎老矣，未能也！」《明史‧藝文志》著錄其《宋史新編》二百卷、《史記考要》十卷、《藝餘集》十四卷。《明詩紀事》戊籤卷十五錄柯維騏詩四首，陳田按：「奇純撰《宋史新編》，竭二十餘年之力，可謂精專。詩亦蘊藉，不染塵氛。」

149. 謝保成編《中國史學史》，北京‧商務，2006 年 10 月。

明代的改編《宋史》：

嘉靖三十四年（1555），柯維騏又以紀傳體改編宋史，推出《宋史新編》200 卷，本紀 14 卷、志 40 卷、表 4 卷、列傳 142 卷。「會三史爲一，而以宋爲正統，遼、金列于外國傳，以尊中國瀛國、二王升于帝紀，以存宋統；正亡國諸叛臣之名，以明倫；升道學于循吏，以重道」。

150. 李焯然主編《明清研究：現狀的探討與方法的反思》，香港教育圖書公司，2006 年。

頁 75～90，李焯然〈明代史學研究的幾點反思〉，

陳學霖〈明代宋史學──柯維騏《宋史新編》述評〉是探討明代後期流行一時的重修宋史運動的重要著作。

（原發表於《國立台灣大學歷史學系學報》，第 14 期，1988 年。後見收
陳著：

《明代人物與史料》（香港：中文大學出版社，2001 年），頁 283～320。）

151. 中國國家圖書館編《地方志人物傳記資料叢刊》，【華東卷】上編
第 78 冊，（乾隆）《興化府莆田縣志》，（清）汪大經、王恆等修，
廖必琦、林黌纂（1926 年吳輔再補刻本），載北京圖書館出版社，
2007 年。

〈理學傳〉柯維騏，字奇純，弱冠領鄉薦，登嘉靖癸未進士，爲宮詹黃
佐門人。黃語人曰，及門固多士，異時無忝爲儒，柯氏子也。授南京戶部主
事，引疾歸後，禮臣倡新法，諸京朝官請給踰三年者，咸罷免。維騏在停格，
遂矢志嚴居，鍵關息交以鳴道，著書自許，弟子負笈門下者四百餘人。慨近
世竊禪學以掩孤陋　，作〈左右銘〉。欲學者實志實功實用，而一誠終始，作
〈講義〉，與生徒問辨心學，講釋經傳，上下千餘言，作〈答問〉。會宋遼金
三史爲一，尊宋正統。瀛國二王升在帝紀，正亡國諸叛臣之名升道術，於循
吏擊異訂訛，閱二十年寒暑成書，作《宋史新編》，於《史記》慨班氏譏評爽
實，少孫補綴亂眞，咸辨正之，作《史記考要》、《莆陽文獻》一書，著自鄭
司馬岳，維騏續撰次之，貴在砥礪名行，次勳業，次文章，作《續莆陽文獻》
雜文及古詩。近體溫厚典則，藏修之下，時藉自遣，然心不屑焉，作《藝餘
集》。至若河汾一傳，借古寓情，斯陶公之詠慶卿也。家食五十年前後，部使
者李元陽、撫臣譚綸等論薦十八疏。隆慶改元給事中。岑用賓御史、尹校疏
薦，可備著述，竟以引年例詔，受承德即致仕。維騏秉質孝謹，植躬嚴翼，
平居不入公府，儉以濟廉，年七十有八卒。鄉大夫合誄之曰：

「才兼述作，學紹程朱」，蓋實錄云。

兄維熊，正德丁丑進士，官工部郎中，有才名。維熊領鄉薦，官龍游知
縣，性樸茂。維熊子，本嘉靖庚戌進士，歷官浙江僉事，爲南曹郎時，分司
鳳陽。流寇師尚詔，窺臨淮，將渡黃河，本率兵捍禦之，賊引去。臨淮人爲
勒碑立祠焉。孫茂竹，有傳餘，見選舉志。

152. 嚴紹璗 編著《日藏漢籍善本書錄》（全三冊），北京・中華書局，
2007 年 3 月。

上冊　經部　史部　頁 451，史部・別史類

《宋史新編》二百卷，

（明）柯維騏編，明嘉靖年間（1522～1566年）刊本

內閣文庫　東洋文庫　尊經閣文庫　靜嘉堂文庫　蓬左文庫

京都大學人文科學研究所東洋學文獻中心　御茶之水圖書館藏本

【按】每半葉有界十行，行二十一字。

卷首有明嘉靖三十四年（1555年）黃佐〈序〉。〈序〉曰：「宋舊史成於元至正乙酉，是非不公。景泰間翰林學士吉水周公嘗疏於朝，自任筆削。羈於職務，書竟勿成。柯子笈仕戶曹，輒謝病歸。養高林壑，覃思博考。乃能會通三史，以宋爲正，刪繁補闕，歷二十寒暑始成。命曰《宋史新編》，不沿舊也。」

有明嘉靖三十六年（1557年）同邑康大和〈後序〉。

內閣文庫藏此同一刊本兩部。一部原係楓山官庫舊藏，共六十冊。一部原係江戶時代林氏大學頭家舊藏，共五十九冊。

東洋文庫藏本，書有附錄，共六十冊。

尊經閣文庫藏本，原係江戶時代加賀藩主前田綱紀等舊藏，共四十二冊。

靜嘉堂文庫藏本，原係陸心源十萬卷樓等舊藏，共四十冊。

蓬左文庫藏本，係後水尾天皇元和年間（1615～1624）購入本。原係江戶時代尾張藩主家舊藏，卷中有「尾陽內庫」印記。共六十冊。

京都大學藏本，共六十冊。

御茶之水圖書館藏本，原係前田侯爵家舊藏，昭和二年（1927年）德富蘇峰從前田氏家購入，收藏於成簣堂。此本白綿紙本，封面用日本產藍色古紙，貼上原刊印題簽，卷中有「前田氏尊經閣圖書記」朱印，共四十二冊。

【附錄】《商舶載來書目》記載，後櫻町天皇明和二年（1765年）中國商船「曾字號」載《宋史新編》一部八帙抵日本。

仁孝天皇天保六年（1835年）大阪河內屋吉兵衛等刊行《宋史新編》二百卷。此本後有重印本。

日本仁孝天皇天保六年（1835年）大阪河內屋喜兵衛等刊印《宋史新編》二百卷，其後，此本有重印本。

《宋史新編》二百卷：

（明）柯維騏撰，明刊本，共五十二冊

靜嘉堂文庫藏本

153. 復旦大學圖書館古籍部編《四庫系列叢書目錄‧索引》，上海古籍
出版社，2007 年 5 月。

　　　頁 208，《宋史新編》二百卷：（明）柯維騏撰，影印上海圖書館藏明嘉靖
　　　　　四十，三年杜晴江刻本，第 308～311 冊；

　　　頁 249，C 續修四庫全書‧子部，柯子答問六卷：（明）柯維騏撰，（明）
　　　　　吳大揚（明）方文沂輯，影印安徽博物館藏明隆慶四年刻本，第
　　　　　939 冊；

　　　頁 391，D1 四庫全書存目叢書‧史部，《宋史新編》二百卷附錄一卷，（明）
柯維騏撰，影印明嘉靖間刻本，史部第 20～22 冊。

154. 《中華大典‧歷史典》‧史學理論與史學史分典，上海古籍出版社，
2007 年 12 月。

　　　柯維騏傳：焦竑《獻徵錄》卷三二〈柯希齋維騏傳〉（同上 2）

　　　　　　　　　《明史》卷二八七〈文苑三‧柯維騏傳〉（同上 5）

155. 冀寧、任夢強編《湖南圖書館古籍綫裝書目錄》，北京‧綫裝書局，
2007 年 12 月。

　　　頁 529，《宋史新編》二百卷／（明）柯維騏編‧一明嘉靖 36 年（1557）
　　　　　刻本‧一存 54 冊‧存卷 1-124、132-200。十行二十一字，白口，
　　　　　四周單邊。鈐有「侯官劉永松印」、「向焯之印」、「侯官劉筠藏書
　　　　　印」印。213 / 12

　　　頁 1920，《竹巖集》十八卷補遺一卷續補遺一卷附鍍一卷／（明）柯潛撰；
　　　　　柯維騏等校編‧一清光緒 14 年（1888）擢英書院刻本‧一存 3
　　　　　冊‧一缺 5 卷：卷 11～15。436 / 244

156. 陳長文《明代科舉文獻研究》，濟南‧山東大學出版社，2008 年 3 月。

　　　頁 38 附：現存明代進士登科錄（含會試錄、進士同年錄、進士履歷便覽）

版本及庋藏情況一覽表

登科錄名稱	版　本	現收藏單位	備　注
嘉靖二年 進士登科錄	明嘉靖刻本	天一閣	入《選刊‧登科錄》
嘉靖二年 會試錄	明嘉靖刻本	天一閣、上圖	天一閣本入《選刊‧會試錄》

157. 楊寬、方詩銘、程應鏐、陳旭麓、沈起煒主編《中國通史詞典》，
上海人民出版社，2008 年 4 月。

頁 1945，柯維騏（1497～1574），明福建莆田人，字奇純。嘉靖進士，授
南京戶部主事，未赴任即引疾歸。謝賓客專心讀書，門人達四百餘人。感慨
當時學風之弊，提倡務實之學。登第五十年，未嘗一日服官，安貧樂道，專
心讀書與著作。合宋、遼、金三史為一，以遼、金附宋之後，名《宋史新編》。
又著《史記考要》、《續莆陽文獻志》等。

158. 傅玉璋《中國古代史學史》，安徽大學出版社，2008 年 5 月。

頁 220「柯維騏《宋史新編》二百卷：「柯維騏，字奇純，福建莆田人。
嘉靖二年（1523 年）進士，授南京戶部主事，因疾未到任。登第五十年，未
服一日官，他「世味無所嗜，惟嗜讀書」，講學著述，門人日增，前後四百餘
人。柯維騏提倡學者務實，端正心術。他改寫《宋史》，合「三史〈宋、遼、
金〉」而為一史，以宋為主，附以遼、金，並列二王（衛國、益王）于本紀，
「褒貶去取，義例嚴整」，用二十年成書，改正了《宋史》的一些錯誤。此書
有本紀十四卷，志四十卷，表四卷，列傳一百四十二卷。王鳴盛說《宋史新
編》「簡明」。《四庫全書總目提要》稱「糾繆補遺，亦頗有所考證，但無所創
新。」

159.（日）內藤湖南《中國史學史》，馬彪譯，上海古籍出版社，2008
年 6 月。

「前述楊維楨的〈正統論〉則反對分別撰著「三史」（宋，遼，金史），
認為應該獨立編纂《宋史》。當時已經出現了反對編纂「三史的論調，柯維騏
《宋史新編》就是這種論調的產物。那時正統論很喧囂，此外還有其他一些
講正統論的書，即便對以前的《三國志》在宋元之間也出現有各種著作。宋
代蕭常、元代郝經都有《續後漢書》之作，是以蜀為漢代後續作為正統的論
調。明代謝陛的《季漢書》也是以蜀為正統，這些都是類似的例子。歷史編
纂的傾向經常是受到那個時代學問流派所支配的。關於「三史」也是，雖然
議論編纂「三史」的觀點是很平穩、公平的，而後世對「三史」還是議論紛
紛。

《四庫提要》對「三史」的評論是邵晉涵起草，紀昀訂正的，邵晉涵
雖然沒有說什麼，但因為紀昀對《宋史》不滿，他的評論就成為了後來史

家議論的起點。即《宋史》除了〈儒林傳〉之外立有〈道學傳〉的問題，立〈道學傳〉傷害了反對宋學的清朝漢學派學者的感情，所以認爲這是《宋史》畫蛇添足的敗筆。對於是否有必要立〈道學傳〉的問題，在《明史》編纂時已經有激烈的討論了，《明史》最終就沒有建立〈道學傳〉。上述情況都從學派門戶的主張涉及到各種問題，即便以宋代爲正統，也還是出現了應當如何定義正統範圍的議論。紀昀認爲《宋史》也有妥當的地方，即至宋末德裕帝（後稱瀛國公）降元元爲正統，那以後的二幼帝不算正統的觀點（《宋史新編提要》）。這說明從那時開始已經承認了元朝的正統地位了。總之，學者流派之爭是涉及正統論的，元人所著《宋史》當然不承認德裕帝以後的二幼帝，對此後來卻得到了清朝漢人學者的稱贊，這是很有意思的現象。

160. 謝如明編著《莆田發展簡史》，廈門・廈門大學出版社，2008 年 6 月。

頁 123〈明代興化府〉文化成果，明代，興化籍文人著書立說再度蔚然成風，文海書林，留下豐贍的文化遺產。據志書「藝文類」統計，明代興化籍官宦、文人 534 人共著書 1120 種。

一是體現在哲學上。明代中後期，福建出現了李贄、林兆恩兩位思想家，其中林兆恩是莆田人。

二是體現在史學上。明代，興化府史學園地也出現繁榮的景象，湧現出一批史學家，留下了一批對我國有影響的國史、地方志書。

柯維騏，1497～1574，字奇純，號希齋，莆田縣城內小柯山（今屬城廂區龍橋街道辦梅峰居委會）人。他著有《宋史新編》200 卷，匯《宋史》、《遼史》、《金史》爲一書，又著有《史記考要》10 卷、《續莆陽文獻》24 卷以及《藝餘集》、《雜著》等，是明代著名史學家。清《四庫全書總目》評說《宋史新編》「糾謬補遺亦頗有所考訂」。《宋史新編》被譯爲日文出版發行。日本、英國學者稱贊它是研究《宋史》的最佳著作。

三是體現在文學上。明代，興化府在文學方面，也取得了重要成就，產生了一大批文學著作。

161. 楊昶 編著《明代人物別名索引》，武漢・崇文書局，2008 年 8 月。

頁 156：「柯維奇──柯維騏」

162. **瞿林東《史學理論與史學史學刊》2008 年卷（總第 6 卷），社會科學文獻出版社，2008 年 9 月。**

羅炳良〈20 世紀的《宋史》研究〉：「從《宋史》成書到今天，已經過去了六個半世紀之久，歷代學人對《宋史》的研究，也積累了豐厚的成果。大致說來，明清至近代的研究者多側重于對《宋史》的改撰、補撰和考證，整理史料成就很大，而理論研究的成績較小；只有在進入 20 世紀以後，《宋史》才得到較爲全面的研究，取得了前所未有的突出成績。

明代漢族史家大多不贊同元代撰修《宋》、《遼》、《金》三史各予正統的史法，不承認遼、金、元政權的合法性，紛紛改修《宋史》，以兩宋皇朝爲正統，而以遼、金、元爲閏位。其中最主要的有王洙的《宋史質》、王惟儉的《宋史記》、文德翼的《宋史存》、柯維騏的《宋史新編》、陳經邦的《通鑒續編》、王宗沐的《宋元資治通鑑》、薛應旂的《宋元資治通鑑》、商輅的《宋元通鑑綱目》、陳邦瞻的《宋史紀事本末》等，或以遼、金史實附于宋代史實之下，或對遼、金二史刪而不書，存在著相當嚴重的民族偏見。」

163. **周雪香《莆仙文化述論》，北京・中國社會科學出版社，2008 年 12 月。**

頁 176，再如柯氏，自柯潛景泰二年（1451 年）中狀元後，從他的曾孫柯英起，五世相連出進士，柯英（弘治十二年倫文敘榜，1499 年）、柯維熊（英子，正德十二年舒芬榜，1517 年）、柯維騏（英子，嘉靖二年姚淶榜，1523 年）、柯本（維熊子，嘉靖二十九年唐汝楫榜，1550 年）、柯茂竹（維騏孫，萬曆十一年朱國祚榜，1583 年）、柯昶（維騏曾孫，萬曆三十二年楊守勤榜，1604 年）五世科甲連翩。

164. **李萬健、羅瑛輯《歷代史志書目叢刊》，北京・國家圖書館出版社，2009 年 7 月。**

第九冊，清張廷玉等撰《明史・藝文志》，同治癸未鎮海張壽榮刻《八史經籍志》本

頁 649，柯維騏《史記考要》十卷。

165. **南京圖書館編纂《中國古籍善本書目索引》，上海古籍出版社，2009 年 8 月。**

頁 1484，4192 柯維騏（明）　史 00139

　　　　　史 00853

　　　　　史 00854

　　　　　史 00855

　　　　　子 00835　《柯子答問》六卷

166. 陳文新、何坤翁、趙伯陶主撰《明代科舉與文學編年》，武漢大學
　　　出版社，2009 年 9 月。

　　頁 1545：明世宗嘉靖二年癸未（公元 1523 年）

　　頁 1558：柯維騏，貫福建興化府莆田縣，民籍，國子生，治《春秋》。

　　　　　　字奇純，行四，年二十七，二月初二日生。

　　　　　　曾祖浚，壽官。祖暄，贈大理寺評事。

　　　　　　父英，知府。母蔣氏，封孺人。慈侍下。

　　　　　　兄維熊，行人司行人；維罴，貢士；維魚。

　　　　　　弟維蕃、維翰。娶顧氏。福建鄉試第二十四名，

　　　　　　會試第四十九名。

167. 中國古籍總目編纂委員會編《中國古籍總目》史部，北京中華書
　　　局・上海古籍出版社，2009 年 10 月。

　　第 1 冊，頁 80，史 10200713

　　《宋史新編》二百卷，明柯維騏撰，

　　　　明嘉靖間刻本　　國圖　北大　上海　　天津　　南京（清丁丙跋）

　　　　明嘉靖四十三年刻本　上海　天津　　南京

　　　　明刻本　　　　　　　國圖　北大　遼寧

168. 胡國珍主編《中國古代名人分類大辭典》，北京・華語教學出版
　　　社，2009 年，第一版（四冊）。

　　柯維騏（1497～1574）

　　　　字奇純，莆田（今屬福建）人，嘉靖二年（1523）進士。授南京戶部主事，
　　未赴，輒引疾歸。自是謝賓客，專心讀書，講學著述。久之，門人日進，先後
　　四百餘人。積二十年精力，合宋、遼、金三史爲一，成《宋史新編》二百卷。

　　　　是書以宋爲正統，遼、金附之，置于外國與西夏、高麗同列。對《宋史》
　　多有糾謬補遺與考訂，然刪削過多，史料價值減低。尚著有《史記考要》、《續
　　莆陽文獻志》及所作詩文集等。

　　　　資料來源：《明史》卷 287 本傳、《四庫全書總目》卷 50。（刁書仁）

169. 雍繁星選編《20 世紀中國文學研究論文選：明代卷》，北京・社會
科學文獻出版社，2010 年 1 月。

頁 54，郭紹虞〈明代的文人集團〉：「（二九）耆老會：

周嬰《巵林》卷四〈耆老〉條謂：「隆慶己巳，莆田有耆老會。太守鄭弼，
年七十八；少參雍瀾，七十七；太守陳敘，七十六；運使林汝永，七十五；
主事柯維騏，七十四；太守林允宗，七十二；尚書康大和，年七十一。大和
賦詩云：「故里重開耆老會，七人五百二十三。」後尚書林雲同年六十九，亦
與會。」

170. 于寶林編著《中華歷史紀年總表》，北京・社會科學文獻出版社，
2010 年 6 月。

頁 1489，附錄 2　中外對照歷史大事年表，

公元 1574 年・史學家柯維騏（字奇純，1497～1574）卒。

著有《宋史新編》。

171. 何宗美《文人結社與明代文學的演進》，北京・人民出版社，2011
年 3 月。

上冊，頁 322：八仙會。又叫八老會、耆老會。《筆精》、《巵林》、《興化
府莆田縣志》有載。隆慶三年（1569），莆田鄭弼、雍瀾、陳敘、林汝永、柯
維騏、林允宗、康大和結怡老社，諸人年皆過逾七旬，最長者鄭弼七十八歲，
後來六十九歲的林云同亦與社，合為八老，人稱八仙會。入此社者為擔任過
中高層官職而致仕家居的文人，其中康大和曾任南京工部尚書。其社集特點
是：「每一月一會，主席者先期作詩邀請，同會者共和之，及期免催。盤餐過
盛有罰，真率之約大都與洛社同風焉。」

下冊，頁 226：八老會/八仙會（隆慶三年，1569）：

《筆精》卷七「莆田九老八老」：隆慶己巳，有耆老會，太守鄭弼，年七
十八；少參雍瀾，年七十七；太守陳敘，年七十六；運使林汝永，年七十五；
主事柯維騏，年七十四；太守林允宗，年七十二；尚書康大和，年七十一。
大和賦詩云：『故里重開耆老會，七人五百二十三。』後尚書林云同，年六十
九，亦與斯會，真太平盛事也。

《巵林》卷四「耆英」：「隆慶己巳，莆田有耆老會。太守鄭弼年七十八，
少參雍瀾七十七，太守陳敘七十六，運使林汝永七十五，主事柯維騏七十四，

太守林允宗七十二，尚書康大和年七十一。大和賦詩云：「故里重開耆老會，七人五百二十三。」後尚書林云同年六十九，亦與會。

《興化府莆田縣志》卷三五：「嘉靖丙寅，康尚書大和致仕還家，己巳舉耆老會。鄭知府弼號棠泉年七十八，雍少參瀾號見川年七十七，陳知府敘號淇塘年七十六，林運使汝永號南崧年七十五，柯主政維騏號希齋年七十四，林知府允宗號方渠年七十二，大和號礪峰年七十一，賦詩首倡云：「故里重開耆老會，七人五百二十三。」蓋總計其算也。後又增林尚書云同號退齋，年六十九，人稱八仙會。每一月一會，主席者先期作詩邀請，同會者共和之，及期免催。盤

餐過盛有罰，眞率之約大都與洛社同風焉。〈八仙歌〉詩，萬曆壬辰汝永子憲副廷陛鐫於廣之雷陽。」

172. 來新夏、韋力、李國慶匯補《書目答問匯補》下冊，北京・中華書局，2011 年 4 月。

柯維熊 256，

柯維騏 342，《宋史新編》二百卷。

　　　　　明柯維騏。明刻本。

　　　　　陳黃中宋史稿二百十九卷，未刊。

　　　　　以下二書，皆爲刪繁就簡。

173. 朱志光《明人漢史學研究》，武漢・湖北人民出版社，2011 年 5 月。

頁 139，柯維騏《史記》考證中的「別淆亂訂是非，會萬于一」：

柯維騏在史學上的建樹，主要體現爲《史記考要》和《宋史新編》。對于《宋史新編》，學界已有所論述。而對《史記考要》，依筆者目力所限，僅見學人引用其間的內容，而未見進行專門之研究，鑒於此，本人力圖通過對《史記考要》內容的梳理，借以洞悉柯維騏對《史記》的研究，同時發掘柯氏崇尚實學的思想。

由於柯氏務實的學風，他對《史記》的研究主要體現在以下三個方面：

一、指陳《史記》記載的不確之處：

　　　1. 指出後世所補內容之不確；

　　　2. 推理《史記》所載之誤；

　　　3. 存異存疑。

二、對《史記》編纂體例和主題的考證：太史公在撰寫《史記》時，材料來源廣泛，涉及《國語》、《戰國策》、《世本》及一些先秦典籍之類。柯維騏在鑒賞《史記》時，對於《史記》內容的取捨、安排非常關注，并且提出自己的理解。

    1. 指出《史記》體例反映了鑒戒主題。

    2. 指出《史記》體例反映了司馬遷的個人心結。

    3. 據《史記》文理考證其內容中的增補現象。

三、歸納《史記》敘事的方法：

    1. 關注太史公的文學描寫手法；

    2. 歸納《史記》紀事的方法。

174. 張可禮《中國古代文學史料學》，南京・鳳凰出版社，2011 年 9 月。

頁 292，當代史著述成果豐碩：

「明代雖然也關注以前的歷史，編纂了一些以前的史著，如宋濂、王禕受太祖之命任總裁編撰的《元史》，王洙的《宋史質》，柯維騏的《宋史新編》，陳檉的《通鑑續編》，王宗沐的《宋元資治通鑑》，但特別重視的是當代史的編纂，有關這方面的成果的類型和數量都很多。……」

175. 喬治忠《中國史學史》，北京・中國人民大學出版社，2011 年 10 月。

頁 232，「中國傳統史學中，歷史評論與對史家史書的批評歷代早有，元明兩代的文人學者更樂此不疲。在本時代各種因素的影響下，史論與史評出現了新的特點。至明代，由於邊患頻仍，學界對「夷夏之防」的歷史觀念越來越嚴苛，輿論傾向于排斥一切夷狄政權的正統地位，有多人重撰宋代歷史以貶低遼、金政權，將之歸于「閏位」，如王洙的《宋史質》100 卷、柯維騏《宋史新編》200 卷等，均突出這個宗旨。」

176. 首都圖書館編《首都圖書館古籍善本書目》，北京・國家圖書館出版社，2011 年 12 月。

頁 50，《宋史新編》二百卷/（明）柯維騏編，

一刻本，明嘉靖（1522～1566）—80 冊（8 函）。一卷 52，53，154～160，192，198 係抄配。半葉 10 行，行 21 字，白口，四周單邊，半框 18.7 X 13cm.

有刻工：鄭五、王良等。鈐『蘇象乾藏書記』朱文印，「眞州吳氏有福讀書堂藏書」朱文印。—綫裝。（乙二/977）

177. 謝貴安《中國史學史》，武昌・武漢大學出版社，2012 年 1 月。

頁 377，《宋史新編》200 卷，其中本紀 14 卷，志 40 卷，列傳 120 卷，表 4 卷，是明代嘉靖間病退官員柯維騏所撰。柯維騏（1497～1574 年）字奇純，福建莆田人。中進士後，簡選爲戶部曹官，但旋即謝病歸家。他有感於《宋史》撰於元末，倉促成書，蕪雜舛謬，又與金、遼二史並列，難以表明正統，因此立志將三史合併爲一，突出漢族政權的正統地位，據載：「《宋史》與遼、金二史舊分三書，維騏乃合而爲一。以遼、金附之，而列二王（益王、衛王）於本紀。褒貶去取，義例嚴整，閱二十年而始成，名之曰《宋史新編》。」這部史書其實寫了宋、遼、金三朝的歷史，但卻把遼、金二朝按《宋史・外國西夏傳》的模式附入宋史中。嘉靖四十三年李義壯在該書序中指出：「《宋史新編》，遼、金二史附爲不書，獨書宋史者何？尊正統也。……暇日合三史而厘正之，創爲此編，獨揭宋爲正統，而遼、金則因事附見，如所謂西夏然者。且刪其蕪累，補其闕遺，或核實以稽疑，或闡幽以微顯，或究終以明始，或繫異以統同，綱舉目隨，事詳文省，是誠賢者之慮而《春秋》之旨也。」《宋史新編》在強調正統上的「成就」並不爲我們所重視，但它對三部舊史疏誤的訂正則是十分有意義的。

178. 廉敏《明代歷史理論研究》，中國社會科學出版社，2012 年 9 月。

頁 222，「柯維騏（1497～1574），字奇純，福建莆田人。嘉靖二年進士。《明史》有傳。著《宋史新編》、《柯子答問》。其中，《宋史新編》「閱二十年而始成。」朱仲玉稱其「大約完成於嘉靖三十三年。」」

179. 吳漫《明代宋史學研究》，北京・人民出版社，2012 年 10 月。

頁 59，「嘉靖至明亡是明代宋史研究的繁榮與終結期。」

頁 61，「嘉靖三十四年（1555 年），柯維騏撰成《宋史新編》200 卷，是明代宋史學者撰出的第二部紀傳體宋史著述。是書刊刻於嘉靖三十六年（1557 年）。柯維騏，字奇純，號希齋，莆田人。嘉靖二年（1523 年）進士，授南京戶部主事，未赴而引疾歸。其專志向學，以著書自任，門人四百餘。其問辨心學，講釋經傳，訓學者以務實；又常常與人言求士於三代而下，必以砥勵名行爲本，功業文章則在其次。可見理學對其影響之深。柯維騏反思宋史，認爲「宋、遼、金三史並列，尤失《春秋》之義」，于是潛精積思，遠紹博稽，厘復訂訛，舉偏補漏，以二十年精勤之力會通宋、遼、金三史爲一，撰《宋

史新編》200 卷,義例嚴整。是書汲取《春秋》與《綱目》書法,以宋爲正統,遼、金列于《外國》,以宋末帝昺、帝昰、帝昺入《本紀》以存宋統;于記事尤詳於正統皇朝。朱彝尊贊曰:「希齋撰《新編》,會宋、遼、金三史爲一,以宋爲正統,遼、金附焉。升瀛國公益、衛二王于帝紀以存統,正亡國諸叛臣之名以明倫,列道學于循史之前以尊儒,歷二十載而成書,可謂有志之士矣。……先是揭陽王昂撰《宋史補》、台州王洙撰《宋元史質》,皆略焉不詳,至柯氏而體稍備。」此評頗中肯綮。」

180. 魏小虎編撰《四庫全書總目彙訂》(一至十一冊),上海古籍出版社,2012 年 12 月。

頁 1653《宋史新編》,史部六,別史類存目

宋史新編二百卷(浙江孫仰曾家藏本),明柯維騏撰。維騏,字奇純,莆田人。嘉靖癸未進士,授南京戶部主事,未任事而歸。事蹟具《明史・文苑傳》。

史稱其家居三十載,乃成是書。沈德符《敝帚軒剩語》稱其作是書時,至於發憤自宮,以專思慮,可謂精勤之至。凡成本紀十四卷,志四十卷,表四卷,列傳一百四十二卷,糾謬補遺,亦頗有所考訂。然托克托等作《宋史》,其最無理者莫過於〈道學〉、〈儒林〉之分傳,其最有理者莫過於本紀終瀛國公而不錄二王,及遼金兩朝各自爲史而不用〈島夷〉、〈索虜〉互相附錄之例。蓋古之聖賢,亦不過儒者而已,無所謂道學者也。如以爲儒者有悖於道,則悖道之人,何必爲之立傳?如以爲儒者雖不悖道,而儒之名不足以盡道,則孔子之詔子夏,其誤以取法乎下耶?妄生分別,徒滋門戶。且《太平御覽》五百十卷中嘗引〈道學傳〉二條,一爲樂鉅,一爲孔總,乃清淨棲逸之士。襲其舊目,亦屬未安,此必宜改者也,而維騏仍之。至於元破臨安,宋統已絕,二王崎嶇海島,建號於斷檣壞櫓之間,偷息於魚鱉黿鼉之窟,此而以帝統歸之,則淳維遠遁以後,武庚搆亂之初,彼獨非夏、商嫡冢神明之胄乎?何以三代以來,序正統者不及也!他如遼起滑鹽,金興肅愼,並受天明命,跨有中原。必似元經帝魏,盡黜南朝,固屬一偏。若夫南北分史,則李延壽之例,雖朱子生於南宋,其作《通鑑綱目》,亦沿其舊軌,未以爲非。元人三史並修,誠定論也。而維騏強援蜀漢,增以景炎、祥興,又以遼、金二朝置之〈外國〉,與西夏、高麗同列,又豈公論乎?大綱之謬如是,則區區補苴之功,其亦不足道也已。

181. 阮其山《莆陽名人傳》，福州・海峽文藝出版社，2013 年 4 月。

頁 301，柯維騏：

柯維騏，字奇純，號希齋，莆田縣人。明代著名歷史學家，以巨著《宋史新編》聞名於世。

【辭官力學、授徒著述】明弘治十年（1497），柯維騏生於仕宦世家。高祖柯潛，為憲宗朝翰林掌院，官至國子祭酒。父柯英，進士出身，官至徽州（（今屬安徽）知府。維騏幼時靈穎，傳承家學，「思遠而志宏，識高而才敏。」弱冠領鄉薦，明嘉靖二年（1523）登進士第，授南京戶部主事。

時朝政腐敗，局勢不安。柯維騏無意出仕，未領牒就任便引疾告假歸莆。朝廷規定，京官告假逾三年者一律罷職，柯維騏因超過期限而被除名。邑人黃鞏曾因疏諫明武宗南巡，被罷職為民，家居多年，贈詩慰曰：「李泌名方起，休文病轉縈（纏繞）。望鄉愁思減，去國宦情輕。江淨孤帆影，天寒落葉聲。烏山深築室，坐養寸丹成。」維騏自此杜門謝客，摒棄名利，專心讀書，學問益進。從學者先後達四百餘人，誨人不倦。翰林修編、東宮少詹事黃佐，譽稱其為「柯氏鴻儒」。

柯維騏一面授徒講學，一面傾心著述，以「明道著書」為己任。他有感於學者學風輕浮，好走捷徑，苦於厚積，以流行時說掩飾學問之淺陋，作《左銘》、《右銘》，啟迪學者。又作《講義》二卷，教育學者，以辨心術、端趣向為實志，以存敬畏、密操履為實功，最終以治理天下為實用，倡導務實的學風。他諄諄告誡為學的要領，在於一個「誠」字，心與理一致是誠，言與行一致是誠，終與始一致是誠。對於論人，維騏認為：「求道德之士於三代之下，必欲如古聖賢，難矣。但能忠信廉潔，以禮義為進退，以名節自砥勵，此其根本也。根本既立，雖無功業、文章，不足為病；根本一喪，即富貴、功名，鄙庸人耳，何足取哉？」

柯維騏又將講學中與生徒答問、辨析心學、講釋經傳的內容，厘為《心解》、《學解》、《經解》上下卷、《傳解》、《史解》六卷，多為先儒所未闡發。他授學、著述並行，相輔相成，成就可觀，名聞閩邦，人稱「希齋先生」。

【深思發憤、新修宋史】柯維騏早年告假之時，嘗研讀司馬遷《史記》，與晉、唐名儒對《史記》的詮注，發現所謂《索隱》、《正義》，未能深究其本義，以左思曲說遺誤後學者，不可悉數，而心感遺憾。於是作《史記考要》十卷。考據所聞，訂正謬誤，補其闕遺，同時對班氏譏評失實，《漢書》增

損乖義，少孫補綴亂眞，諸儒記載異同，均作申明辨析。而對天文、律曆方面，闡發尤爲詳盡。其詩〈閑居〉云：「述作曾何益，無勞薦馬卿。」表露對司馬遷的推崇，及維護其學術純眞的意願。可以視作其日後新編宋史的學術準備。

柯維騏身處明朝中衰之時，外患益發嚴重，政局日見不穩，引發朝野士大夫的深重憂患。他對元代纂修《宋史》，視宋、遼、金同爲正統的做法反映尤其強烈。當時士林普遍認爲，宋遼金時代應以宋爲正統，甚至一些翰林高官，亦認爲宋遼金三史體例失當，應予重修，恢復宋朝的正統地位。永樂間翰林編修、待講經筵周敍，其曾祖周以立，在元朝時就認爲以宋遼金「三史體例未當，欲重修」。周敍繼承先志，於正統末年請求朝廷，詔許自撰。可見，柯維騏新編宋史，創新體例，是有由來的。

柯維騏早年深受儒家傳統意識薰陶，具有強烈的華漢民族意識和愛國主義精神。他有感於當時朝政日非，明英宗在土木堡被俘，幾蹈亡宋覆轍。亟應以史爲鑒，喚醒朝野人士，同心挽救國家危局。於是，決定另闢蹊徑，辨明正統，新編一部奉宋朝爲正統的宋史，以糾正不分正邪、混同正統的元修《宋史》。

柯維騏深思發憤，遠引博考，訂訛補漏，歷二十餘春秋，終於嘉靖三十三年（1554）前後，完成了二百卷、一百八十萬言的宋史巨著。計有十四本紀，四十志，四表，一百二十四列傳。因有別於元修《宋史》，又非沿襲前人之作，自成一體，故命名《宋史新編》。據明萬曆舉人沈德符《敝帚軒剩語》，維騏「作是書時，至於發憤自宮，以專思慮，可謂精勤之至」。

【得要得體、申明大義】柯維騏的《宋史新編》，強烈宣揚華夏民族意識，匯合宋、遼、金三史爲一書，尊宋爲正統，以遼、金兩國與宋交聘交兵及其興滅，附載於〈本紀〉，並詳載其君臣行事爲〈傳〉，與西夏、高麗同列於〈外國傳〉。

又將流亡閩、廣的二王趙昰（宋端宗）、趙昺列入帝王本紀，以定一尊，並相應將宋亡時間斷於祥興（趙昺年號）。就今天多民族共和的中國而言，顯然不妥；但在當時，則體現傳統的「內諸夏而外夷狄」的《春秋》大義。

柯維騏的《宋史新編》，所宣揚的民族大義和愛國精神，不但對當時朝野人士具有激勵作用，對後世的士族精神，亦產生了深遠影響。明末清初，經歷國破家亡的一批晚明遺民、愛國儒士，如著名的顧炎武、黃宗羲、王夫之，

及以布衣參修《明史》的萬斯同、全祖望等，無不將修史論文，作爲鼓勵民族意識與愛國精神的利器。

　　《宋史新編》鮮明地弘揚歷史正義。歷史具有正義性，一切忠奸正邪，必受其公正審判。柯維騏新修宋史，竭力稱頌文天祥、李綱、岳飛等英雄，將文天祥列入忠義傳。指出，懷忠搶義者，不爲禍怵，不爲利疚，隨其所遇，以身徇焉。爲捍國難而死，守封疆而死，全使節而死，主辱國亡而死，忤奸妒、犯忌諱焉而死，雖剖心碎體，荼毒妻孥百口而不顧，非剛烈丈夫所能做到。因而，有補於士習風操的提升。

　　《宋史新編》在熱情褒揚忠義的同時，無情地鞭撻奸邪小人用事害國行徑。指出，岳飛以勇敢進升，以忠義自誓，若非秦檜和議，雪恥復國，刻日可待；願既弗償，反遭慘禍。他表彰岳飛的忠勇，同時鞭撻奸相秦檜和昏君宋高宗。對北宋徽、欽二帝被俘，屈辱而死，柯維騏指出：按《春秋》之法，國君爲社稷而死，爲正義；避難而圖復興，義猶未絕。徽、欽父子二帝，並爲囚虜，是逃避歷史責任的不義行爲。明末崇禎帝於清兵入京時，自縊於煤山，正是明儒大講《春秋》「死社稷」之義的現身解讀。

　　柯維騏進而揭露歷史上的小人，效勞似忠，順旨似敬，獻訐似直，借譽似賢，以及巧於取寵的兩面派伎倆，認爲「此歷代之通患也」。指出，小人當路，君子必不安於朝，由此立勢孤而亂政作。正是群奸用事，朝廷倚任非人，招致宋亡失國。迹其誤國，竄殛不足償，史家揭以奸臣之目，所謂遺臭萬年者也。痛斥小人奸險面目及其嚴重危害，總結歷史經驗，強調以史爲鑒。

　　《宋史新編》在纂修體例上，較元修《宋史》亦有不少改進。柯維騏仿孔門四科次序與《漢書》先例，將類傳改以道學居首，次而儒林、循吏、文苑，使之更貼合宋朝的實際情況。並糾正元修《宋史》宰相傳附傳的做法，恢復傳統的世代類編，便於考其優劣。《宋史新編》對元修《宋史》的內容，亦有糾謬補遺之功。如北宋名相范仲淹名篇《岳陽樓記》；岳飛女痛父冤、負銀瓶投井自盡，及汾州進士知浹，上書爲岳飛訟冤，而被流放南荒事迹。均是反映名臣英將精神面貌的典型史料，予以增補。另外，對《宋史》因眾手成書造成的記事歧異、牴牾之處，亦加校核訂正。

　　清代翰林檢討朱彝尊云：「宋遼金元四史，惟金史差善，其餘潦草牽率，豈金匱石室之所宜儲？柯氏撰《新編》，會宋遼金三史爲一，以宋爲正統，遼金附焉；升瀛國公益、衛二王於帝紀以存統，正亡國諸叛臣之名以明倫，列

道學於循吏之前以尊儒，歷二十載而成書，可謂有志之士矣。先是揭陽王昂撰《宋史補》，台州王洙撰《宋元史質》，皆略焉不詳，至柯氏而體稍備。」（〈書柯氏《宋史新編》後〉）朱氏為清代文史大師，曾預修《明史》，體例多從其議，對《宋史新編》之論可謂公允精到。

柯維騏同歷代史家一樣，難於避免所處時代的局限性，《宋史新編》並非完璧無瑕。但無疑是莆陽史家，繼鄭樵《通志》之後，又一史學巨作，其奮筆創新的學術勇氣，與純正熾熱的民族意識，愛國憂時的報國精神，亦值得褒揚。

柯維騏《宋史新編》修成後，翰林侍讀學士、同修國史黃佐作序，贊揚柯維騏「覃思發憤，遠紹博稽，釐復訂訛，舉偏補漏，凡二十餘寒暑」的艱苦堅韌著述歷程與成果。兩年後，時任翰林掌院的邑人康大和，再作後序，高評《宋史新編》得敘、得要、得體，「得義例之精」。經二人熱情推介，《宋史新編》迅速為士林所知，影響日益擴大。

【貧居著述、不改素志】從柯維騏的詩，可知他當時的若干生活片斷與心境。端居養性，不善謀身；矮屋藏書，薄田免飢；歸家十載，竟然白頭。然而，不改素志，潛心治史。「霜露悴百草，松柏節乃見。志士豈諱窮，浮榮諒何羨。」（〈雜感詩〉）可謂真實寫照。其同年（同科進士）李默、吳鵬、徐階均為高官，卻未嘗通書求助。撫按監司先後論薦十八疏，不再出仕。

嘉靖四十一年（1562），倭寇攻陷荔城，柯維騏「故廬焚毀，家困甚，終不妄取」。時莆籍侍御史林潤，奏請朝廷蠲租三年，又請發庫銀，撫恤貧困，重建學宮，修復東角海堤。維騏讀疏，悲喜交集，賦詩控訴倭寇暴行，盛贊林潤安閭之疏。詩云：「邑中雞犬村，盡化豺狼穴。殺人積如山，溝渠日流血。逃者屋廬焚，贖者膏髓竭。耕夫與紅女，生生望已絕。萬口紛哀鳴，半菽不得啜。」「力振此邦人，一疏陳曲折。寬適兼簡兵，當寧莫剴切。人謂今司徒，如古稷與高。」（〈壬戌秋讀林侍御潤安閭疏，喜而紀之〉）

柯維騏因住屋被倭寇焚毀，不得已鬻田築小室棲身，每日危坐其中。生活貧困，日惟疏食菜羹而已。

明隆慶元年（1574），廷臣給事中岑用賓、御史尹校，以其「可備著述」，薦用柯維騏。維騏聞之，作詩云：「茫茫閑身多病餘，乞歸實自肅皇初。生來奈有雲林癖，交絕全無政府書。著述何功叨薦剡，行藏已老合懸車。木蘭孤艇烟波裏，免負馴鷗與狎魚。」他自知人生有涯，天道忌盈，而泰然處之，安居荔城烏石山陋室，甘貧明道，自求其趣。

　　嘉靖時，退養居莆望臣鄭岳，倡起「逸老會」，以登臨酬唱爲樂，柯維騏亦參與其中。鄭岳嘗于嘉靖四年（1525），匯輯莆郡梁、陳以來詩文名作，又取名公事迹爲列傳，成《莆陽文獻》十三卷，《傳》七十四卷。時隔五十年，柯維騏痛念莆陽文獻自嘉靖以來，屢經兵火，懼其湮沒，遂撰次爲二十卷，以接鄭岳之筆，日《續莆陽文獻志》，並爲《莆陽文獻》補撰〈鄭岳傳〉，爲存留莆陽歷史文獻而不遺餘力。此時，他已是古稀老人，正處於貧病交加之際。維騏另有《藝餘集》十四卷、詩文雜著六卷並行於世。

182. 林祖泉編著《莆陽進士錄》，福州‧海峽文藝出版社，2013年4月。

　　頁 7～10，概述，

　　到了明代，隨著興化經濟的日益繁榮，在傳統的重教興學的社會氛圍薰陶下，莆田又重現了科舉強區、人才輩出的盛況，進入再一個昌盛時期。據《興泉科甲之盛》等載：明代興化府的舉人、解元（即舉人中的第一名）、進士、狀元、探花分別佔全省總數的 20%、33%、22%、18%和 40%，蔚爲科舉奇觀；並且，從政者重臣高官選出，出現「六部尚書佔五部」等奇特現象。莆仙人列入《明史》人物傳的有 45 名（含附傳 5 名），其中進士出身的有 35 名；而四品（知府）以上的官員多達 300 餘名。對此盛事，清乾隆《莆陽人物志》序言中寫道：「莆僻處海濱，名鄒魯，非人物彬彬故歟？蓋肇於唐，盛於宋，尤盛於明。」究其原因有五：一是明朝廷的重視。

　　二是莆田經濟的發展成爲莆田科教事業繼續繁盛的強大後盾。

　　三是莆地相對安定的政治地理環境爲讀書提供良好的氛圍。宋代莆田出現科舉盛況，明代有過之而無不及。以莆田縣爲例，據《棗林雜俎》中載：「莆田自洪武庚戌（1370）至嘉靖戊子（1528），凡五十二科，鄉舉千百十一人，甲榜三百二十四人，狀元二人，探花四人，會元一人，解元二十五人。」

　　四是前人的影響與鄉里的倡學。

　　五是家學淵源是士子走向成功的有利條件。莆田士子應試不是隻身匹馬，往往是族中子弟同場應考，共登龍門。祖父或父親的言傳身教更是讓學子受益匪淺。莆田有「祖孫、父子、兄弟相繼者，有父子、兄弟、叔侄同升者」，蔚爲奇觀。狀元柯潛出身於莆田柯山柯氏。其曾孫柯瑛在家學的薰陶下中了進士。柯瑛的兩個兒子亦爲進士，二兒子柯維騏還授徒講學，並著有《宋史新編》、《史記考要》等。其後又連續三代都布人中進士。

　　頁 175，柯潛 1423～1473，字孟時，號竹巖，莆田縣人。方志曰：「自幼警敏嗜學，十歲，喜賦詩，十五，能為舉子業，弱冠領鄉試，入太學。」景泰二年（1451）廷對第一（狀元），授翰林院修撰，「益自淬勵，學行日進。」三年，升春坊中允兼修撰，預修《歷代君鑒》、《天下郡志》成，累受賞賚。七年，升司經局洗馬。天順元年（1457），改尚寶司少卿，兼職如故，充東宮講官。八年，憲廟登極，以侍從恩升翰林學士，兼經筵官。成化元年（1465）修《玉牒》，三年修《英廟實錄》成，俱有銀幣文綺之賜，仍升詹事府少詹事兼翰林學士。四年，命日侍經筵。「會孝莊皇后崩，無子，上以合葬裕陵為疑，下群臣議。內閣彭時等奏：『宜合葬，孝莊后居左，太后於千秋萬歲后居右。』未即允。（柯）潛繼率僚屬上章，言：『此繫綱常，時等所陳，庶幾從宜而不失者。乃疑未決，豈以傷母后之心而有所難處耶？竊以為二太后異日同葬裕陵，同附太廟，於人心為安，於母后無損，何疑而不早斷？』后頗依時等，同葬塋域之內。」

　　不久，丁父憂。逾年，母歿。既葬，詔起復為國子祭酒。懇求終制，不拜。九年（1473），服闋，將赴京，忽得疾卒，年五十一。遣官諭祭營葬。著有《竹巖文集》等。

　　頁 185，柯燉 1441～1504，字在亨，號塞軒，莆田縣人。進士及第後，授大理寺評事，升寺副，遷廣東僉事。弘治十七年（1504）卒，年六十四。

　　頁 198，柯拱北，字斗南，柯潛之孫，莆田縣人。歷官翰林院檢討，榮府右長史。

　　頁 200，柯英，字汝杰，號西波，莆田縣人，官至徽州知府。

　　頁 208，柯維熊，字奇徵，號石莊，柯英之子，莆田縣人。歷官行人司行人，工科給事中，工部郎中，罷歸。《柳湄詩傳》曰：「維熊四兄弟皆能詩，為行人時，劾張璁、桂萼希旨躐，斥為無恥。張、桂銜之。後為都水郎，督開運河，為萼所中傷，罷歸。」著有《石莊集》。

　　頁 213，柯維騏 1497～1574，字奇純，號希齋，柯英之子，柯維熊之弟，莆田縣人。進士及第後，授南京戶部主事。

　　《明史》載：「張孚敬用事，創新制，京朝官病滿三年者，概罷免，維騏亦在罷中。自是謝賓客，專心讀書。久之，門人日進，先後四百餘人，維騏引掖靡倦。慨近世學者樂徑易而憚積累，竊二氏之說以文其固陋也，作左右二銘，訓學者務實。以辨心術、端趨向為實志，以存敬畏、密操履為實功，而其極則以宰理人物、成能天地為實用，作講義二卷。《宋史》與《遼》、《金》

二史，舊分三書，維騏乃合之爲一，以遼、金附之，而列二王於本紀。褒貶去取，義例嚴整，閱二十年而始成，名之曰《宋史新編》。又著《史記考要》、《續莆陽文獻》，及所作詩文集並行於世。」

史家贊曰：「維騏登第五十載，未嘗一日服官。中更倭亂，故廬焚毀，家困甚，終不妄取。世味無所嗜，惟嗜讀書。撫按監司時有論薦，不復起。」

隆慶（1567～1572）初，廷臣復薦，所司以維騏年高，但授承德郎致仕。

頁224，柯本，字正之，號龍山，柯維熊之子，莆田縣人，官至浙江按察司僉事。

頁231，柯茂竹，字堯叟，號繩希，柯維騏之孫，莆田縣人，官至海陽知縣。

著有《柯論》、《柯亭詩文初集》。

頁237，柯昶，字季和，號和山，柯茂竹之子，莆田縣人。進士及第後，授鄞縣知縣，「邑多要紳，號稱難治，（柯）昶綜核精敏，物無遁情，奉母膳饈外淡約自供而已。遷南京戶部主事，」勾稽出納，以時散給，人不苦守

頁247，柯載，莆田縣人。

柯士芳，字無譽，柯本之子，莆田縣人，官至河南僉事。志書評他：「紀綱振飭，吏不敢欺。」

183. 盧美松主編《八閩文化綜覽》，福建人民出版社，2013年5月。

頁273，明柯維騏撰《宋史新編》二百卷。維騏，字奇純，莆田人，嘉靖二年（1523年）進士，授南京戶部主事，未任事而歸。家居三十載，閉門讀書寫作，乃成此書。清沈德潛《敝帚軒剩語》稱，其作是書時，至于發憤自宮，以專思慮，可謂精勤之至。凡本紀十四卷、志四十卷、表四卷、列傳一百四十二卷，糾謬補遺，頗有考訂。朱彝尊《曝書亭集》稱：「柯氏撰《新編》，會宋、遼、金三史爲一書，以宋爲正統，遼、金附焉，升瀛國公、益、衛二王于帝紀以存統，正亡國諸叛臣之名以明倫，列道學于循吏之前以尊儒。歷二十載而成書，可謂有志之士矣。」由於《宋史》是在元末草率成書的，存在許多錯誤，尤其把宋與遼、金並列，否認正統。而《宋史新編》是明代學者總結宋、遼、金史的專著。最主要的是重新確立正統，確立南宋在歷史上的地位，爲其成功而歡呼，爲其失策而感歎，立場鮮明。它大力謳歌岳飛抗金的英雄事迹，無情抨擊出賣宋朝的秦檜，贊揚文天祥不畏強權、寧死不屈的錚錚鐵骨；而且在學術上糾正了脫脫《宋史》中的不少錯誤。

頁 289，柯維騏（1497～1574 年），字奇純，號希齋，莆田人。正德十一年（1516 年）中舉人；嘉靖二年（1523 年）登進士第，授南京戶部主事，後被免官。

從此無意仕進，潛心讀書，以「明道著書」爲己任，從學者達四百多人。維騏精於史學，歷時二十年，將《宋史》、《遼史》、《金史》合爲一書，寫成《宋史新編》二百卷。又作《史記考要》十卷，對司馬遷《史記》作許多辨正。還續鄭岳的《莆陽文獻》作《續莆陽文獻志》二十四卷。此外，著有《藝餘集》、《雜著》、《河汾傳》等。

184. 李玉栓《明代文人結社考》，北京・中華書局，2013 年 7 月。

頁 161，耆老會：隆慶三年，莆田有耆老之會，會凡八人，又稱八仙會、八老會、會有集。徐𤊹《徐氏筆精》卷七載：

「隆慶己巳（1569），（莆田）有耆老會，太守鄭弼年七十八，少參雍瀾年七十七，太守陳敘年七十六，運使林汝永年七十五，主事柯維騏年七十四，太守林允宗年七十二，尚書康大和年七十一。大和賦詩云：「故里重開耆老會，七人五百二十三。」後尚書林云同年六十九，亦與斯會，眞太平盛事也。」

周嬰《厄林》卷四亦有此載。《民國莆田縣志》卷三四載社事活動云：

「人稱八仙會，每一月一會，主席者先期作詩，邀請同會者共和之，及期，免催。盤餐過盛，有罰。眞率之約，大都與洛社同風焉。《八仙歌詩》，明萬歷壬辰（1592）汝永之子憲副廷升鐫于廣之雷陽。」……

柯維騏（1497～1574）字奇純，號希齋，莆田人。嘉靖二年進士，授南京戶部主事，不赴，家居授學五十年。有《藝餘集》、《河汾傳》、《續莆陽文獻》等。

185. 吳格、龍向洋編《中國古籍總目・索引》4，北京中華書局，上海古籍出版社，2013 年 7 月。

頁 525，4192 柯

　　　　柯維騏　史 1-67、713

　　　　　　　　子 1-1050

186. 陳玉蘭、胡吉省撰《中國學術編年》（明代卷），上海・華東師範大學出版社，2013 年 7 月。

頁 544，柯維騏（　～1574）。

　　頁 738，柯維騏《史記考要》10 卷刊行。

　　頁 793，柯維騏《宋史新編》成。

　　按：有本紀 14 卷、志 40 卷、表 4 卷、列傳 142 卷。該史以道德論人，務求會通遼、金、宋三史，而以宋爲正；務求致用求眞，提高編纂質量，對後世修宋史影響頗大。取材不廣爲其不足。

　　頁 801，柯維騏《宋史新編》初刊。此系會通宋、遼、金三史的紀傳體史著。

　　頁 870～871，柯維騏卒（1497～　　）。維騏字奇純，人稱希齋先生。莆田人。嘉靖二年進士。授南京戶部主事。引疾未赴。專心讀書著述，累薦不出。曾合宋遼金三史爲《宋史新編》，另著有《史記考要》、《續莆陽文獻志》及詩文集等。事迹見《明史》卷二八七。

　　按：據《明史》本傳，自是謝賓客，專心讀書。久之，門人日進，先後四百餘人，維騏引掖靡倦。慨近世學者樂徑易而憚積累，竊二氏之說以文其固陋也，作左右二銘，訓學者務實。以辨心術、端趨向爲實志，以存敬畏、密操履爲實功，而其極則以宰理人物、成能天地爲實用，作講義二卷。《宋史》與《遼》、《金》二《史》，舊分三書，維騏乃合之爲一，以遼、金附之，而列二王于本紀。褒貶去取，義例嚴整，閱二十年而始成，名之曰《宋史新編》。又著《史記考要》、《續莆陽文獻志》，及所作詩文集並行於世。

187. 繆鳳林《中國通史要略》，長春・吉林人民出版社，2013 年 9 月。

　　頁 327～328，自漢書以降，歷代正史所志藝文經籍，大抵兼舉前代及當時所有之書籍，惟《明史》不志前代之書，第述有明一代之著作。四部著錄者，總計四千六百三十三部，十萬零五千九百七十四卷，（經部九四九部、八七四六卷，史部一三一六部、二八〇五一卷，子部九七〇部、三九二一卷，集部一三九八部、二九九六六卷），卷帙之富，爲唐宋所不及。雖明人經子著作，多抄襲前人成編，故昔人有「得明人書百卷，不若得宋人書一卷」之言。史部之纂述前代事者，自宋濂、王禕等纂修之《元史》（二一〇卷）外，以改編《宋史》之著作爲較可稱誦；最著者三家，曰王洙《宋史質》（一〇〇卷），曰柯維騏《宋史新編》（二〇〇卷），曰王惟儉《宋史記》（二五〇卷）；大抵皆尊宋統，抑遼金，以元人宋遼金三史並列爲非。而柯著會三史爲一，以宋爲正，遼金列於外國，與西夏同，又敘宋亡訖於祥興，而爲衛益二王作本紀。褒貶去取，義例謹嚴，閱二十年而始成，功力尤勝諸書。

188. 楊翼驤編著《增訂中國史學史資料編年》，北京‧商務印書館，2013
　　　年 10 月。

　　　頁 338，公元 1574 年　明神宗萬曆二年　甲戌

　　　頁 340，《宋史新編》等作者柯維騏卒。

　　　焦竑《國朝獻徵錄》卷三二，〈柯希齋維騏傳〉：又作《史記考要》十卷，
凡班氏之譏評爽實，《漢書》之增損乖異，少孫之補綴亂真，諸儒之紀載異同，
胥辨正之，而天文、曆律發明尤詳。又以莆陽文獻，自嘉靖以來屢經兵火，懼
其遂湮也，乃撰次爲二十卷，以接山齋鄭公岳之筆，曰《續莆陽文獻志》。是
書也，與《宋史新編》俱以三品論人，謂求道德之士於三代之下，必欲如古聖
賢，難矣！但能忠信廉潔，以禮義爲進退，以名節自砥礪，此其根本也。根本
既立，雖乏功業文章，不足爲病；根本一喪，即富貴功名，鄙庸人耳，何足取
哉！……書一入誦，終身不忘，至耋猶不釋卷，雖博極《墳》、《索》，而下問
孳孳，蓋不自滿假如此。……公名維騏，奇純其字，別號希齋，莆陽望族。……

　　　公生於弘治丁巳，卒於萬曆甲戌，享年七十有八。

　　　《明史》卷二八七，〈柯維騏傳〉：又著《史記考要》、《續莆陽文獻志》，
及所作詩文集並行於世。維騏登第五十載，未嘗一日服官。……世味無所嗜，
惟嗜讀書。撫按監司時有論薦，不復起。隆慶初，廷臣復薦。所司以維騏年
高，但授承德郎致仕。卒年七十有八。

　　　《千頃堂書目》卷五，史學類：柯維騏《史記考要》十卷，又《史解》
六卷。卷七，地理類中：柯維騏《續莆陽文獻志》二十四卷。

　　　《明史》卷九七，〈藝文志二〉史抄類：柯維騏《史記考要》十卷。

189. 曾大興《中國歷代文學家之地理分布》，北京‧商務印書館，2013
　　　年 11 月。

　　　頁 377，序號 1129　　柯潛，籍貫：興化莆田；今址：福建莆田；

　　　　　　　　序號 1130　柯維騏，籍貫：興化莆田；今址：福建莆田。

六、柯維騏家族資料考

1. 柯英（維騏父）

　　　弘治十二年（1499 年）己未科進士，賜同進士出身第三甲二百二名，柯
英（福建興化府莆田縣民籍）。

　　● 載《明清歷科進士題名碑錄》，台北‧華文書局，1969 年 12 月。

2. 柯維熊（維騏兄）

維熊，正德十二年（1517 年）丁丑科進士，官工部郎中，有才名。維熊領鄉薦，官龍游知縣。性樸茂。

- 載《福建省　莆田縣志》，台北・成文出版社，1968 年 12 月。

  柯維熊《嘉靖間刊史記一百三十卷》，漢・司馬遷撰，

- 載楊繩信《中國版刻綜錄》，陝西人民出版社，1987 年 6 月，頁 142。

3. 柯本（維騏姪子）

嘉靖二十九年（1550 年）庚戌科進士，莆田人。

- 張寄民〈興化進士考〉，載《興化文獻》，雪蘭莪興安會館，1947 年 2 月。

  維熊子本，嘉靖庚戌進士，歷官浙江僉事。爲南曹郎時，分司鳳陽。
  流寇師尚詔，窺臨淮，將渡黃河，本率兵捍禦之，賊引去，臨淮人爲勒碑立祠焉。

- 載《福建省 莆田縣志》，台北・成文出版社，1968 年 12 月。

4. 柯茂竹（維騏孫）

柯亭集四卷，21～577

　　莆田人，維騏孫，海陽知縣。（287 / 7367）

- 載中國科學院圖書館整理《續修四庫全書總目》，齊魯書社，1999 年 2 月。索引，頁 820。

5. 柯昶（維騏曾孫）

茂竹子，官副都御史，巡撫山西。（287 / 7367）

明福建莆田人，字季和。柯維騏曾孫。萬曆進士，官至副都御史，巡撫山西。邊備整練，以母老致仕歸養。

- 載黃惠賢編《二十五史人名大辭典》，中州古籍出版社，1997 年 5 月。

● 林祖泉《莆陽進士錄》，福州・海峽文藝出版社，2013 年 4 月。

頁 237，柯昶，字季和，號和山，柯茂竹之子，莆田縣人。進士及第後，授鄞縣知縣，「邑多要紳，號稱難治，（柯）昶綜核精敏，物無遁情，奉母膳饈外淡約自供而已」。遷南京戶部主事，「勾稽出納，以時散給，人不苦守候，吏亦不得緣以爲奸。權揚州鈔關，疏除商羨故事，回空糧船例有納餉，始得遇（柯）昶悉蠲之。」

補河南知府，「郡為畿輔冲煩地，（柯）昶不携家累，單車抵任，涖政安靜不擾，固詳得情治，行稱三輔第一舉異卓」。升易州道副使，擢尚寶司卿，轉太僕寺少卿，改右通政司通政。秩滿三載，晉右僉都御史。「巡撫陝西三晉雄邊，任不輕授，（柯）昶開府二年百度改觀邊備整練。以母年紀高邁，疏請歸養。母歿，（柯）昶悲戀不已，卒於苫次，人痛悼之。」

6. 柯潛（維騏曾祖父）

竹巖先生文集十二卷，25～75

柯維騏校、柯潛著《竹巖集》（《四庫全書》珍本‧第四集）。

● 【明】王圻（1565 進士）撰《續文獻通考》，《續修四庫全書》史部政書類，761～765，1995 年。

《竹巖文集》，祭酒柯潛著，莆田人。

● 北京‧中華書局標點本（1974）《明史》卷 152：

「柯潛，字孟時，莆田人。景泰二年舉進士第一。歷洗馬。天順初，遷尚寶少卿，兼修撰。憲宗即位，以舊宮僚擢翰林學士。《英宗實錄》成，進少詹事。慈懿太后之喪，潛與修撰羅璟上章，請合葬裕陵。廷臣相繼爭。未報。潛曰：「朝廷大事，臣子大節，舍是奚所用心。」與璟皆再疏爭，竟得如禮。連遭父母喪，詔起為祭酒，固乞終制。許之，未幾卒。

潛邃於文學，性高介。為學士時，即院中後圃構清風亭，鑿池蒔芙蓉，植二柏於後堂，人稱其亭為柯亭，柏為學士柏。院中有井，學士劉定之所浚也。柯亭、劉井，翰林中以為美談云。」

● （日）山根幸夫編《增訂日本現存明人文集目錄》，東京女子大學東洋史研究室，1978 年 3 月，東京‧汲古書院印刷所。

頁 28，

柯潛	竹巖集 18 卷補遺 1 卷附 1 卷	4	雍正 11 跋	內 316-126	
〃	同上　　　　　　續補遺 1 卷附 1 卷	4	光緒 14 重刊	人 747	
〃	竹巖先生文集 12 卷	2	寫眞本	東 E-607	北平圖書館本
〃	竹巖集 2 卷附 1 卷	1	影印本		四庫珍本四集

● （清）錢謙益《列朝詩集小傳》，上海古籍出版社，1983 年 10 月。

頁 251，柯詹事潛：

潛，字孟時，莆田人。景泰二年狀元。官至少詹事，兼翰林院學士，掌院事，教習庶吉士，承詔受業者李賓之諸公也。翰林後堂有二柏，為先生手植，號學士柏，造瀛舟亭以臨之；而劉文安為院長，濬井於其旁。柯亭劉井，詞林至今以為美譚。喪亂之餘，鞠為茂草，不知遺跡今何如也。

● （清）潘介社纂輯《明詩人小傳稿》，國立中央圖書館，1986 年。

頁 42，柯潛，潛字孟時，莆田人。景泰辛未進士，廷試第一，歷司經洗馬。天順初，遷尚寶卿，兼修撰。憲宗即位，擢翰林學士，進少詹事，轉國子祭酒卒。嘗即翰林院中後圃，構清風亭，鑿池蒔芙蓉，號為柯亭。手植雙柏於後堂，造瀛州亭以臨之，時號學士柏。

後劉定之為院長，濬井於其旁。柯亭劉井，詞林傳為美談，有《竹巖集》八卷。

● 《明史》卷 152，柯潛，字孟時。莆田人。

景泰二年（1451）進士第一。歷洗馬。

天順初，遷尚寶少卿，兼修撰。憲宗即位，擢翰林學士。

《英宗實錄》成，進少詹事。累官祭酒。

（載戴逸主編《二十六史大辭典》，吉林人民出版社，1993 年 9 月。）

● 汪玢玲編《中華古文獻大辭典・文學卷》：「【竹巖集】詩文集。明柯潛

（1423～1473）撰。二卷，補遺一卷。潛字孟時，號竹巖（一作品）。莆田（今屬福建）人。景泰二年（1451）進士第一。官至詹事府少詹事。邃于文學，性高介。為學士時即于院中構清風亭，植柏兩株于後堂，人稱為柯亭學士柏，後傳為古迹。

原集曾于嘉靖中刊版。此為抄本，已多缺佚。嘉靖三十四年（1555）成書。約三萬六千字。卷首有康大和、董士宏二人序。正文含五言古詩、七言絕句、表、書、贊、經筵講章、疏等一卷，序、記、傳、志銘、祭文、說、雜著等一卷，補遺一卷，附錄三篇，其中有潛門生吳希賢撰〈中順大夫詹事府少詹事兼翰林院學士竹巖柯公行狀〉。其詩如〈烟寺晚鐘〉、〈吟室盆荷〉等，多冲澹清婉，不落蹊徑。其文如〈陳情疏〉、〈覆潘太守〉等，則峻整有法度，不失明初先正之風。有《四庫全書》本。（長春・吉林文史出版社，1994 年 1 月）

● 林國清〈明代福建狀元軼聞〉：

「景泰二年（1451），狀元柯潛，福建莆田縣人，授修撰，遷中允，予修《歷代君鑑》《天下郡志》，後爲日侍經筵講讀。

（載劉學沛主編《福建史志》1994 年 3 期（總 60 期））

● （中）鄭振滿、（美）丁荷生編纂《福建宗教碑銘彙編：興化府分冊》，福州・福建人民出版社，1995 年 6 月。

頁 475，《柯竹巖集》十八卷補遺一卷附錄一卷，明莆田柯潛撰，清光緒十四年刊本。

● 陳明遠、汪宗虎主編《中國姓氏辭典》，北京・北京出版社，1995 年 11 月。

頁 223，柯，明代有柯潛，莆田人，文學家。

● 陳慶元《福建文學發展史》：

「柯潛（1423～1473），字孟時，莆田人。景泰二年（1451）進士第一。歷洗馬。天順初，遷尙寶少卿，兼修撰。憲宗初，擢翰林學士，進少詹事。潛爲學士時，於院中後圃構清風亭，鑿池蒔芙蓉，植二柏於後堂，人稱其亭爲柯亭，柏爲學士柏，翰林中以爲美談。有《竹岩集》。董士宏序其集，將柯潛與楊士奇、陳循並提。康大和序則云：「其爲詩冲澹清婉，不落畦徑，庶幾登陶、謝、王、孟之堂；其爲文，平安整潔，不事浮葩艷藻，佶屈聱牙之習，而風神氣格迥出凡近。」《四庫全書總目》卷一七 0 評云：「蓋其時何、李未出，文格未變，故循循軌度，猶不失明初先正之風。」總之，柯潛詩有台閣體之遺風，但不完全是三楊風格。〈烟寺晚鐘〉云：

禪宮鎖寥閴，一鳥幽不鳴。烟凝暮山紫，萬壑皆鐘聲。

隨風渡江渚，數里猶鏗鉤。野客破殘夢，悠然孤興生。

題詩付歸鶴，寄與山中僧。

就題材而言，已入「山林」而遠「台閣」、而「寥閴」、「野客」、「破殘」、「孤興」、「山僧」一類詞的選用，更是文敏詩中所無。」

（福州・福建教育出版社，1996 年 12 月。）

● 竇學田編撰《中華古今姓氏大辭典》，北京・警官教育出版社，1997 年 10 月。

頁 323，柯，明代有柯潛，莆田人，文學家。

● 池秀云《歷代名人室名別號辭典》（增訂本），山西古籍出版社，1998
　年1月。

　　頁364，【竹岩】柯潛，字孟時，號竹岩，明莆田人。

　　永樂二十一年生，成化九年卒。景泰二年進士，仕至詹事府少詹事。著
有《竹岩詩集》一卷、文集一卷及補遺一卷。

● 陽海清主編《中南、西南地區省、市圖書館　館藏古籍稿本提要》，武昌‧
　華中理工大學出版社，1998年11月。

　　頁700，6842　竹巖集十二卷，明柯潛撰，清光緒孔氏嶽雪樓鈔本二冊（廣
東）

● 陳光輝、席鳳寧編《中國狀元大典》頁1164，北京出版社，1998年12
　月。

● 賈貴榮、王冠輯《宋元版書目題跋輯刊》第四冊，北京圖書館出版社，
　2003年6月。

　　《福建板本志》頁55：《豫章羅先生文集》十七卷，宋羅從彥著，有至正
三年延平沙邑曹道振跋云：先生著述，兵火之餘僅存什一，於千百世所共見
者，郡人許源所刊遺稿五卷而已。道振搜訪，久弗就。邑人吳紹宗近得其稿，
乃加敘次為十三卷、附錄三卷、外集一卷，別有年譜一卷。先生五世孫天澤
遂鋟梓，以壽其傳。目錄後有墨圖記云：至正乙巳秋，沙陽豫章書院刊，又
明刊本，鐵琴銅劍樓書目云：此本乃明成代時邵武太守馮孜，即曹道振本重
刊，有成化七年柯潛序。

● 周臘生《明代狀元奇談‧明代狀元譜》，北京‧紫禁城出版社，2004年11
　月。

　　頁248～249：柯潛　（1423～1473）字孟時，號竹岩，莆田（今福建莆田
縣）人。其祖上原居晉江，五代時，始徙居於莆田。此後柯家仕宦連綿，至
柯潛往上三四代雖已無人出仕，但書香未斷。

　　柯潛從小氣質獨特，穎異過人。7歲能寫詩，15歲能作八股文。正統甲
子科（1444年）以第一名中舉。次年因不忍離別父母而未赴會試。戊辰科（1448
年）會試中副榜，不願就職。景泰二年（1451年）以狀元及第，授翰林院修
撰。歷右中允（正六品）、司經局洗馬（從五品）、尚寶少卿（從五品）、尚寶
少卿（從五品）兼修撰、翰林學士（正五品），成化三年（1467年）官至詹事

府少詹事（正四品）兼翰林學士。父母相繼亡故後，守喪未滿，成化六年（1470年）國子監祭酒（從四品）出缺，眾議非柯潛不可，有詔起復。柯潛力辭不受，請求繼續守喪。獲准回鄉，成化九年八月卒於家中。

柯潛秉性高潔，重操行。兩次任會試主考官、兩次任鄉試主考官，拒受請托，人稱拔擢公允。供職之餘，常邀二三知己窮覽勝景、雅歌投壺，分韻賦詩。當翰林學士時，在該園後園內構築清風亭一座，并挖池種荷花，又栽柏樹兩株。人稱「柯亭」、「學士柏」。

柯潛喜好文學，為文峻整有法，為詩沖淡清婉，各有風致。有《竹岩詩集》、《竹岩文集》及《補遺》傳世。

其子孫書香不斷，仕宦不絕，至少延續了七八代。

● 盧美松主編《福建歷代狀元》柯潛，頁 229～239，福建人民出版社，2006 年 10 月。

● 郭皓政著《明代狀元與文學》，齊魯書社，2010 年 6 月。

頁 281，科次：景泰二年（1451）辛未科；別集：《竹岩集》；存佚：存；叢書收錄：《四庫全書》。

● 羅宗強著《明代文學思想史》，北京·中華書局，2013 年 1 月。

頁 878，《竹岩集》，柯潛撰，文淵閣四庫全書。

● 吳宣德、宗韻　輯《明人譜牒序跋輯略》（上下冊），上海古籍出版社，2013 年 6 月。

頁 488，柯潛（1423～1477）〈族譜引〉：「吾柯之譜，其來久矣。重修於國初外翰叔敬公，至永吉公又續修。茲且百年，其責在潛，顧日夜思維，以家乘與國史同，潛藉吾祖宗善慶，忝職史官，每與二三元老嚴實纂紀，而家乘寧異是哉？序不失倫，實不溢美，上光祖宗，下示來裔，所繫詎不重歟？環聚吾莆者，業已具藁，第析派分支，邇在隣郡，遠居遐方，皆由一脉而分，須緣派廣求，編註入譜，昔人所謂不至相視如路人也。且潛意出家為僧者不錄，以其自絕於祖宗也；干憲發遣者不錄，以其自棄於祖宗也；為他人後因冒其姓者不錄，以其自外於祖宗也。此為信譜，始可以傳永久而無弊。且欲得瓊山邱先生序弁諸首簡，容領日並所著稿，奉吾宗諸老長參詳裁定。」

（《竹巖集補遺》不分卷，《續修四庫全書·集部》冊 1329，頁 374。）

七、結語

綜觀柯維騏之史料，清人抄錄明人痕跡，頗爲顯明。柯維騏史料，明人焦竑《國朝獻徵錄》、過廷訓《本朝分省人物考》記載較詳。而張廷玉、萬斯同、王鴻緒、徐開任、曹溶、沈佳等，悉皆清人，於焦氏、過氏所記，各取所需而輯錄之。維騏乃黃佐門人，師承有自，不可不知矣！

綜而言之，對柯維騏之描述，不外乎先世及個人生平、著述概略、生平簡評、爲人宗旨和德行、平居生活等目。可注意者爲：曹溶有述及《藝餘集》之得名由來、以及《宋史新編》取材淵源。維騏生平，張廷玉《明史》、王鴻緒《明史稿》列文苑傳，萬斯同《明史》則列儒林傳。維騏一生，惟嗜讀書，於《中庸》「誠」之一字，多所發揮。平居生活簡樸，日惟蔬食菜羹；與人相處，「無戲言、無苟笑」，要以躬行爲先，維騏委實一君子也。

維騏《柯子答問》卷六結語：「先儒有言：士之品有三，志於道德者，功名不足以累其心；志於功名者，富貴不足以累其心；志於富貴者，無所不至矣！夫求道德之士於三代之下，焉能如古聖賢？但能忠信廉潔，以禮義爲進退，以名節自砥礪，此其根本也。根本既立，雖乏功業文章，不足爲病；根本既喪，即富貴之流耳，他何取哉！」此句除可作爲柯子磊落光明一生之寫照，亦可引爲今天吾人立身處世之南鍼。讀者諸君以爲然否？

八、附錄

1. 柯維騏撰《柯子答問》
2. 《宋史新編》黃佐序
3. 《宋史新編》康大和後序

附錄二　《柯子答問》六卷

【明】柯維騏撰

吳大揚、方文沂輯

（據安徽省博物館藏明隆慶四年刻本影原書版框高 178 毫米，寬 312 毫米。）

——《續修四庫全書》939・子部・儒家類

〈序柯夫子答問〉　　門人黃若獻撰

師弟子答問，昉自孔門，而孟氏列之五教。世儒祖述，莫盛於濂洛關閩，率有問答語錄。而延平答問，則專授考亭者，獻嘗讀其書，未嘗不慨然歎曰：嗟乎，是誠吾道管鑰也。今之人，往往束高閣而已。此其故維何談玄遠者，指以平平事，曠達者斥爲鄙鄙。而恍惚欲窺吾道之門墻者，又竊一超直入之說，曰吾有欛柄在於戲，聖賢既遠繼軌，迭興枯項。茂有聞，乃吾師希齋柯先生，以豪傑之才，志聖賢之學。嘉靖初登第，授南曹，未領牒，即疏病歸。彌勵素葉，於聲利泊如，而貧踐患難不隕獲也。杜門四紀，所著有《宋史新編》，《史記考要》等書，爲海內傳誦。晚復萃郡中諸生三百輩而授之業，諸生才雖人人殊，要皆慕古之道，而先生立赤幟以指麾群迷，不特講義之諄諄而已。或質所疑則隨叩而應，多出昔人所未發。君子謂先生上接四儒之緒，獨延平乎哉！獻未及門，時雅切嚮往，心既得拜先生東山之麓，童顏鶴髮，正襟端坐，肅肅如也，雍雍如也。間發一二言別理道，商略古今人物，洞若觀火。他日侍坐，盡舉前聞所未解者以問先生，先生條分縷析，則積疑頓開。先生有大造於諸生，獻其尤也。同門彙編〈答問〉九十餘條，欲刻與講義，並傳獻也，不能無言。獻惟聖賢之用心，道而已，不得已而言以明道也。凡先生所著，莫非爲道計，而是編則博而歸之約，闡明義理尤備云。

　　以解心則性命之蘊彰矣，以解學則邪正之路明矣，以解經則聖賢之秘顯矣，以解史則往代之人材治體，亦可概見矣。折衷諸子，羽翼六經，道實載之。彼玄談曠諭，與夫一切欛柄之說，蓋異日語也。嗟夫！道若日星，千載共見，披抉雲霧，既有執其機，則因明求至，我等庸，無責耶？謹序。

　　隆慶四年庚午春二月初吉。

《柯子答問》目錄：

《柯子答問》卷之一，

門人吳大揚類編，門人方文沂續編，不肖孫茂竹校正。

　　《心解》：吳大揚問古人以誠敬爲入門，踐履爲實地，二者果所以求道乎？

　　抑尚有其要乎？今之年少者事於詞章，年長者紛於家務，均之爲心累者，如之何而可得乎道耶？

　　曰：學者求道，固在於內而誠敬，外而踐履，然其要則在立志。志立則誠敬常存，踐履愈篤矣！聖門之訓，不廢游藝，既能誠敬踐履，以餘力玩弄詞章，非游藝而何？人之一心，酬應萬事，家中庶務，處之不欺其心，即爲誠敬；不乖於義，即爲踐履。詞章家務二者，所謂不患妨功，只患奪志也。

　　方文沂問眞實之心謂誠，嚴肅之心謂敬。易〈乾〉言誠，〈坤〉言敬，不相兼也。伊川在舟中曰：心存誠敬者何？曰誠與敬義雖各異，所資以約情定性則同，故經傳言誠不言敬，言敬不言誠，如〈乾〉之閑邪！即〈坤〉之直內，何分別之有。大抵誠敬不相離。程子嘗云：「誠然後能敬，未及誠時卻須敬，而後能誠，故兼言之也。」

劉獻策問周子以寂然不動言誠，朱子以眞實無妄言誠，何以不同？

曰周子之學得於《易》。《易》曰無思也、無爲也，寂然不動，感而遂通天下之故。非天下至神，其孰能與於此。故周子曰：「寂然不動者誠也，感而遂通者神也。」究其說則寂然不動，承無思無爲而言，所謂無欲者此也，所謂無妄者此也。周子嘗解《易》〈無妄〉曰，妄復則無妄矣，無妄則誠矣！程子亦解《易》〈無妄〉曰：無妄者至誠也。朱子謂眞實無妄，蓋本於此。

陳觀海問恭敬二字，孔子分而言，孟子則合而言，如何？

曰恭在容，敬在心。故孔子於居處，於執事分而言之，心敬斯容無不恭，苟敬不存，則僞恭而已。故孟子於交際幣帛，合而言之。

鄭光昇問春秋人物，如吳季子掛劍事，嘗謂克此一念，即孟子所謂不失赤子之心歟！

曰然，蓋能存其良心，故能輕視外物，掛劍特其小耳。至於千乘之國，棄如敝屣，世之人嗜寶貨，與貪位慕祿者，皆喪其良心也。

黃陽問明道，定性在於大公，順應而戒其私智。他日又曰：學者須先識仁，識得此理。以誠敬存之，不須防檢，不須窮索，反身而誠，乃爲大樂。陽意仁性中物，誠敬存而不懈，自無私，智馴至於樂，而性定矣。二說似相發明。

曰程子定性存仁二說，固相發明，亦可見求道次第。設求定性，茫然無依據，惟識仁而存之，則與定性同歸。程子又嘗曰：仁者心之生道，敬者心之所以生也，此足以發明識仁而存之說。

林瀾問孟子。嘗論人之良心發見於平旦，乃又曰雞鳴而起，孳孳爲利，蹠之徒也，則良心安在哉？夫農工商賈，皆孳孳爲利，豈亦蹠之徒歟。不然，必別有所指矣！

曰良心者見於平旦者常也。雞鳴而起，孳孳爲利，喪良心者，失其常也。彼農工商賈，各執其業，以營其生，豈不孳孳爲利？然農之所得者，己之力；工之所得者，己之技；商賈之所得者，己之贏。無害於義，則無害於良心矣。故子貢貨殖，樊遲問稼圃，仲尼特以非士之所當爲，而未嘗以其事之不可爲也。若夫貪冒之夫，圖利喜賄，曾不顧義理，自閭井細氓以至士大夫，上下交征，惟日不足夜氣所存之良心，牿喪無餘，孟氏謂蹠之徒，殆若人耶夫。人之所以異於禽獸者，此良心也，所以異於盜蹠者，亦此良心也。細氓無論矣。士大夫乃甘爲禽獸盜蹠而不恥，可怪哉！

　　林兆箕問程子曰：善惡皆天理。王陽明先生亦曰善惡只是一物。夫善惡兩端，如冰炭然。即如二公之說，則荀卿所謂性惡，揚雄所謂善惡混，亦未可非也。

　　曰程子言天下善惡皆天理。文言天理中物須有善惡，蓋指氣質之性也。程子，他日論性發明，尤悉曰人生氣稟，理有善惡，然不是性中原有，此兩物相對而生也，如就下皆水也。有流而至海，終無所污；有流而未遠，固已漸濁。有出而甚遠，方有所濁。清濁雖不同，不可以濁者不爲水也。澄治而使之清，卻是元物。水，此理，天命也。順而循之則道也。循此而修之，各得其分，則教也。周子謂性者剛柔，善惡中而已矣，即此說也。王陽明言善惡只是一物，不爲無據。彼謂性惡與善惡混者，可見其非矣。

　　黃鯉問自古聖賢皆以主靜爲要，鯉也從事而未能。一日讀《易》至憧憧往來，朋從爾思，始悟思慮之相尋無間，猶朋類之相從不已，此心所由以不靜也。意宜除去，思慮不知，其法何如？

　　曰思慮與主靜自不相妨。苟思慮得其正，則無私欲之擾，雖動亦靜也。夫思慮皆由於心，心之神明，豈與枯木死灰比，而儒者爲學，亦豈如佛氏忘其心，無所用哉。蓋萬物之理，吾不可以不窮古人之訓，吾不可以不繹君臣父子夫婦長幼朋友，有常有變，吾不可以不酌其宜。故《書》曰：思曰睿，又曰弗慮。胡復苟思，非所當思慮，非所當慮，是存養之功，未至能主敬焉。有此病乎。若仲尼繫易反朋從爾思，而曰天下何思何慮，乃至聖地位非可易窺，程子所以戒謝顯道也。

　　黃若獻問孟子曰：學問之道無他，求其放心而已矣。宋儒張南軒乃謂學所以收放心而存良心，其旨同與！

　　曰心即性也。學以明其理而實踐之，則放心歛而恆性存矣。孟子之意重在求放心。張南軒之意則重在學，互相發也，然有要焉。程子曰敬者聖學，所以成始而成終也。

　　俞維守問胡五峰曰：天理人欲同行異情，同體異用。朱子以同體異用爲非，他日朱子釋程子善惡皆天理，謂放火殺人至惡。若把火炊飯，或殺所當殺，豈不是天理？又云道理有面有背，順之則是逆之，則非有此理，則有此惡，故皆謂天理，此說與胡氏奚殊也。竊疑之曰，胡五峰謂天理者，對人欲而言。然天理翻而爲人欲，其本固同。譬如貨財，本資以濟眾，乃因以剝民。又如女婦，本資以興家，乃因以亡國，不可以觀天理人欲，同體而異用乎。

程子謂天理者指物理而言，蓋善固天理，而惡不可謂非天理。譬如飛鳶，既翔於太清，乃競于臭腐。又如遊魚，既潛于深淵，乃貪于芳餌，斯不可以觀善惡皆天理乎。吾謂胡子之論，與程子將無同，何朱子以爲非耶？他日朱子釋程子善惡皆天理，借放火殺人，面背順逆爲喻，雖與程子稍別，實與胡子相符。豈朱子前此未定之見與。抑語錄出於門人所記有誤與，要之論議異同，亦不必辨。學者察於善惡之幾，求以存其心、養其性，斯諸儒教人之意也。詳見答林兆箕語中。

柯子答問卷之一。

《柯子答問》卷之二：《學解》

吳紹聲問周子〈太極圖〉，張子〈西銘〉，後世言理學者必稱焉。或謂〈太極圖〉發明造化之原，〈西銘〉揭示進爲之方，竊疑圖之所載，豈無進爲之方？而〈西銘〉於造化之原，容有所未及乎。後之說者，又有謂各就所重言之，不知果然否？

曰〈太極圖〉，言萬殊本於一理，〈西銘〉言分殊由於理一，其明造化者同。〈太極圖〉言君子所以全乎天，〈西銘〉言君子所以事乎天，其示進爲者又同，不可以〈太極圖〉明造化爲重，〈西銘〉示進爲重也。然謂之進爲則可，謂之進爲之方則不可。〈太極圖〉進爲之方，則通書之無欲是已，〈西銘〉進爲之方，則東銘之愼言動是已。

鄭光昇問揚子雲，知曆法又知曆理，昇也嘗玩姤復之圖，考四仲之命，則曆理可求，顧布算推步之學，實有未喻。

曰曆自黃帝以來，官有專職，至後世術人人殊。揚子雲作〈太玄〉，推其數以合於曆。邵子稱其兼知曆理，然程子諸儒或謂其無益，或謂其勞而且拙，則〈太玄〉不必作可也。邵子曆法，程子亦嘗稱之至，他日談論數學，雖悟一倍法，畢竟不復省記，則曆數不必精亦可也。儒者當用力於道德性命，外此皆非孔孟之訓矣！

又問鳳凰以聲召和，龍馬以象洩秘，神龜以數顯治，乃人爲萬物之靈，士爲凡民之秀，而樂律象數之學，鮮有知者，不亦有媿於物耶！

曰鳳凰龍馬神龜，或聲合樂律，或文協象數，物之瑞者也。今太常司天所掌樂律象數，率皆精習，世曾不與瑞物比而弗之，習亦豈以不如物爲媿。

蓋生人之道，至大區區，技藝特問學之餘耳。若蜂蟻之君臣，鴻雁之兄弟，
睢鳩之配耦，鶴鳴而子和，鶯鳴而友應，士有一不如物，乃可媿矣！

周天祚問邇者郡判劉公某奉委盤粮，風塵滿面，因嘆曰：吾面被塵，一
水可滌，假令胸中如是，殆非水之所能滌也。彼在仕途而自警，若是，殆亦
可以警學者乎。欲滌胸中之塵，如何而可？

曰物欲者，穢心之塵也，克復者，滌心之水也。湯之盤銘，即滌心之義，
容有仕者學者之間哉！但仕者有勢力可獲餽遺，故易耽於貨賄，學者無拘束，
易縱耳目，故多耽於聲色。為欲不同，其為心之穢均也。苟自覺其穢，則克
復之功可施。若不覺其穢，而日恣以自娛，末如之何矣！

王應期問宋儒，程子、朱子語道統者歸之矣。若《國朝理學名臣錄》所
載十五人，其間學力之純，克養之粹，果有可以方之程朱否？

曰自古傳道之統者，匪獨道備於身而已，蓋有垂訓萬世之功焉。孟軻之
後千餘年，有周程張朱者，出濂溪〈太極圖〉、〈通書〉明道、〈定性書〉異端
辨、伊川〈易〉〈春秋〉二傳、橫渠〈東西銘〉、〈正蒙〉，考亭〈綱目〉及〈四
書〉群經集註，其羽翼經傳者實詳，且盡故語道統，繼孟軻者必曰四儒，非
但程朱也。我明楊月湖，輯理學名臣十五人，繼作者又不乏人。其正論粹養，
謂之得宋儒之理學，則可謂之，得宋儒之道統，則不可。何則？著書立言，
以羽翼經傳者寡也。

丘吉問士之所學，出則立功，處則立言。言及鄉之利病，動有司而濟斯
人，雖謂之立功可也。莆今日所患，莫大於兵食，而徹桑有備，以貽鄉人億
萬年之福，可弗講乎？

曰先儒謂士不必有位，行道為功業，但有以及物，即為功業。賢所望於
立言，以福鄉人，其意同也。然須當事者有愛民之實，又有虛受之心乃可，
否則言者不以為越，必以為踈矣！就使不然，亦徒一時之計耳。若廟堂能擇
人，而久任之，庶幾足食足兵，億萬年之計也。

林炫章問孔子曰：君子進德修業，欲及時也。又曰四十五十無聞，斯不足
畏。然衛武公年過九十，作〈抑〉詩以自警，而國人稱曰睿聖，時果足限乎？

曰中人之學，必待積累，苟非及時勉勵，鮮能有成。若衛武公九十造聖，
不可以當理論學者，慎毋以藉口也。然武公亦豈可法耶？《史記》載武公弒
兄篡國，則有匪之頌與睿聖之譽，乃出國人之諛，豈可為據？仲尼刪詩，存
〈抑〉與〈淇澳〉及置之初筵者，取其詞焉耳矣！

宋萬葉問，今制以文取士，士無論得失奪志，只如文字，不著意則不工，有意求工，又似務巧言以悅人，如先儒所謂俳優者，不知如何得於此心無累？

曰士遵時制，工舉業之文，非悅人以求售也。蓋物有當止之處，譬之制器，然器以精為止，弗精則非器文以工為止。弗工則非文，有道之士，窮理居敬，無一事之敢。苟文詞之工，乃其能事心奚累焉。夫人幼而洒掃應對，長而負薪操耒，凡分所當為者皆道，矧為文乎！程子謂作文害道，比之俳優，殆為不知道者發耶？

馬龍圖問，自古論學，往往以動靜並言。而程子則曰：才說靜，便入於禪氏之說，何也？

曰靜者體，動者用，體立而後用行，求道者於動靜，可偏廢乎！程子戒學者說靜，蓋靜知存養乃可，否則類禪而空寂矣。程子他日又嘆靜坐為善學，蓋就知存養者而言，否則坐禪而入定矣！合而論之，求道者不可不靜，而不可以徒靜。存養之功，則主敬而已。

方夢奎問吾儒，非從事修煉者鮮談佛老。宋之張子、程子，皆有志孔氏之學，何乃沉溺佛老，累年始悟其非耶！或謂二氏之教，與吾儒有近似者，不知其近似，與其非似者何如？

曰佛老誠與吾儒有近似者。佛氏曰：有物先天，地無形。本寂寥，能為萬象，主不逐四時，洞與吾儒，所謂太極生兩儀，兩儀生四象，不近似乎？老氏曰，虛而不屈，動而愈出，迎之不見其首，隨之不見其後，與吾儒所謂動靜無端，陰陽無始不近，似乎其言。雖間相似，其術則迥不同。吾儒曰盡心知性，佛氏曰明心見性，吾儒曰存心養性，老氏曰修心煉性。夫明心見性，則以覺為真。機其弊必至於絕欲棄知，視吾儒惟精之旨，豈同乎修心煉性。則以退為長，策其弊必至於貪生罔利，視吾儒惟一之旨，又豈同乎？大抵老氏之虛，無佛氏之寂滅，均之絕倫而遺世。吾儒靜而明通，動而公溥，歸於盡倫，而經世其為不同，尤章章者，宜張程二儒，先迷而後悟也。

黃幼柏問朱子言天理，苟明不須講學。夫陸子之學所以近於禪者，正在於此，竊疑朱子，此言非其本意。

曰士之講學，正所以明天理也。設明天理而輟講學，則天理有時而晦。孔子至聖，尚憂學之不講，矧中人以下者乎。朱子嘗對門人言，世人陽慕講學，而設心圖利，故矯之曰天理，苟明不須講學，蓋有為之言也。

林庭薰問程子，謂孟子才高，學之無可依據。人須學，顏子之學則入聖為近。他日，朱子答張敬夫論存養，書引程子此言為證，然則捨孟子而學顏子，果為不易之論與！

曰顏子孟子，並命世大賢也。孟子言為學，曰收放心，言養氣，曰集義。言事天，曰存心養性，其與顏子不遷怒，不貳過，得善而服膺，三月不違仁，未嘗不同。學孟子亦豈無依據。惟是顏子夕伏陋巷，而涵養之功，純孟子周流列國，而用世之念，切此則不能同耳。程子慮學者之不務內故，以顏子為訓。又嘗曰，有顏子之道德，必有孟子之事功，即此意也。朱子答張南軒論存養，亦援程子之說，其說實出於周子，所謂學顏子之所學，誠不易矣！抑孟子之道，傳於子思，子思傳於曾子，曾子傳於孔子。唐韓子欲人沿流溯源，故曰求觀聖人之道，必自孟子始，與宋儒之旨異云。

柯子答問卷之二

《柯子答問》卷之三：〈經解〉上

林萬祺問文王繫乾卦之辭曰：元亨利貞，朱子本義謂大通而宜於正。蓋宜於正，則大通也。程子之傳，則四德並垂，與仲尼文言意同。文言曰君子行此四德者，故曰乾元亨利貞。朱子豈不知文言乎。殆必有說。

曰仲尼文言，即文王繫卦之旨。欲世之君子，體〈乾〉而行四德耳。朱子示占者而重於貞，以〈屯〉隨臨革無妄五卦之辭，皆曰元亨利貞。而〈坤〉卦亦曰元亨利牝馬之貞，欲其一例也。然易者變易也。乾卦四德並重他卦，獨重於貞，亦何不可。

林鎰問易。孔子曰作易者其有憂患乎。先儒黃四如謂此句總腦處，若然，則六十四卦皆教人以處憂患也。乃孔子但舉〈履〉、〈謙〉、〈復〉、〈恆〉、〈損〉、〈益〉、〈困〉、〈井〉、〈巽〉九卦，何耶？

曰文演易於羑里中，故仲尼云，作易者有憂患。他章又云，易之興也，其當殷之末世，周之盛德耶？當文王與紂之事耶？其言憂患之詳如此。文王所以處憂患者，不過自〈履〉至〈巽〉，九卦而已。按《史記》崇侯虎，譖西伯於紂，紂囚西伯於羑里。西伯之臣閎夭之徒，求美女奇物，善馬以獻，紂乃赦西伯，賜之弓矢鈇鉞，得專征伐曰譖。西伯者，崇侯虎也。西伯歸，三

年伐崇而作豐邑，閎夭爲此謀，殆亦〈巽〉以行權者耶？黃四如謂憂患一句
爲易總腦，乃推廣仲尼之意。

　　黃若獻問〈乾〉〈坤〉，易之蘊也。乾象爲馬，取其健；坤象爲牛，取其
順。然〈屯〉無〈乾〉亦有馬象，〈離〉無〈坤〉亦有牛象。何與聖人助陽抑
陰，故於復惓惓焉！惟欲陽之長也，至〈乾〉之首，乃曰潛龍勿用，於〈姤〉
惴惴焉，惟恐陰之盛也。至〈坤〉宜益嚴，其戒而曰龍戰于野，其血玄黃，
乃並辭稱之，安在其助陽抑陰也。

　　曰文王作卦辭，周公作爻辭，仲尼作象傳及繫辭說卦諸傳。三聖雖發明
伏羲之蘊，顧取象不能皆同。說卦之傳曰〈乾〉爲馬，〈坤〉爲牛，乾爻之象
則曰龍不曰馬，坤卦之象則曰馬不曰牛。且馬牛二象，不但見於〈屯〉、〈離〉，
而〈渙〉、〈遯〉、〈萃〉、〈睽〉、〈明夷〉、〈大畜〉諸卦皆有之，不必係於〈乾〉、
〈坤〉也。說卦之傳又曰〈震〉爲龍，乾之爻取焉，〈坎〉爲豕，〈姤〉與〈大
畜〉之爻取焉，〈離〉爲雉，　與〈旅〉之爻取焉，〈巽〉爲雞，〈中孚〉之爻
取焉。〈兌〉爲羊，〈大壯〉之爻取焉。因爻取喻，不但馬牛二象爲然也。夫
仲尼後聖，寧不嫌與前聖異耶？蓋說卦與繫爻其體各別，況易者變易之義，
胡可一例拘也。至若〈乾〉之初六曰潛龍勿用，疑非助陽之詞。然一陽初長，
當相時而後動，示以勿用，爲陽謀也，謂非助陽可乎？〈坤〉之上六曰龍戰
于野，疑非抑陰之辭，然六陰極盛，必遇爭而後阻，示以龍戰，不爲陰謀也，
謂非抑陰可乎！

　　劉寅問易卦兼〈坎〉象者十有四，其〈屯〉、〈師〉、〈蒙〉、〈訟〉、〈節〉、
〈井〉、〈渙〉、〈困〉、〈蹇〉、〈未濟〉，皆與象合，若解〈既濟〉，則脫于險阻
矣。需而宴樂，比而親附，則非艱虞孤危矣。乃亦有〈坎〉象何歟？

　　曰解有未盡，則當早圖，〈既濟〉不通其變，則勢必窮，窮必亂，雖宴樂
矣！陷穽伏于談笑，雖親附矣。干戈起于蕭牆，四者皆未可以晏然處也。故
聖人並取象于〈坎〉，以示思患預防之意。

　　鄭邦治問易，〈泰〉之九二曰包荒，用馮河不遐遺朋，亡得尚于中行。程
子、朱子之說，並以中行，承上四者而言象辭，乃曰包荒得尚于中行何居？

　　曰賢才用則世道泰，故〈泰〉之初六與九二，皆以用人爲言。九二包荒
其凡也，剛之過中者不廢遠，而無寵者不遺孤，而無朋者不厄，皆包荒之事，
故曰包荒得尚于中行。

　　曾曰唯問易繫辭之十二章云：形而上者謂之道，形而下者謂之器。其第

五章云：一陰一陽之謂道，夫陰陽，形而下者乃謂之道者，何五章又云繼之者善，成之者性，則皆陰陽所爲也，亦可謂之道否？

曰一陰一陽之謂道一句，兼道器而言。蓋陰陽器也，所以爲陰陽者道也。繼之者善，成之者性。雖陰陽所爲亦道也。道即太極，其在人則爲性，能盡其性則太極在我矣。孟氏性善之說，實出於此。

林兆珂問易之爲道，更四聖而始成，而曰周人之易者何也？且其言皆天地陰陽之理微乎，微乎而傳者，每以占爲言，則易豈專爲卜筮設耶？

曰《周禮》春官太卜掌三易之法。一曰連山，二曰歸藏，三曰周易。蓋夏之易曰連山，殷之易曰歸藏，周之易，乃文王繫卦周公繫爻，故名周易，是時尚未有仲尼十翼也。先儒賈氏謂，夏殷易以七八不變爲占，周易以九六變者爲占，則三易皆爲卜筮而設。朱子本義專主占，不爲無據，然古者聖人教人卜筮，以開物成務，其道至大彼太卜所掌之法，特得其粗耳！仲尼曰：易有聖人之道四焉，以卜筮者尚其占，其一也。夫人心有疑，則卜筮無疑則否。仲尼又曰，君子居則觀其象而玩其辭，動則觀其變而玩其占，斯學易之法，何止卜筮耶？

方文沂問邵子，詩曰：須探月窟方知物，未躡天根豈識人？何謂天根？月窟而足以盡人物，又曰三十六宮皆是春。大易無三十六宮之文，不知何所指。若就百卦而言，則卦有陰陽，何謂皆春？

曰：據邵子所傳六十四卦方位環布之圖，考之純陽者，〈乾〉卦在午方，而〈姤〉卦接於〈乾〉，純陰者〈坤〉卦在子方，而〈復〉卦接於〈坤〉，陽極於午而生於子，是陽根於復，故曰天根陰，極於子而生，於午是陰，窟於〈姤〉，故曰月陰。陰陽相生不已，天地萬物，盡在範圍。邵子分人與物，蓋互文也。三十六宮，蓋八卦之畫如其數。又〈乾〉一疊，至〈坤〉八亦如其數，又〈乾〉南〈坤〉北，〈離〉東〈坎〉西，〈震〉東北〈巽〉，西南〈兌〉東，南〈艮〉西北，四方相對，皆九畫，合四九亦如其數。陰中有陽，陽中有陰，生意無窮，故曰皆春。**以上解易**

吳大揚問虞書，胤子朱啓明，帝曰吁嚚訟，可乎？夔曰虞賓在位，群后德讓夫，放齊以嚚訟爲啓明，不幾於諛堯乎？朱嚚訟於堯之訓德，讓於舜之庭，舜之德化，乃盛於堯耶？然朱從親之令，以天下與人物無逆詞，且遜順北面，於受天下之人，殆非爭辯，不道忠信者，倫不可謂不啓明也。而天下後世之論，如孟子曰：丹朱之不肖何與？

　　曰存敬畏於燕間幽獨之地，非賢者不能。覷矜持於廣眾大廷之中，雖常人可勉，堯謂丹朱嚚訟，蓋父子之間，察於燕間幽獨稔矣。彼謂啓明非諛，謂德讓非誣，乃特自廣眾大廷，覷勉者觀之耳。使朱果化舜之德，革心易行，顯微一致，則禹何指其傲虐慢遊等事，爲舜戒耶？其失天子，就虞賓設或怨望爭辯，無人臣禮，是謂悖逆無道，睿但不肖而已乎？

　　王應明問武王有疾，太公召公曰，我其爲王。穆卜周公曰：未可以戚我先王，意蓋卻二公之卜也。夫臣之愛君，與弟之愛兄，其心一也。當時二公從其卻，公固得，自以爲功矣。使卻之不從不知，公將與二公同穆卜乎？抑將以請命之事告於二公乎？

　　曰王治之朝，群臣協和，未嘗求勝已，說而強人以必從也。當太公召公欲穆卜也，二公不以周公之卻爲非。設二公不聽其卻，周公亦必不固執以爲是，或遂告以請命之事，未可知也。周公之欲自爲功也，意以已與三王，祖孫一氣，而弟爲兄祈死，實出至情，庶幾易於感格，而廖武王之疾耳。其曰未可以戚我先王，蓋權詞以對，所謂言不必信者也。

　　方洋問箕子〈洪範〉五事，思居其一。仲尼贊易，乃曰無思者何？

　　曰〈洪範〉之思賢而造於聖也，故曰思作睿，睿作聖，易之無思，聖之入於神也，故曰無思也，無爲也。寂然不動，感而遂通，天下之故，非天下至神，其孰能與於此，然必由思，乃能無思，學之序也。

　　周天祚問蔡子註書〈金縢〉，周公居東爲避居，乃朱子註東山詩爲東征，或言朱子晚年自覺其誤，但未及改正，不知然否？

　　曰註釋之家，各隨所據。蔡子則據鄭氏，朱子則據孔氏，若謂朱子晚年定論，未及改正；則諸儒皆推尊朱子。詩傳取精，豈有未及改正之理？且蔡子書註，與朱子異者頗多。予不(彳甲)于不順，蔡云不順理之人。朱子註孟子云不順理之君。閏月定四時成歲。蔡云天遶地左旋一日一周，日麗天亦遶地一周。朱子註詩十月之交云：天左旋於地，日月右行於天，雖若異同，要皆有據。豈朱子亦未及改正耶？竊疑蔡子之註，或參門人之手，故若是牴牾耳！

　　茂竹問《書》錄〈秦誓〉於篇終，邵子謂孔子知周必爲秦，其說然否？但錄魯〈費誓〉者，又不知何旨？

　　曰〈秦誓〉之詞，有合於帝王之道，故仲尼錄於書之末。周之爲秦，兆已先見。若謂仲尼預知，殆未必然。但季札於歌，秦知其能，夏始大，則邵子之說，亦非誣也。其錄魯之〈費誓〉，與詩錄〈魯頌〉意同。蓋伯禽爲周公

賢胤，僖公爲周公賢裔，並能舉膚懲之法。周公其不沒矣，仲尼思慕周公，故於刪述，每致意焉。**以上解書**

丘昌騖問商周有天下，俱改正朔，不相沿襲。商以建丑爲正月，伊訓乃曰元祀十有二月，周以建子爲正月，而建亥則十二月也。詩〈十月之交〉，朱子以爲夏建亥之月，皆不妨於正朔耶？古公商之諸侯，周公述其處豳之俗曰：七月流火，亦是夏時。而於建子之月，乃曰一之日蹙發，是以子月爲起數，固不待武王開國已，重建子則又何耶？

曰夏數得天，商周兼用。不廢商正雖建丑，周正雖建子，而詩書所載，皆仍夏時，詎相妨也。古公居豳，以建申爲七月，亦是夏時，而於建子之月曰一之日，則子月起數不獨周爲然也。呂東萊曰：三正通於民俗尚矣，周蓋舉而迭用之。然周開國正朔，與夏時並行，亦可見武王、周公之達孝，不違先公之故俗也。

朱校問詩〈兔罝〉之武夫，〈漢廣〉、〈行露〉、〈野有死麕〉之貞女，說者推本文王之化，然武夫之賢，未聞登之於朝，貞女所防淫僻之徒，而化弗及焉，其故何也？

曰文王有麟趾之德，斯有〈兔罝〉之武夫，有〈關雎〉之德，斯有〈漢廣〉、〈行露〉、〈野有死麕〉之貞女。然文王不免遺〈兔罝〉之賢，豈朝皆俊髦而位有限，抑韜其光耀而世罔知乎？至於貞女所防者，皆文王之民，乃猶有淫僻之行，理固不可得而齊也。夫天之道有陰陽，人之類有善惡。至治之世，善人分數多，惡人分數少。設其人皆善無惡，則士師之官不必設堯舜，其猶病耶？

黃若獻問司馬遷，言古詩三千篇，孔子刪之。僅取三百之有合於義者，而淫亂若鄭衛，猶存何也。或謂存以示戒，則一二篇章足也。焉用若彼多也。若〈巧笑〉、〈唐棣〉等作，或可以悟禮，或可以喻仁，顧不愈於新臺，桑中之音乎？聖人去此，存彼又何也。

曰詩素以爲絢可以喻禮，唐棣之華可以喻仁，此儒者講學之資也。若今仲尼所定者，取其關於國家治亂，于以垂鑒戒焉。列國惟鄭衛多淫詩，仲尼因而悉錄，庶見其俗之不媺。俗之不媺，由政之不臧，故衛爲狄滅東徙，鄭終春秋世困弱，曾不得與齊魯秦晉比。治亂之效，不亦明甚乎。其云三百篇合於義者，司馬遷之誤也。

鄭御問詩，稱太王始翦商。朱子泰伯云：太王有翦商之志，泰伯不從。

夫太王賢諸侯也。考其時乃在武丁朝，諸侯之後有是心焉，尚可以稱賢乎？無是心也，則泰伯非以天下讓，不足為至德矣。

曰武王既克商，後之人追論開創之功，歸之太王；蓋太王能擇賢，傳國以啟王業也。閟商之頌，正指傳國而言。猶書云肇其王迹耳。太王之心，豈敢逆料，百年之後，商王稔惡，而子孫興王，但如文王三分天下有其二，而道之濟於天下者亦弘矣。泰伯之心即太王之心。程明道謂泰伯為天下而三讓，言其公也。伊川謂立文王則道濟天下，泰伯以天下之故而讓之也，此說誠為至當。其讓諸侯之國，何害為至德耶？朱子註文王至德，并及泰伯，欲其一例，故不用程子之說。

黃正望問季札，有言小雅，其周之衰乎。王通非之曰，小雅惡乎衰，其周之盛乎。二說孰是？

曰小雅有盛有衰，蘇子瞻嘗斷季札知其衰，未知其盛；王通知其盛，未知其衰，其說得矣！

朱元良問鄭衛皆非正音，乃孔子獨曰放鄭聲。孟子獨曰惡鄭聲之亂，雅樂何耶？朱子謂鄭之淫詩多於衛，且衛詩男悅女，鄭詩女惑男，衛猶有刺譏懲創之意，鄭無復廉媿，悔悟之萌以此別優劣，其說果盡否？

曰孔孟皆惡鄭聲而不及衛，朱子之說固然詳而究之。鄭之淫詩，豈但如朱子所云而已。〈叔于田〉舊說以為淫詩，蓋叔者指所悅而言，與仲也意同雞鳴，竊亦以為淫詩，蓋得鳧雁而烹調之，不以奉舅姑，不以供賓客，乃夫婦自為樂，此何俗哉！解佩以贈所愛，與贈芍藥意同。然則鄭詩共二十一章，其不淫者惟〈緇衣〉，〈太叔于田〉，〈清人〉，〈羔裘〉，〈出其東門〉，五章已耳；且衛詩自共姜至襄公之母凡六婦人，皆止於禮義，其優於鄭，豈不章章乎？

鄭光昇問孟子曰：王者之迹熄而詩亡，朱傳謂〈黍離〉降為國風而雅亡，蓋以王室下同列國，故孔子刪詩後，即其詩而名之曰王風，初非以其體制之異也。林次崖以為風自有風之體，雅自有雅之體。竊觀〈黍離〉等篇，體制曷嘗有異，俗講文義多以為燕享不行，而小雅亡，朝會不行而大雅亡，則是〈黍離〉之外，又別有不載之詩，疑於本旨有戾。

曰風雅頌之體不同，朱子蓋兼二說，一說里巷之詞曰風，朝廷之詞曰雅，郊廟之詞曰頌；一說風有風之體、雅有雅之體，如次崖所云也。然當以里巷朝廷郊廟之說為正。朱子又註小雅云，正小雅，燕享之樂也，正大雅，朝會之樂也，以燕享朝會不行，解雅亡之義，良是風雅頌之正者，周公所定，〈黍

離〉不列于雅，而名曰王風，非孔子所定。蓋季札觀樂，爲之歌王，乃孔子自衛反魯以前事，或當時之賢者所定，而孔子因之耳。

茂竹問：合秦晉二詩觀之，晉爲堯舊都，其世已遠，而〈蟋蟀〉之節儉猶存。秦爲文王舊都，其世尙邇。而二南忠厚，遽變爲無衣之強悍。堯之化，果尙文王之化歟？

曰堯之節儉，至晉猶存固也。若以秦習強悍，疑文王忠厚之衰，雖先儒有是說，吾不以爲然。夫無衣戰聞，文王武功之餘烈也。其周室水木之念，同仇歡愛之情，比之〈兔罝〉腹心之夫，無異獨以強悍目之，可乎？〈載馳〉，〈渭陽〉別舅念母之不見，〈蒹葭〉懷賢，道阻而欲從，皆秦風也。不彷彿二南之忠厚耶？夫秦特其近者，若化行江漢，歷數百年未嘗泯滅。何者？江漢之地，其後爲楚。楚之衰也，有遭讒被放，而投身汨羅，比干齊忠焉，其亡也，有思楚逃秦，而移家桃源，首陽比節焉。以夷狄之國，猶有若人，非漸染文王之遺化哉？二聖人之化，勿以優劣論也。**以上解詩**

柯子答問卷之四：經解下

龔霖問〈春秋〉桓公六年，書子同生。胡氏傳謂明與子之法，近世蜀中席氏謂：書子者，明其爲桓公之子，不以胡傳爲然，如何？

曰胡氏謂公天下者與？賢，家天下者與？子與賢，貴於得人與？子定於立嫡時，高宗未有子，育宗室子二人於宮中。胡氏將以傳進呈，此論詎無謂哉。席氏之說，蓋據朱子詩展我甥之註，稱其爲齊侯之甥，且明其非齊侯之子，殆非〈春秋〉之旨。夫談經者，非徒解釋文義，要須關係世教，胡氏得之。

黃若獻問〈春秋〉一書，其事則齊桓晉文。孔子曰齊桓公正而不譎，晉文公譎而不正，此萬世公案也。按桓公任管仲作內令，以寓軍政，捐珍幣以熒惑諸侯。若滅，遂會穀之事，其所圖，營安在爲正。文公伐原以信，大蒐以禮，即此兩事，殆庶幾乎？道未必皆爲譎也。

曰齊桓之召陵服楚，葵丘尊周，其勳茂其忠著，可謂正矣。即有微瑕，固可掩也。晉文之城濮勝楚河陽，召君其謀，諼其事悖，可謂譎矣。即有小善，不足償也。孔子於桓曰正而不譎，於文曰譎而不正，各舉其重者而言耳。

抑孟子有云：以力假仁者伯，似與孔子與桓之論相反。蓋孔子與桓之論相反，蓋孔子多其一匡之功，故其詞恕。孟子嚴於王伯之辨，故其詞直，學者當合而觀之。

　　唐師錫問〈春秋〉隱公即位元年，書曰春王正月，二年以後，並不書正月，只書春王二月或春王三月。桓公即位元年、二年，書曰春王正月，三年以後，不書王者。十四年，只書曰春正月或春二月。夫隱無正，桓無王，皆仲尼筆削之大者，胡文定於桓有傳，而隱則無傳，何居？

　　曰桓無王，胡氏於桓三年之傳，發明悉矣。隱無正，則〈公羊〉、〈穀梁〉於隱公薨，傳並及之。但〈穀梁〉之詞晦，不若〈公羊〉之詞顯。公羊曰：隱將讓國于桓，不自有其正，胡氏意或取之而已，不必贅也。夫隱在〈春秋〉中，何媿曹子臧，吳季札〈春秋〉彰隱之善，所以甚桓篡弒之惡。其託始乎隱，豈特以周室陵夷之故哉？

　　黃其昌問〈春秋〉隱公元年，春王正月，胡文定作傳謂仲尼以夏時冠周月，且引伊訓元祀十有二月，以證周不改月，引秦紀元年冬十月，以證周不改時。王陽明著〈春王正月論〉謂〈春秋〉所書，乃周時周月，然則文定誠誤耶？

　　曰商周既革命，改正朔，則必改月與時。自漢儒孔氏有是說，漢去古未遠，必有所稽。〈秦誓〉曰惟十有三年春，大會孟津。漢律曆志曰以殷十一月為周正月。戊午渡孟津，則建子為春也。《左傳》昭公二十年曰春二月己丑日，南至則建丑為春也，斯可以證周之改時改月矣。若太甲即位元年正月，伊訓稱元祀十有二月，乃商之史臣以夏時紀事，豈可以證不改月乎？秦建亥為正，見於漢史，曰元年冬十月時，月其仍夏時弗改，但以冬為歲首，乖謬殊甚，豈可以擬商周之制而證不改時乎。〈春秋〉隱公元年曰春王正月者，乃周之時月，仲尼未嘗有筆削。胡文定謂仲尼以夏時冠周月，是以周不改時，狠同閏秦之乖謬。而引證秦紀，不亦左乎？且稱周月，則月已改矣。顧引伊訓以證不改月，非所謂以矛自刺其盾耶？厥後蔡九峰註商書，亦據伊訓秦紀以反孔氏之說，無乃祖述文定歟！文定九峰之書，今朝列學官何？燕泉誦習已久，尊而信之，其註家語，亦引伊訓秦紀，以辨洪興祖改月之非，則因襲之見也。王陽明著〈春王正月論〉，不以文定為然。其曰陽生於子，而為春始陰生，於午而為秋始。自一陽之復，以極於六陽之乾，而為春夏。自一陰之姤，以極於六陰之坤，而為秋冬，則周制與易卦符合，蔡虛齋六有是說，惜胡蔡之識

不及此也。大抵儒惑於不改時月，蓋未知商周正朔，與夏時並用耳。胡氏傳概世教，獨此傳為程子所誤，要皆滯於仲尼行夏時之語，學者罪毋以為全書病可也。

郭文表問〈春秋〉隱公元年，胡安國作傳謂仲尼取義於乾元坤元，而望人君以體元，宰相以調元。湛甘泉先生著〈春秋〉書謂胡氏穿鑿如何？

曰元年者，〈春秋〉之首章，胡氏發明體元調元之義，關係世教甚大。使學者讀之，有以擴其胸襟。君相讀之，有以盡其分量。甘泉安知，非仲尼本旨以為穿鑿耶？夫〈易〉之〈繫卦〉，〈繫辭〉，其辭悠遠，然君子咸謂得伏羲之心者，心即理也。通於理則不達於心矣。胡氏元年之說，亦通於理而已，詎不得仲尼之心哉。以上解《春秋》

余起鳳問曾子易簀謂，得正而斃，豈以用大夫之簀為非正歟，以曾子省身克己焉。肯一日安於非正，必特童子言耶？

曰簀無崇卑之別，非輿服之比，季孫所賜，雖葉美臥之，不為僭。但病而不起，此簀為所污，遂為棄物，非所以全大夫之賜也。昔孔子於魯君賜生必畜，苟以大夫葉美之賜而置之不吉，是為弗恪，安得為正？彼童子者，乃曾子之門人，病未亟，童子固知之不之言，曾子不知其病之不起，不之易及，童子見其病之，亟乃言之至再，曾子乃悟之而弗安。遽命易簀曰得正而斃，諸家解此者，皆不得曾子之心。

黃若獻問記有朝祥暮歌，子路笑之。孔子謂踰月則其善，乃孔子既祥五日，彈琴而不成，聲既有餘哀，不成聲，踰月而彈，不亦善乎？

曰琴者禁也，所以禁邪心也。君子常親琴瑟者，非以為娛，乃習於禮樂耳。三年之喪，禮樂盡廢，既祥而琴於禮為宜。琴與歌不同，何必踰月？仲尼既祥五日，彈琴而不成，聲雖餘哀，未忘不可廢先王之禮也。按記又載子夏除喪，而見予之琴彈之而不成聲，曰先王制禮而弗敢過也。子張除喪，而見予之琴彈之而成聲曰：先王制禮，不敢不至焉。夫二子既除喪，必非踰月，乃見夫子，夫子皆予之琴，必不以非禮為教。聖人以禮教人，亦以禮處己也。

方大孝問古者喪服大功稅，小功不稅。稅者，追服也。曾子謂小功不稅為不可；唐韓子亦疑之。宋劉敞謂曾子、韓子，隆於情而不及於文者何？

曰小功不稅，似非厚道，故曾子韓子疑之。然大功稅者親也，小功不稅者疏也；親疏之別，則禮之文而情非所論矣！宋劉敞之見如此，或以為薄然

所據古禮，君子不以爲非也。夫古禮寧獨小功不稅爲可疑哉。父在，子爲母服期，豈不云薄，蓋亦禮之文，而情非所論矣！

崔公升問孔子有言曰，入其國而其教可知也。其爲人也，溫柔敦厚，《詩》教也；疏通知遠，《書》教也；廣博易良，《樂》教也；潔淨精微，《易》教也；恭儉莊敬，《禮》教也；屬詞比事，《春秋》教也。《詩》之失愚，《書》之失誣，《樂》之失奢，《易》之失賊，《禮》之失煩，《春秋》之失亂，詳載《禮記》〈經解〉篇。不知學者若何可以免此六失乎？然孔子讚《周易》，修《詩》《書》，定《禮》《樂》，作《春秋》，不宜自稱述，無乃非孔子之言耶？

曰學者博而寡要，則勞而少功，故治《詩》者，其要在於辨美刺，斯不至於愚矣；治《書》者，其要在於稽治亂，斯不至於誣矣；治《樂》者，其要在於審和平，斯不至於奢矣；治《易》者，其要在於察吉凶，斯不至於賊矣；治《禮》者，其要在於適中正，斯不至於煩矣；治《春秋》者，其要在於明褒貶，斯不至於亂矣。然此六經，仲尼未及修定。而《春秋》，則王室及列國之史耳。古者記事之書，概謂之春秋，如韓宣子適魯見春秋，是魯之春秋也。羊舌肸申叔時，皆教太子以春秋，是晉楚之春秋也。況周老聃、楚倚相、晉董狐、齊南史、魯史克，皆號賢者，其書可以垂教，禮記所載，爲孔子之言無疑矣。

黃一藩問伯魚出於母喪，及期而猶哭，聞孔子之歎而止。子思於嫁母，哭于孔氏之廟，聞門人之言而止子，上於出母不爲喪，以子思命也。三世事同，而禮異何歟？

曰禮爲出母喪，杖期而爲父，後者心喪而已。伯魚子上皆爲父，後者伯魚服期猶哭，非過乎？子思於嫁母，義絕不宜哭於廟，偶失而知改善矣！其不令子上喪出母，蓋守禮之正，不敢擬於其父，而推尊其父，曰道隆從而隆道，污從而污，以爲斟酌，隆殺宜爾也。然有孔子在，伯魚豈得自專？夫出母，義雖絕而情不可絕，因情而處其厚，觀過而知其仁。故仲尼不禁，乃聖人時中之事也。若子思之禁子，上則賢人之事也。

李多見問《禮・雜記》云，士之子爲大夫，則其父母，弗能主也。使其子主之石梁王氏，以爲無義理之甚，至比於舜臣。父之說，竊意主者對賓之稱大夫之喪，則有大夫之賓。父以士禮而拜，實得無屈其父乎？故使其子主之以子拜，實所以全父之尊，而成士大夫之禮也，未知是否？

曰此說欲全父之尊雖通，但於本文弗能，字稍礙。倘曰弗可主，或但曰弗主，則此說為不易矣。詳其文意，似謂賤者不宜主貴者之喪，蓋重爵也。其上章云，大夫為其父、母、兄弟之未為大夫者之喪服，如士服；士為其父、母、兄弟之為大夫者之喪服，如士服。大夫之適，子服大夫之服，則喪服亦重爵也。宜石梁王氏均欲以為疑。蓋大夫之喪禮亡，而漢儒所記，或誤耳！**以上解禮記**

《柯子答問》卷之五：《傳解》

《易》問禮，問中和，一理位育非兩事，先儒論之詳矣。然天地之位，萬物之育不知，果有賴致中和之君子否？設君子之中和未致，則天地果未位，萬物果未育與？

曰人心與造化，其氣相為流通，而災祥各以類應。在匹夫尚爾，況為天子而參兩儀，宰群動乎子思位育之論，稽之箕子洪範，無爽其理，有固然者。然理雖不易，而數則不齊，堯湯之水旱是已。彼蔑厥德而乖於應者，亦間有之，君子惟道其常焉。

鄭光昇問先儒謂商俗靡靡，不能改伯夷之操，則伯夷之操雖不可改，而其俗終不可變也。柳下惠之弟盜跖，而惠不能化，竊疑孟子親炙興起之論未驗。

曰至德懿行，固足感人。然感而興者，士君子耳。彼兇頑之徒，稔惡弗悛，雖聖人與居，奈之何哉？故伯夷不能變商俗，柳下惠不能化其弟，勿謂孟氏親炙之論誣也。堯舜之朱均，周公之管蔡，皆同君子，道其常而已。

丘吉問蘇軾著論，謂武王非聖人，豈以仲尼有未盡善之言耶？或者謂武王誅紂，宜立微子、仲尼之意，豈在茲耶？方文沂因而申問曰：設使仲尼身處其地，則當如何？

曰湯武之事，皆處其變者也。其心急於救民，安天下雖有慙德與，未盡善豈復遑恤。且仲尼謂武未盡善，第以征伐不若揖遜，非是貶詞。他日繫易曰湯武革命，順乎天而應乎人，其論武王達孝纘緒，子思引以明中庸之道，此可為斷案也。至於不立微子，殊不足為武王病。蓋微子雖賢，其才智豈武王敵。設武王立微子而退就北面，於已潔矣，如天下何？當文王時，舍長子伯邑考而立

武王，武王不以國遜，伯邑考皆大聖人作爲，非循常者所能測。豈有既誅紂而乃立微子，徒沽己名而無益於天下事哉？假令仲尼身處其事，亦必以救民安天下爲急。千聖一心，夫復何疑？彼蘇軾輕議聖人，考亭所以深詆之也。

曾人弼問孔子曰：一日克己復禮，天下歸仁焉。朱註云極其效之甚速而至大也。朱又云：天下之人聞之見之，莫不與其仁。夫克己復禮，聖賢靜中功也。他人何由知之？一日而天下歸仁，不幾於虛幻乎？

曰聖賢之學在修己治人，故夫子立教，每以天下國家爲言。其答顏淵曰克己復禮爲仁，設如脫陋巷而寄民社，則一旦克己復禮，天下莫不服從其化，所謂君子篤恭，而天下平是已。顏子有爲邦之具，故告之以此。若答仲弓、子張問仁，雖及範民之效，皆不如天下歸仁之爲至也。

林東興問孔子擇公冶長南容，乃是量才求配，謝上蔡則謂聖人擇壻，驚人如此。楊龜山則謂聖人所求於人者，薄可免於刑戮，不累其家者，皆可妻也。勉齋黃氏謂觀書最怕氣不平。上蔡氣高者也，龜山氣弱者也，故所言各別如此，請問是否？

曰學者觀聖賢書而論議其事，或婉或直，或嚴或恕，各隨夫人之識見，非關所稟之氣也。謝上蔡、楊龜山於仲尼擇壻，論各不同。黃勉齋遂以徵二子之氣高氣弱，豈其然乎？吾觀上蔡爲切問近思之學，非氣高者也；龜山請黜王安石從祀，且斥三經刊焚，其板非氣弱者也。夫學苟不能變化氣質，則是無窮理養心之功。二子爲程門高弟，必嘗用力於此。乃謂觀書氣有不平，殆臆度耶？

朱校問伯夷避紂，居北海之濱，以待天下之清，孟子有是言矣。夫曰避紂則不欲仕，而君之也明矣。曰待天下之清，則必遇清明之主而仕也，又明矣。何武王伐紂，則責其以臣弒君，及克商會朝而天下清明，卻又恥食周粟而死，何也？若必紂惡未稔而自斃，武庚念亂而圖存，以復成湯之世，則豈可復得哉？

曰伯夷隱遯未嘗臣紂，與武王爲諸侯不同，故夷叩馬而諫，責武以君臣之義也。其待天下之清，雖夷素志，然猶以周爲污濁，寧餓死而不食其粟。推夷之心，設生於湯之世，亦不屑就觀採薇之歌，曰神農虞夏，忽焉沒兮，吾安適歸矣。其擇君如此，孟子所謂隘者也。

林明章問狂者進取，仲尼所思，夫子講聖門諸賢實學，乃曰狂不可以爲訓，何不亦思孔子之所思耶？豈有感於今之踰閑者而嚴其鑰與？

曰仲尼雖有取狂，但氣質之偏終莫之變。如曾點陶鎔聖德日久，猶不能約於繩檢，況師非仲尼，詎能變其舊習乎？此不可爲訓一矣。仲尼嘗嘆今之狂也蕩，豈非以進取者少而踰閑者多，與夫狂之爲蕩，如火之炎上，水之趨下，勢之必然也，此不可爲訓二矣。今去春秋之時千幾百年，教滋弛而俗滋偷，以狂名者愈無進取之志，往往大言欺世，自擬於聖門之徒，稽其所爲，奚啻蕩而已哉？嚴爲之防，則在司教化之局鑰者，我焉能耶？

黃若獻問孔子曰：父母在不遠遊，遊必有方，信斯言也。宜莫如顏子，然顏路尙在匡，之圍陳蔡之厄，顏子皆與焉。之匡之陳蔡，行無轍迹，豈有方耶？

曰顏子從夫子遠遊，其初必稟命於其父，既在塗而更適他國，亦惟夫子之命是從，顏子不得而專民生於三事，之如一，不以父故而違其師，乃禮也。

又問：陳司敗問昭公知禮乎？其問也不詳，故孔子得略對曰知禮，以諱其君之過，使司敗直指吳孟子事而問焉。不知對之，將何如？

曰禮居是邑不。非其大夫，而況君乎？若陳司敗直指昭公娶吳孟子，爲問孔子，必不對，或對以不知。雖若不直，直在其中矣。按子路嘗問孔子曰：魯大夫練而床禮耶？孔子曰吾不知也。子貢他日不以魯大夫爲問，第曰練而床禮耶？孔子曰非禮也。孔子不言魯大夫爲非禮，則爲昭公諱也明矣。

黃幼柏問比干之死忠矣。孔子稱其仁，至於令尹子文，但許其忠，而不許其仁者何？

曰仁統百行，忠乃百行之一耳。忠或中人可勉，而仁則非大賢以上不能，故仁者無不忠，忠者未必仁。比干子文，豈可一律論哉？

宋曰斐問子貢稱仲尼學不厭、教不倦爲仁智。子思論，誠者合內外之道爲仁智，均之爲成己成物也。子貢以成己爲智，子思則以爲仁，子貢以成物爲仁，子思則以爲智，何互異如此？

曰仲尼之成己，學不厭而下學上達，故曰智。中庸之成己，誠自成而以人合天，故曰仁，仁智雖不同，而皆吾性之體也。仲尼之成物，教不倦而公乎？人故曰仁，中庸之成物，誠之運而合乎時，故曰智。仁智雖不同，而皆吾性之用也。蓋吾性之德所包者廣。易曰繼之者善，成之者性，仁者見之謂之仁，智者見之謂之智，學者又何疑於二賢之說之異同哉？

又問：晦翁註孟子答畢戰井地曰，詳言井田形體之制，乃孟子自云大略，何耶？

曰孟子所答井田形體之制雖詳，若斟酌時宜則不能詳，須其君臣自潤澤也。

李多見問〈大學古本〉載於《禮記》，通爲一篇耳。按《記》中師弟子論說者，每每有之，未有直爲一辭，無所分別如此篇者也。宋儒以篇首爲孔子之言，其餘則曾子之意，剖析如此之精，其必有所據與？

曰朱子評定〈大學〉謂聖經，言約旨遠，非仲尼不能作，其傳中語意多與〈中庸〉合，必曾子以授於子思也，語在〈大學或問〉中。夫傳仲尼之道者曰曾子、子思、孟軻，蓋於所著〈大學〉、〈中庸〉七篇，仁義微焉。若據〈大學古本〉通爲一篇，而疑其不出於曾子，則曾子之傳道何所考？見朱子正漢儒之誤，可謂有功於曾子矣。

陳一麟問周子，曰志伊尹之所志，學顏子之所學。夫伊尹耕於有莘，而樂堯舜之道，學非不大也。何以獨言志顏子，爲邦之問，與農山之對，欲成佐主之業，志非不弘也，何以獨言學。豈自其終身所遇言之耶？

曰伊尹之志恥其君，不如堯舜一夫不穫，若撻于市。顏雖有志王道，非若尹之自任也。後之人希尹之志，則宇宙內事不得辭其責矣！顏子之學：博文約禮，不遷怒貳過，三月不違仁。尹雖從事聖學，非若顏之潛篤也。後之人希顏之學，則聖賢之道，庶幾得其門矣。雖然尹惟有其學，然後得以酬其志。顏之志托之空言，不克，徵其學者，窮達之途異也。設易地而處，則皆然矣！

鄭光昇問先儒云：志於功名者，富貴不足以累其心，以爲苟可以垂諸竹帛，則身之貧賤患難，弗恤也。然後世功名之士，多富貴者何？

曰士不以富貴爲心，而志於功名，雖異道德之倫，要非凡流矣。累勳蹟要理所必至，未聞有致富者。蓋汲汲於報主庇民，恥求田問舍，爲子孫計，即享厚祿，捐以分惠，族黨不蓄其贏，如諸葛武侯廩無餘帛，庫無餘財，如寇忠愍有官居，并鼎無地起樓臺是已。設陽效豪傑所爲，而陰襲鄙夫之行，縱有區區之功與名，何足錄哉！

林兆箕問建子建丑建寅，聖人之制作必有深意存焉。而孔子獨云夏時，豈以商周爲不足法歟？或以三正之建，示革命不相沿，則秦人建亥，亦未可盡非耶？

曰周建子爲天正者，先天之《易》起於復也，商建丑爲地正者，後天之《易》起於艮而成始成終也，夏建寅爲人正者，亦後天之《易》起於震也。

雖革命改正朔，示不相沿，要皆有至理存焉。若秦建亥於義，無取程子，謂事之悖者也。商周雖改正朔，其實兼用夏時。所謂夏數得天，百王所同。故孔子獨舉夏時爲萬世法，詳見答丘昌鸞語中。

鄭潤問孝者百行之首也，帝之盡此道者莫如堯舜，乃至孝之稱，舜獨擅焉。賢之盡此道者莫如曾閔，乃孝哉之稱，閔獨專焉。其故謂何？

曰堯舜之道不出孝弟，然惟舜有至孝之稱。蓋舜之繼母生子象，而父頑母嚚，象傲舜，竟得其歡心。所處之地，異夫堯也。曾子養志歸全，孝何以加然。惟閔子有孝哉之稱。蓋閔子之繼母，寡恩獨慈己子，閔子竟得其歡心。所處之地，異夫曾子也夫。自古聖賢何限，謂之聖賢，豈於孝有一毫未盡而歉於舜閔哉，特以舜閔處當其變，爲尤難耳。

鄭熟問孟子曰：招虞人以皮冠，庶人以旃，士以旂，大夫以旌，固矣。既曰大夫，則召之以官可也，何以招爲？

曰孔子仕魯，有官職，故魯君以官召之。若招大夫以旌，必非在位者，其招士以旂亦然。士大夫不受祿，故得以道自重，而國君處之，亦不敢輕也。

黃起先問曾點，當孔子問志，而鼓瑟已非禮，且心不在瑟，而聽三子之對，則執事不敬，非所以習禮樂也。乃孔子不教以正者何，記者謂孔子，與其能修禮又何？

曰曾點狂者，仲尼欲接引而裁成之，故不約束以繩矩，斯育材之方也，撰《孔子家語》者，謂曾點能修禮，而仲尼與之非是。

陳光問鳶飛戾天，魚躍于淵，言其上下察也。程明道云此段子思喫緊爲人處，與必有事焉而勿正心之意同活潑潑地，其旨何在？

曰〈中庸〉此章，發明道不可須臾離更親切。蓋鳶飛魚躍可以驗道之，無物不有，無時不然，程子稱子思喫緊爲人，與必有事焉，而勿正之意同，謂子思以親切者爲人指示，欲人之體，斯道也；曰潑潑者狀，上下察也。體之云何？惟存養持守而已，尤必勿正勿忘勿助，以俟其自得。則靜而涵者天，動而應者神，與夫活潑潑者自相默契，朱子註〈中庸〉，節程子語，未盡子思教人之意。

林維問孔子雅言，曰詩書執禮，朱子又引六經之道，同歸禮樂之用爲急，而邵子《皇極經世》曰：易書詩春秋，獨遺禮者何？

曰求道之方，不外博約，故詩書執禮，孔子所常言，言禮，則樂在其中矣。朱子引六經之道，同歸禮樂之用爲急，蓋禮以治躬，樂以治心，尤切於

人也。若邵子《皇極經世》亦未嘗遺禮樂。其言曰：聖人有四府者，易書詩春秋之謂。禮樂，污隆于其間矣！大抵邵子發明聖人之道，能權宇宙之變，與聖人教人求道之旨不同，勿以一例觀也。

南金問孟子。嘗論天將降大任，必使之困窮拂時，增益所不能。然古舉士以德行，故備嘗艱阻，無妨進修。今舉士以文章，須有專力，乃可苟困窮拂，爵必費經，營勞區畫如學，何竊疑天欲降大任，必不令若斯也。

曰貧者士之常，世之困窮拂爵，能業文章取科第者，何可勝數。夫士苟立志，雖處貧賤患難，無不自得，何妨於問學也。匡衡鑿壁，倪寬帶經而鋤，以彼勵學若是。假令漢立科目，二子有不售哉。吾鄉如陳侍御孝廉先生起於貧困，卒成名賢。張子曰：貧賤憂戚庸，玉汝于成，斯即增益不能之意，而窮達不必論矣。

樸問孔子稱閔子騫之孝曰，人不間於其父母昆弟之言，先儒黃氏輔氏，並謂家庭溺愛，不如鄉黨之論出於公，其說是否？

曰閔子之孝，黃氏輔氏之說非也。蓋此說可以語處常，不可以語處變。若閔子繼母寡恩二弟，非同胞鄉黨之稱譽，安能勝家庭之嫉妒。故人無間於其父母昆弟之言，乃見其孝也。

廷燦問孟子論養心在寡欲，而周子作〈張宗範養心亭說〉，何以曰養心，不止於寡而存，寡而又寡以至於無，豈孟子之論未盡耶！

曰孟子周子言欲，微有不同。孟子指耳目口鼻、四肢之所嗜而言。雖上智所必有養心者，但寡斯已矣！周子指外物之感而言，乃降衷之本無養心者，必無斯已矣。或曰孟子言欲與周子同，不專指耳目口鼻、四肢之欲而已。倘耳目口鼻四肢之所嗜得其正，不可言欲。既不可言欲，則寡欲即無欲也。周子云寡之又寡，以至於無。蓋言工夫無所間斷耳。周子慮學者不解孟子之意，故詳為之說，非以孟子之論未盡也。

柯子答問卷之六：《史解》

林綱問近讀程篁墩伍員論，深許其復仇而不然，蘇轍逆天傷義之說，夫從蘇說，則父母之仇可共戴天；從程說，則人君誅賞，難以悉當，而人之仇君者無已也。君臣父子均係大倫，不知若何折衷？

曰昔人論伍員者多矣。揚雄以鞭屍藉館爲非德，蘇軾謂父仇宜復，雄獨非人子哉！蘇轍之說如雄，而篁墩之說，如軾茲二說者，一重君臣之分，一重父子之親，所見不同如此。要之雄說不可非，特未之盡耳。雄第言其諫吳王不用不能去，若使員在楚早勸其父，如漢二疏辭，太子傅豈不尤趫，即爲宗臣如微子去紂可也。惟其闇於見幾，故無以脫父於禍，而報楚功成，身亦不免功名之路，往往令智昏也。

鄭光昇問隋王通宋程頤，皆以處士請闕上書，當時弗之用，無乃病其出位而邀名耶？果以爲病，則今世泉南陳眞晟乃效之何耶？不知二子果可法否？

曰士君子自任天下事，詣闕陳言，豈不欲其言之用哉。如王通、程頤、陳眞晟，言之弗用，古今一體，要皆欲明己志，即冒出位邀名之嫌不恤也。雖然傅說呂望之謀猷，必俟其求而後應。顏子嘗問爲邦，而農山之對有志於相，天下顧時不我以，則伏於陋巷而已，當以古聖賢爲師，奚必效隋宋之儒哉！

黃若獻問舜造漆器，群臣諫之，造者是則諫者非，諫者是則造者非，皆古聖人也，豈有不是耶？

曰堯飯土簋啜土硎，至舜造漆器，是啓奢也。褚遂良對太宗言群臣進諫，蓋防其漸，其說是已。然舜兢業圖幾，奚暇飾飲食之器，事不經見，夫豈可信？韓非子謂國不服者十三，尤誣也。

宋元岳問子貢、宰我，聖門高第子也。史記子貢亂齊存魯，敝吳霸越之事，似類蘇張縱橫之術。又記宰我爲臨淄大夫，與田常作亂，以夷其族。豈予之不仁，果有弒父與君之心耶？

曰子貢未聞性與天道之前，其行事無足論，不應晚年進德，乃肆口辨以亂人國，如記者所云是誣也。按《左傳》載越滅吳在哀二十二年，是時孔子卒已七年矣。《家語》載孔子吳亡越伯之語，不亦安乎？又按韓非子曰，齊將伐魯，魯侯使子貢說之，非孔子使之也。又未嘗載其之吳之越之晉，斯近理爲可信耳。

宰我忍於短喪，宜有顚迷之事，然與陳恒作亂而殺其身，則記者之訛也。按左氏闞止有寵於簡公，死於陳氏之亂。闞止宇子我，左氏既稱闞止，又稱子我，故記者訛爲宰我也。

林應符問《宋史》有道學傳，又有儒林傳，夫非聞道不得爲儒，顧分道與儒爲二可乎？然吾師著《宋史新編》弗之易，是必有說焉。按朱考亭列於道學，陸象山列於儒林，倘爲定論，則今世學者猶宗陸黜朱，何耶？

曰伏羲，堯舜之道，至文王、周公、孔子而益著，觀夫繫卦繫爻，刪述六經，何其奧也。文王、周公、孔子之道，至曾子、子思、孟軻而益明。觀夫〈大學〉、〈中庸〉七篇，仁義何其詳也。軻之後寥寥無傳，逮有宋周敦頤、邵雍、程顥、程頤、張載、朱熹踵出，所著《太極圖說》、《皇極經世》、《定性書》、《周易傳》、《東西銘》、《毛詩集傳》、《四書集註》等書，皆足以繼往開來。《宋史》表其傳道之功，故列於〈道學傳〉。若乃孫復、胡瑗、呂祖謙、胡安國、眞德秀、陸九淵等凡若干人，雖於道有聞，而論述講明，稍弗若故，但列於儒林傳。試即朱子、陸子言之當時，宗陸者謂尊德性爲簡易，黜朱者謂道問學爲支離，及《宋史》出而論始定。故余著《宋史新編》雖多刪潤，而於二傳不復易也。乃近世學者，宗陸黜朱者尙紛紛然，其人苟誠耶？則聞見偶未之及，苟僞耶？則借簡易以自文，徒取有識者之譏哂也。太史舒梓溪之言曰：今世才知之士，飾虛聲而鼓後進。惟尊德性之說，可掩覆也。若謂道問學，則必窮天地之高厚，參百王之憲章，極禮樂之中和，究鬼神之情狀，以至萬變所以應，萬物所以名，蓋有不可以僞爲者矣！故宗陸者非爲道也，飾其一節以欺人也，黜朱者非爲道也，未見朱之大全也。梓溪爲蔡虛齋高第，蓋誠於求道者，其爲此論，聞者可以警夫。

陳瑛問宋人談王安石者多矣。我朝性理書中，只載劉元城、程明道、司馬溫公三君子之言，無乃略耶？近時新安有游遜者，輯《性理會要》，刪去溫公遂非之條，增入朱考亭、陸象山所論，然則安石果無遂非之病耶？象山殊在，安石亦可據耶？

曰王安石亂宋，夫人知之，未有知其貽禍萬世者。劉元城曰：安石謂天變不足畏，祖宗不足法，人言不足恤，此言不獨爲趙氏禍，乃萬世之禍。斯與理宗黜安石從祀，目爲萬世罪人同也。然安石敢爲此說，而無忌憚者，良由明道所謂剛褊自任，溫公所謂遂非，所謂執拗耳。《性理》中載此三君子之言，可概見其奸焉。嘉靖中新安游遜輯《性理會要》，刪溫公遂非之條，是爲奸邪隱諱也，可乎哉？其增朱考亭、陸象山所著各千言，考亭推安石受病與貽禍二端，固無容喙；象山爲安石回護，爽其實矣，遜也。摭與《性理》並傳，是搖後世之公議也，又可乎哉！按張方平知貢舉，辟安石考校，見其每事輒欲更張，遂檄使出，蓋惡其奸，不欲與其事。蘇洵在嘉祐中作〈辨奸論〉，曰王衍、盧杞合爲一人，曰不近人情，鮮不爲大奸，惡安石初入政府，呂誨彈之曰大奸似忠，大佞似信，曰誤天下蒼生，必斯人，彼其言皆驗於數十年之後，溫公晚而嘆曰，

呂獻可先見余所不及，胡象山以其言爲過耶！且安石身後追論其其奸者，不但元城而已。欽宗朝楊時疏曰，安石挾管商之術，飾六藝以文奸言，變亂祖宗成法，其著爲邪說以塗學者耳目，而敗壞其心術者，不可縷數。中興欲參用安石《經義》，林之奇疏言王氏三經，率爲新法，地晉人以王何清談之罪深於桀紂，本朝靖康禍亂，考其端倪，王氏實負王何之責。厥後羅大經著《鶴林玉露》，定宋室二罪人，曰國定一統之業，合而遂分者，王安石之罪；其裂而不復合者，秦檜之罪。象山、以誨等與安石同時，而毀譽出於不相悅，然則時等加安石以元惡，亦豈同時不相悅耶？時等之論公，益徵誨等之非私矣。象山又謂，安石無利達之心，則尤不之察也。安石觀講官王維能薦士，故深交於維，以爲進用地。神宗喜功，而委安石以有爲，安石悉更成憲，經營富強，以迎合主意。其論王詔不必以邊費，盡對呂惠卿密札不令上知，何忍爲欺罔若是，蓋慮忤旨而失寵耳。即其平生矯爲恬退，則其無聲色貨賄之好，亦僞而已，況區區細行，詎足以掩姦惡哉！余著《宋史新編》，斷安石類少正卯，實本余友王筆峰，後見楊升菴《丹鉛集》亦合，惜象山不及見也。大凡同鄉、同官、同榜及嘗受恩者，有過爲諱，乃忠厚之道；象山與安石同鄉，故爲回護。然象山回護，不爲瓊山丘先生所與，又一斷案也。遜生瓊山之後，其造詣視瓊山，殆猶壞蟲之與鴻鵠，敢爲異同，妄哉！楊升菴又論安石、商鞅先後同姦，宋人爲安石所惑，今世猶聾，可乎？遜殆不免爲升菴所哭也。楊時及林之奇疏，各詳載《宋史新編》本傳，王筆峰語見〈答康尚書柬〉中。

陳經世問矯亭存稿，謂武王不傳位，周公以杜爭端，宋太祖傳位太宗，致德昭之死，其說然否？

曰堯舜之傳賢者權，禹之傳子者經其心，均爲天下計也。成王雖幼，冲而美質，自可見況，賴周公輔相，可以致治。武王何必行權。宋太祖承五代分裂之後，即位日久，而太原與吳越泉漳猶據天下之半，投亂反正，非晉王不可。太祖傳位，晉王雖出母命，要亦不溺愛其子，而行權以定天下耳。德昭之死，乃比於匹夫匹婦之爲諒，益徵太祖之知人也。

林燧章問忠孝一理也，後世之士，往往病於難兼，何歟？如楚伍員奔吳，報平王之仇孝矣。或以鞭屍爲傷義。晉溫嶠勇，爲劉琨奉使江左忠矣。或以拒母爲割恩，不知爲二子計，若何而後爲得？

曰善處君親之間者，酌其輕重而當於理焉則孝也，不失爲忠。忠也，不失爲孝，功名之徒，非可以語此也。楚伍員導吳稱兵，鞭平王之屍，一洗父

仇快矣，如傷義何？向使員早勸其父，見幾保身，若漢二疏可也，既不然而罹禍，則從父兄俱死，亦可也。晉溫嶠拒母爲越，石通使至，絕裾而行。既而母死阻歸，竟違本志。君子曰：豈若徐庶之遺名，全親爲無憾乎。夫二子者，皆以功名自喜者也，一則其孝不足多，一則其忠不足尚，蓋蔽於私而闇於理，庸非不學之過哉！

李宗㳇問朱子曰：豪傑不聖賢者有矣，未有聖賢不豪傑者也。羅氏以唐相房琯敗績遂疑，有不豪傑之聖賢，然則，琯果天下之賢耶？

曰朱子嘗註豪傑，一曰才德出眾，一曰才知過人，此所謂豪傑，乃才知過人而遇時得位者也。豪傑不聖賢，管晏是已；聖賢必豪傑，伊呂周公是已。苟聖賢不遇其時，不得其位，亦安能展其才知而立事功哉？若唐相房琯，雖被遇得位，徒以大言竊虛名。而其知其才，實闇且劣。彼其君既因讒見疏，則宜亟引退，乃因世難妄意立功，委任非人，喪師四十萬，琯固非賢者也，安可以證聖賢不豪傑耶？

蕭奇休問邵康節生于仁宗時，不可謂非治朝，乃授以官，竟棄去，彼其學明於帝王之道，顧以隱爲高哉？

曰觀邵子所著書，原非偏於隱者，且有詩曰：施爲欲，似千鈞；弩磨礪，當如百鍊金。此其志可知矣。然畢竟不肯仕者，或謂無伊呂之遇，或謂聞杜鵑知世將亂而不可爲，或謂精數學，自測其貧且賤，無功業之會，三者必居其一也。

陳崧問先生嘗著《宋史新編》，又著《續莆陽文獻》，夫品藻人物，所見人人殊，先生果憑何說以折衷之乎？

曰先儒有言，士之品有三：志於道德者，功名不足以累其心；志於功名者，富貴不足以累其心；志於富貴者，無所不至矣。夫求道德之士於三代之下，焉能如古聖賢，但能忠信廉潔，以禮義爲進退，以名節自砥礪，此其根本也。根本既立，雖乏功業文章，不足爲病。根本既喪，即富貴之流耳，他何取哉？夫純善顯惡，譬如禎祥妖孽，夫人能知之。惟其有短有長，或謂可相掩，或謂宜取節。故論多不一，試以三品之說律之，誰能以口吞爭也。

柯子答問卷之六：終

宋史新編序　黃佐

　　宋舊史成於元至正己酉，丞相脫脫爲都總裁。契丹、女眞亦各爲史，與宋並稱帝，謂之宋、遼、金三史云。是時纂修者，大半虜人，以故是非不公，冠屨莫辨。景泰間，翰林學士吉水周公敘嘗疏于朝，自任筆削，輒於職務，書竟弗成。今吾友莆田柯子維騏，以癸未進士，筮仕戶曹，輒謝病歸，蓋未始一日居乎其位也。養高林壑，覃思博考，乃能會通三史，以宋爲正。正刪其繁猥，釐其錯亂，復參諸家紀載可傳信者，補其闕遺，歷二十寒暑，始克成書。合二百卷，而三百二十年行事，粲然悉備，名之曰《宋史新編》，示不沿舊也。本紀則正大綱而存孤危，志表則略細務而舉要領，列傳則崇勳德而誅亂賊，先道學而後吏治。遼、金與夏，皆列外國傳，納諸四裔焉。於是《春秋》大義，始昭著與萬世。而論贊之文，並非因襲，簡而詳，贍而精，嚴而不刻，直而有體，南、董之筆，《西漢》之書，不得專美於前矣。予竊喜是編行，則三史廢。稽天運陳人紀者，其誰舍諸？乃言曰：天下之道，立於本而行文。夏、商而後，文莫盛於周；漢、唐而後，文莫盛於宋。制禮作樂，以致隆平而六經成，周之文也。表章《學》《庸》，以錫多士而道學興，宋之文也。然植本發源，則不能以亡異。跡宋之先，瑣瑣祿仕，逮事柴氏，殊罔駿功。太祖受禪，仁不勝力。太宗襲位，友愛亦虧。胝周之得天下，實大相遠。《詩》曰：「后稷肇祀，庶無罪悔，以迄於今。」言世德纍隆也。廓除北漢，則僭僞盡矣。向使藉隆平之基，而致〈天保〉〈采薇〉之治，則契丹賓服，燕、雲自歸。顧乃勤其驕兵，倉皇取敗。詩曰：「於鑠王師，遵養時晦。」當如時邪？澶淵之役，歲幣之輸，其弱已甚，雪恥除兇，豈無長策？而天書聖祖之降，肆爲矯誣，可謂昧矣。繼以仁宗之令長，猶不能除屬階而遏西賊，況值女眞作難，馮陵昧弱，寧復振乎？詩曰：「執競維烈。不顯成康，上帝是皇。」法乾剛也。不能畜威以自強，此其最異於周者也。乃若厲王以好利用榮夷公，神宗以興利用王安石，載誦〈板蕩〉〈桑柔〉，而三不足之說，有足徵焉。蓋亂之生也，讒邪比周，猶思用賢，故其詩曰：「維此惠君，民人所瞻。秉心宣猶，考慎其相。」亂之成也，耆壽俊罔慫遺，而思舊章之不愆，故其詩曰：「雖無老成人，尚有典刑。曾是莫聽，大命以傾。」祖宗罔紹，猶思畏天，故其

詩曰：「敬天之怒，無敢戲豫。敬天之渝，無敢馳驅。」天變罔畏，猶思恤言，故其詩曰：「辭之輯矣，民之洽矣。辭之懌矣，民之莫矣。」監謗禁黨，瞶禍翫烖，又何其同也！大都宋之南渡，弗逮周之東遷，藩城屛翰，曾無一焉。而且斬東澈，殲岳飛，至於廢竑立昀，豔妻奸相，刺其家法，不待逢厓，先自亡也已。本源既壞，枝流可知，文弊而僿，膠戾乖剌，舊史所謂「聲容盛而武備衰；論建多而成效少」，非不韙也。

《詩》亦有之曰：「殷鑒不遠，在夏后氏之世。」於戲！觀是編者，尙永鑒之哉。嘉靖三十四年歲次乙丑季冬下澣，賜進士出身、中順大夫、詹事府少詹事、兼翰林院侍讀學士、前南京國子祭酒、經筵講官、同脩國史、玉牒，泰泉黃佐撰。（本書卷首）

宋史新編後序　康大和

《宋史新編》者，吾友柯奇純氏之所著也。編成，泰泉黃公既序於首矣，乃授簡屬余敍諸後。余惟史之難久矣，非網羅千古，兼備三長，不足以綜覈前聞，獨超往乘；非窮居隱約，謝絕世紛，不足以專情探索，一意編摩。故古今稱司馬遷有良史才，而《史記》一書，乃於幽憤中得之。柯子思遠而志弘，識高而才敏。少承學士竹巖公家學之傳，妙年登第，與父兄師友，互相刮磨，多其所自得者。筮仕南司徒郎，即乞疾引歸。林臥三十餘年，杜門劬書，浮雲聲利，而所學益大以肆。讀《宋史》，慨其義例欠精，編次失當，而《宋》、《遼》、《金》三史並列，尤失《春秋》之義。

乃覃思發憤，遠紹博稽，釐複訂譌，舉偏補漏，凡二十餘寒暑，始克成編。

斯其志亦勤矣！首本紀而次志表，先道學而後循吏，爲得其敍。略細務而挈宏綱，刊繁誤而存典實，爲得其要。論讚之詞，直而不刻，辯而不浮，爲得其體。其最大者，尊宋之統，附遼、金爲外國傳，尤爲得義例之精。於是數百年之書，一旦釐正，視元人所修，何啻千百，其有功於史大矣！向使柯子身不隱，窮不久，雖勳烈當有可觀，必不能潛心大業，卓見旁通，以成茲興。以此視彼，其所得孰多耶？載考宋之立國，以揖遜開基，以忠厚傳世，以恩禮待士夫，以至誠待夷狄。宋臣謂其超越古今，語非夸也。

惟是兵力稍弱，國勢寖衰，然雖南渡偏安，而紀綱尙在。至於厓山播遷，綴旒已絕，而忠藎之臣，伏節死義，猶斌斌相望，論者以爲祖宗三百年禮士

之報。視遼、金夷俗，德義不修，攻敦是逞者，逕庭遠矣！是編尊宋統，而
附遼、金，豈非古人一斷案也哉！昔朱子作《綱目》，取法《春秋》，黜吳、
魏而帝昭烈，君子謂正統以明。柯子蓋治《春秋》而有得於《綱目》者。余
不佞，職史多年，深慚載筆，覽公之編，而有感焉。謹列其大都，以告後之
讀是史者。嘉靖三十六年歲次丁巳夏五月，賜進士出身、南京禮部右侍郎、
前翰林院侍講學士、掌院事、春宮諭德，同修國史、會典，同邑礪峰康大和
撰。（本書卷首）